BEZPIECZEŃSTWO POLSKI W ŚWIETLE WOJNY NA WSCHODZIE

Wydział Nauk Politycznych
i Studiów Międzynarodowych
Uniwersytet Warszawski

BEZPIECZEŃSTWO POLSKI W ŚWIETLE WOJNY NA WSCHODZIE

Bolesław Balcerowicz

Łukasz Gajewski

Stanisław Koziej

Roman Kuźniar
(redaktor naukowy)

Robert Kupiecki

Marek Madej

Marek Menkiszak

Grzegorz Rydlewski

Paweł Soroka

Wydawnictwo Naukowe SCHOLAR
Warszawa 2022

Recenzje:
dr hab. prof. ucz. Aleksander Głogowski, Uniwersytet Jagielloński
dr Tomasz Pawłuszko, Instytut Sobieskiego

Redaktor prowadząca:
Hanna Raciborska

Redakcja i korekta:
Monika Baranowska

Projekt okładki:
Katarzyna Juras

Na okładce wykorzystano zdjęcie @ Adobe Stock, nr 388135401

Publikacja dofinansowana przez Wydział Nauk Politycznych
i Studiów Międzynarodowych Uniwersytetu Warszawskiego

ISBN 978-83-66849-94-5

Wydawnictwo Naukowe Scholar Spółka z o.o.
ul. Oboźna 1, 00-340 Warszawa
tel. 22 692 41 18; 22 826 59 21; 22 828 93 91
dział handlowy: jak wyżej, w. 108
e-mail: info@scholar.com.pl
www.scholar.com.pl

Wydanie pierwsze
Skład i łamanie: WN Scholar (*Jerzy Łazarski*)
Printed in Poland

SPIS TREŚCI

Wprowadzenie

Wojna Rosji przeciwko Ukrainie jest wprost jak z Clausewitza. Ale z Clausewitza, który ostrzega: „Żadna wojna nie wybuchła (albo przynajmniej nie powinna była się rozpocząć), jeśli ludzie działali rozumnie i najpierw nie znajdowali odpowiedzi na pytanie: co będzie można osiągnąć dzięki wojnie i podczas wojny"[1]. Prezydent Putin wyraźnie tego nie doczytał. Wcześniej bowiem sprawnie radził sobie z korzystaniem z wojny jako dalszego ciągu polityki. Ekonomicznie posługiwał się siłą zbrojną dla osiągnięcia celów politycznych. Jest ironią historii, że usiłując za pomocą wojny zatrzymać Ukrainę przy Rosji, władca z Kremla chciał pod nazwą „ruski mir" odtworzyć namiastkę ZSRR, który powstał dzięki Leninowi. Lenin bywa niekiedy określany jako „bolszewicki Clausewitz". Ostatecznie obaj ponieśli porażkę. Pokazuje to ograniczoną na dłuższą metę skuteczność nagiej siły, czyli zwłaszcza siły militarnej, jako środka polityki. Co do istoty, **jest to wojna całkowicie imperialna** (podbój terytorialny dla narzucenia panowania), zgodna z rosyjską tradycją od Piotra I Wielkiego, której ideowe korzenie tkwią w wielkoruskim szowinizmie.

Ale **ta wojna jest czymś znacznie więcej niż tylko porażką Rosji**. To *stress-test* dla bezpieczeństwa międzynarodowego w końcowej fazie liberalnego porządku międzynarodowego. Być może była pomyślana jako próba przyśpieszenia jego odejścia. Nie wiadomo, jaki będzie jej wpływ w tym punkcie, ale z pewnością ku zaskoczeniu Putina spowodowała rewitalizację Zachodu jako formacji geopolitycznej. Jeszcze większym zaskoczeniem, chyba nie tylko dla Moskwy, była determinacja Zachodu w militarnym wsparciu ofiar agresji, dzięki któremu Ukraina była w stanie zatrzymać wielkie mocarstwo. Przypomnijmy, że przed rozpoczęciem wojny zarówno PKB Rosji, jak i jej budżet na cele militarne były dziesięciokrotnie wyższe od PKB i analogicznych wydatków Ukrainy.

Wprawdzie zakończenia wojny nie widać (początek września 2022 r.), więc trudno przesądzać o jej czysto militarnym rozstrzygnięciu, tzn. w którym miejscu dojdzie do zatrzymania walk, a tym bardziej o wielu jej polityczno-strategicznych

[1] C. von Clausewitz, *O wojnie*, Wydawnictwo Test, Lublin 1995, s. 25.

konsekwencjach. To może się okazać ***never-ending war*** czy też chroniczny konflikt niskiej intensywności. Zatem badacze bezpieczeństwa muszą ją na bieżąco śledzić i próbować w miarę wiarygodnie przewidywać długofalowe implikacje. Po pół roku walk pewnik jest jeden: będziemy mieć do czynienia z radykalnym osłabieniem Rosji w każdym wymiarze jej potencjału, siły, zdolności i wpływów, czyli tego, co realiści określają jednym słowem – *power*. **Rosja na oczach świata zafundowała sobie *auto da fé* jako wielkie mocarstwo**. Jest to równoznaczne z istotnym osłabieniem zagrożenia militarnego na dekady z jej strony, przynajmniej na kierunku zachodnim. Moskwa może robić groźne miny, jej wysocy przedstawiciele w rodzaju Miedwiediewa czy Ławrowa mogą wypowiadać śmieszno-straszne oświadczenia, ale w rezultacie tej wojny Rosja na długo traci zdolność do strategicznej ofensywy, traci swobodę strategicznego manewru. Oczywiście, tego polityczno-strategicznego rezultatu wojny trzeba do końca przypilnować. To jest zadanie Zachodu. Należy zwłaszcza zatrzasnąć za nią drzwi do Europy. Skoro z niej wyszła, nie ma powrotu, przynajmniej dla takiej Rosji. Aby to utrwalić, trzeba w obronie trzymać gardę wysoko, aby w Moskwie nikt nie miał w tej sprawie złudzeń. Rosja wypada z gry dotyczącej bezpieczeństwa europejskiego. Tej szansy, pierwszej od ponad 200 lat, nie wolno zmarnować.

I w tym sensie trudno mówić o nowej zimnej wojnie Rosji z Zachodem czy odwrotnie. Po pierwsze, zimna wojna (1947–1990) była całościową konfrontacją i rywalizacją międzysystemową, konfrontacją dwóch przeciwstawnych ideologicznie bloków państw reprezentujących antagonistyczne, uniwersalistyczne w ambicji wizje porządku społecznego. Mówiono o Wschodzie i Zachodzie jako o mniej więcej równoważnych blokach państw pod przywództwem dwóch jedynych wtedy supermocarstw, pomiędzy którymi istniała strategiczna równowaga, stąd termin „system bipolarny". O niczym takim w tej chwili nie możemy mówić. Rosja zredukowana do roli anachronicznego mocarstwa nie dysponuje ani uniwersalistyczną ideologią, ani potencjałem, ani tym bardziej blokiem państw sprzymierzonych, który by jej pozwalał być biegunem wobec Zachodu w takiej konfrontacji. **Stosunki Zachodu z Rosją są dziś bardzo złe, ale w niczym nie przypominają zimnej wojny**, jedynej w swoim rodzaju konfrontacji w nowożytnej historii stosunków międzynarodowych. Dziś mówimy raczej o świecie multipolarnym, za czym opowiadała się Rosja od pewnego czasu. Bywały zresztą w czasie zimnej wojny krótkie okresy zupełnie dobrych, a nawet kordialnych stosunków między przywódcami państw z obu stron żelaznej kurtyny, choć te państwa pozostawały systemowymi rywalami. Dzisiaj problemem w stosunkach Zachód–Rosja jest rosyjska wojna przeciwko Ukrainie, a nie ideologiczno-strategiczna konfrontacja. Putin nie mówi Bidenowi: „pogrzebiemy was", jak Chruszczow obiecywał to Eisenhowerowi. Ameryka za systemowego rywala uważa Chiny, nie Rosję (najnowsza Strategia bezpieczeństwa USA). Jeden z autorów naszej książki reprezentuje w tej sprawie odmienne stanowisko, które starannie uzasadnia.

Wojna Rosji przeciwko Ukrainie, która zarazem jest świadomą konfrontacją Moskwy z Zachodem, postawiła także inne problemy. Potwierdziła m.in. uznaną od dawna w strategiach nuklearnych tezę o **nieprzydatności broni nuklearnej dla celów przymuszających**. Dysponując drugim na świecie potencjałem tej broni, Rosja nie jest w stanie jej użyć w rozpętanej wojnie konwencjonalnej dla zagwarantowania sobie założonego celu wojny. Początkowo jedynie usiłowała szantażować kraje zachodnie ewentualnym użyciem tej broni, gdyby te chciały przyjść Ukrainie z pomocą. One rzeczywiście nie włączyły się wprost do wojny, aby uniknąć jej eskalacji, być może do poziomu ograniczonego użycia przez Rosję broni jądrowej („wybuchy deeskalacyjne"). Nie była jednak w stanie zapobiec wielkiemu wsparciu militarnemu Zachodu dla Ukrainy ani tym bardziej sankcjom na Rosję, przez co nie tylko nie może tej wojny wygrać, ale jeszcze poniesie tak dotkliwe straty gospodarczo-technologiczne, że spadnie do drugiej ligi mocarstw. Nie wyklucza to użycia przez Rosję broni nuklearnej w akcie desperacji (np. dla odwetowego ukarania Ukrainy lub utrzymania bodaj części zdobyczy terytorialnych z pierwszej fazy wojny), ale to jedynie powiększyłoby skalę ściągniętych tą wojną szkód, które musiałaby ponieść. Można więc założyć, że Zachód nie doprowadzi do sytuacji, która w rosyjskiej doktrynie nuklearnej dopuszcza użycie tej broni.

Wśród innych problemów wywołanych przez tę wojnę, warto zwrócić uwagę tylko na dwa, ale ważne dla tematu tej książki, czyli dla bezpieczeństwa Polski. Oprócz oczywiście wyjściowej konstatacji o radykalnym osłabieniu potencjału wojskowego Rosji, co już samo w sobie jest dla Polski dobrą wiadomością. Po pierwsze, chodzi o podkreślony tą wojną **walor geopolitycznej spoistości i strategicznej witalności Zachodu**. Zważywszy na sytuację Zachodu zaledwie rok przed wybuchem wojny (np. atak na Kapitol, 6 stycznia 2021 r.), owa spoistość i witalność nie były przesądzone. Strach pomyśleć, gdyby 24 lutego 2022 r. gospodarzem Białego Domu był Donald Trump, wielbiciel Putina i natosceptyk, a wiosną 2022 r. do Pałacu Elizejskiego wprowadziłaby się inna przyjaciółka Putina – Marine Le Pen. Przypomnijmy, że Trump i Le Pen mieli poparcie obozu rządzącego w Polsce… A przecież w ogromnym stopniu to dzięki administracji Bidena doszło do konsolidacji Zachodu i stanowczej reakcji na agresję Rosji. Polityka Stanów Zjednoczonych jest nadal pod ogromną wewnętrzną presją sił prawicowo-populistycznych (stojących za zamachem na demokrację z 6 stycznia 2021 r.). Sił o tej orientacji nie brakuje także w Europie, a nawet znajdują się u władzy w niektórych krajach. Rozsadzanie spoistości Zachodu poprzez zawiązywanie antyeuropejskich koalicji czy kibicowanie antydemokratycznym politykom w USA jest z pewnością ze szkodą dla bezpieczeństwa Polski, Europy i Zachodu.

Kiedy mowa o spoistości i strategicznej witalności Zachodu, to częścią tej całości, także w interesie bezpieczeństwa Polski, musi być UE. To powinno być w Warszawie bardziej oczywiste z uwagi na flankowe położenie geopolityczne Polski oraz (nadal) jej członkostwo w UE. Wynika to również z tego, czym zajmujemy się wprost w naszej książce, tzn. ze zmieniającego się globalnego układu sił. Wzrost potęgi Chin już przekierowuje punkt strategicznej koncentracji USA ku obszarowi Indo-Pacyfiku. Konieczność reakcji na agresję Rosji na chwilę to przesuwanie spowolniła. Ale ono jest nieuchronne. W rezultacie wojny zdolność Rosji do działań zaczepnych w Europie zostanie mocno ograniczona. Ponadto Rosja w swych geopolitycznych uwikłaniach może wrócić do czasów sprzed Iwana Groźnego, tzn. do czasów, w których Wielkie Księstwo Moskiewskie było wasalem Złotej Ordy. Tą Złotą Ordą stają się obecnie dla Rosji Chiny. Jeśli Moskwa nie pójdzie po rozum do głowy i po zmianach wewnętrznych nie zdobędzie się na normalizację stosunków z Zachodem, znajdzie się w strefie wpływów Chin, które będą bezlitośnie eksploatować jej potencjał. Dla Stanów Zjednoczonych oznacza to tym bardziej imperatyw strategicznej koncentracji na Chinach. I będą to mogły zrobić bez obawy o nową wojnę Rosji w Europie. **Unia Europejska będzie zmuszona osiągnąć dojrzałość strategiczną** (nie mylić z autonomią strategiczną). Interes Polski wymaga, aby być częścią tego wysiłku, a nie sabotażystą.

Kolejnym problemem wywołanym przez tę wojnę jest rola technologii w działaniach zbrojnych, łącznie z wywiadem i rozpoznaniem. To przecież dzięki technologicznie zaawansowanemu wywiadowi Amerykanie mogli na bieżąco i z wyprzedzeniem informować świat o przygotowaniach Rosji do wojny. Nawet strona ukraińska nie bardzo wierzyła informacjom wywiadu USA w tej sprawie, choć sama powinna mieć niezły wgląd w intencje Rosji. Rozpoznanie pozycji wojsk rosyjskich już w trakcie działań wojennych było nieocenioną pomocą dla obrońców, którzy mogli zadawać agresorowi wielkie straty i powstrzymywać jego ofensywę. Udział technologii w tej wojnie, na korzyść Ukrainy, to także precyzyjna artyleria i amunicja oraz drony. Rosja, co może wydać się paradoksem, przegrała tę wojnę technologicznie, ale za sprawą obecności zachodniej technologii na froncie. Niezależnie od wyszkolenia i determinacji (ukraińskiego) żołnierza to także **technologia okazała się *game changer* w tej wojnie**, technologia, a nie przysłowiowy czołg. Wielkie mocarstwo Rosja okazała się technologicznie zacofana w stosunku do Zachodu. Niezliczone ilości czołgów, które rzuciła na tę wojnę, były dzięki zachodniej technologii wojskowej zamieniane przez ukraińskich obrońców w złom. To ważna lekcja także dla Polski, w której nadal wśród osób odpowiedzialnych za obronność kraju dominuje myślenie uformowane przez sympatyczny skądinąd film *Czterej pancerni i pies*.

Nawet kilka miesięcy po wybuchu tej clausewitzowskiej wojny nie wiadomo, czy będzie czymś, co ustanawia nowy standard wojny (w istocie powrót do starego), jest czymś w rodzaju „sierpniowej salwy" ze znanej książki Barbary Tuchman, czy jest prezentem Putina dla świata, a przynajmniej dla Europy, tzn. łabędzim śpiewem rosyjskich tęsknot do imperium, a więc – znowu porównując – czymś, czym dla Francji była wojna w Indochinach. Jednak po pierwsze, prawdziwa wojny wróciła do Europy, do naszego sąsiedztwa. Po drugie, Rosja, przynajmniej do czasu poważnej zmiany wewnętrznej, pozostanie jako jawny, rozpoznany nowotwór złośliwy, przed którym reszta Europy będzie musiała się bronić. W tym drugim przypadku niezwykle przydatna jest uwaga poczyniona przez francuskiego klasyka myśli strategicznej Jeana-Paula Charnaya: „**Obrona powinna być przede wszystkim postrzegana jako poszukiwanie i analiza własnych słabości w celu ograniczenia ich wpływu na nasze bezpieczeństwo**". Warto mieć tę myśl na względzie przy lekturze kolejnych rozdziałów niniejszej pracy. Pomoże nam bowiem w pełniejszym uświadomieniu sobie kondycji polskiej polityki bezpieczeństwa.

* * *

Bizarna natura rządów Polski po 2015 r. objęła również sferę bezpieczeństwa i obronności. Jej przejawem jest domaganie się przez obecną Warszawę strategiczno-militarnej osłony od Zachodu, i tylko dzięki tej osłonie Polska jest bezpieczna, a jednocześnie prowadzenie ideowej konfrontacji z Zachodem. Dowodem na tę **pozorną polityczną schizofrenię** są liczne wypowiedzi przedstawicieli obozu władzy mówiące wprost o tym, że dla Polski, dla naszej suwerenności, większym zagrożeniem jest Zachód niż Rosja (sic!). I są to wypowiedzi, które nasiliły się właśnie już po agresji Rosji na Ukrainę i zaangażowaniu Zachodu, w tym Polski, w pomoc Ukrainie. Niezależnie od rzeczywiście autentycznej ideowo-kulturowej obcości obozu rządzącego w stosunku do współczesnej Europy (UE), pozorny charakter tej schizofrenii bierze się stąd, że głównym powodem postrzegania Zachodu i UE jako zagrożenia jest ich sprzeciw wobec prób demontowania w Polsce od końca 2015 r. fundamentów demokratycznego państwa prawa. Obóz rządzący wie, że Zachód nie stanowi zagrożenia dla bezpieczeństwa czy suwerenności Polski, ale jest uważany za przeciwnika ideowego rządzących, za zagrożenie dla ich (sposobu sprawowania) władzy. Dla samego bezpieczeństwa Polski, zwłaszcza w czasach konfrontacji z Rosją, nie ma to znaczenia. Wewnątrzsojusznicza mobilizacja i dyscyplina sprawiają, że parasol ochronny NATO pokrywa szczelnie całe sojusznicze terytorium.

Ma to jednak znaczenie dla konkretnych decyzji dotyczących obronności Polski, wskazujących na ukryte dążenie do autarkii strategicznej naszego państwa. Za takim niewyjawianym zamiarem przemawiają zwłaszcza **dziwaczne decyzje dotyczące uzbrojenia polskiej armii**. Po pierwsze, są to zakupy „z półki" w Stanach Zjednoczonych, czyli takie, które nie zmuszają amerykańskich koncernów do angażowania się w modernizację polskiego przemysłu zbrojeniowego (chodzi o różne formy offsetu, którego tu nie ma). Te największe zakupy były zresztą przejawem klientelizmu w stosunkach amerykańsko-polskich (F-35, aby przypodobać się głównemu zagranicznemu protektorowi PiS, czyli prezydentowi Trumpowi, Abramsy, aby złagodzić krytycyzm administracji Bidena wobec rządów PiS). Po drugie, to zupełny brak zaangażowania w europejską współpracę w przemyśle zbrojeniowym oraz brak poważniejszych zakupów sprzętu w państwach UE. Myśl przewodnia takiego postępowania brzmi: nie inwestujemy w Europie ani w Europę, unikamy powiązań zbrojeniowych z Europą. Widać tu silną nadrzędność ideologii nad interesami Polski, bo przecież poprzez włączenie się w europejski przemysł zbrojeniowy mógłby najwięcej skorzystać polski przemysł zbrojeniowy. Unikając świadomie inwestowania w Europie, podejmuje się jednocześnie decyzje o ogromnych zakupach w... Korei Południowej. Mamy wręcz do czynienia z dość egzotyczną koreanizacją polskiego uzbrojenia, w tym pewnej współpracy z polskim przemysłem zbrojeniowym. Egzotyczną, bo Korea Południowa jest krajem spoza NATO i UE, leżącym komunikacyjnie na odległym krańcu świata (i choć to w linii prostej ok. 8 tys. km,, ale drogą morską już 20 tys. km, a tak będzie się odbywać transport tego sprzętu), a przy tym zewnętrznym kulturowo, co dla współpracy w tak wrażliwym obszarze ma spore znaczenie. A wszystko tylko po to, aby uniknąć powiązań z „wrogą" Europą.

Przypuszczenie o zdążaniu do autarkii strategicznej, groźnej dla bezpieczeństwa Polski, zważywszy na jej geostrategiczne położenie, znajduje także potwierdzenie w potężnym zwiększeniu wydatków na obronność (do 5% PKB) i liczebność naszej armii. Jedno i drugie znacznie za duże jak na nasze potrzeby i możliwości, typowe jednak dla państw autorytarnych, których władza opiera się na szczególnej pozycji wojska, policji i służb. Planowana przez obecny rząd **wielkość armii i budżetu obronnego ma charakter głównie polityczno-ustrojowy** i koresponduje z innymi zmianami ustroju państwa, do których doszło w ciągu ostatnich kilku lat. A tego typu ustroje cechuje strategiczna autarkia. Ustrojowa i na pokaz pozycja wojska współgra – co także jest typowe dla tego rodzaju rządzenia – ze wzmożoną patriotyczną narracją, która po pierwsze, ma te wydatki uzasadniać, po drugie, wzmacniać poparcie dla władzy (która tak się troszczy o „nasze bezpieczeństwo"), a po trzecie, dezawuować jako niepatriotyczną wszelką krytykę takich decyzji oraz osób, które je formułują. Patriotyczny szantaż jest już od starożytnej Grecji stałym zabiegiem towarzyszącym takiej polityce. Przeciwko polityce nadmiernego wzmagania zbrojeń przemawia zarówno już dokonujące się istotne osłabienie zdolności zaczepnych Rosji (w wojnie przeciwko Ukrainie „wybito jej zęby"), jak i skuteczność Sojuszu Atlantyckiego oraz wsparcie UE w sferze bezpieczeństwa dla państw członkowskich, co wojna na wschodzie Europy tylko potwierdziła. Nie jesteśmy w sytuacji Izraela. Gdyby Rosja istotnie chciała zaatakować Polskę, żaden wzrost nakładów nas nie obroni. Obroni nas wtedy jedynie nasze członkostwo w NATO i UE, a właściwie pozostaje skutecznym czynnikiem odstraszającym. Pewien wzrost potencjału obronnego jest zasadny, ale ten, który jest zamierzony, da się wytłumaczyć jedynie jego ustrojową logiką.

O tym, że są to wydatki na pokaz, dla wyborczego poparcia, a nie dla zapewnienia bezpieczeństwa Polaków, świadczy **katastrofalna bezczynność i bezradność władz RP w obliczu pandemii koronawirusa**. Okazała się ona prawdziwą hekatombą, której można byłoby uniknąć (mówimy o nadmiarowych stratach ludzkich rzędu 60–70 tys.), gdyby nie niekompetencja i tchórzostwo rządu i prezydenta (wobec popierających obecną władzę ruchów antyszczepionkowych). Bezpieczeństwo zaczyna się w domu, już od ochrony środowiska naturalnego, a pod tym względem rząd łatwo wydający miliardy od podatników na zakup najdroższej broni (która nigdy nie zostanie użyta) wykazuje daleko idącą pasywność (*casus* smogu czy zatrucia Odry latem 2022 r.). W świetle powyższego, dzisiejsza bizarność państwa polskiego jest dla nas bardziej groźna niż śmieszna właśnie w sferze bezpieczeństwa i obronności. Bardziej szczegółowo będzie można o tym przeczytać w wielu rozdziałach niniejszej książki.

* * *

Rozdział I, autorstwa niżej podpisanego, poświęcony jest przeszłości. Zawiera opis szerszej sytuacji bezpieczeństwa Polski po zasadniczej zmianie, jaka się na tym polu dokonała na przełomie XX i XXI w. Tym przełomem było rozszerzenie NATO i UE na Polskę i inne kraje naszego regionu. Dało to naszemu krajowi dość komfortowe poczucie bezpieczeństwa na tle poprzednich kilku stuleci oraz innych regionów świata, także sąsiadującej z nami Europy Wschodniej. Pogorszenie sytuacji bezpieczeństwa w Europie zaczyna się od agresji Rosji na Ukrainę w 2014 r. Na tym tle ukazana jest następnie ewolucja polityki bezpieczeństwa RP, od niefrasobliwego udziału w wojnie przeciwko Irakowi, przez powrót do prymatu klasycznej obrony (terytorium państwa), do początków strategicznej autarkii w ostatnich latach.

Marek Menkiszak, znakomity ekspert od spraw Rosji i obszaru postsowieckiego, przedstawia zagrożenia dla Polski i Europy płynące ze strony imperialnego rewizjonizmu Moskwy. W jego ocenie do agresji na Ukrainę kremlowską soldateskę skłoniło przekonanie, że globalny układ sił zmienia się na niekorzyść Rosji i to był ostatni moment, aby poprzez brutalną asertywność zatrzymać ten proces oraz wymusić na Zachodzie geostrategiczne ustępstwa. Ze względu na paranoidalną mentalność rządząca Rosją ekipa wykazała się fatalnym dla niej brakiem realizmu. Wprawdzie nie doceniła woli Ukrainy do obrony ani też gotowości Zachodu do oporu wobec próby siłowej rewizji porządku międzynarodowego, jednak ze względu na autorytarny ustrój oraz mocarstwowy szowinizm Rosja pozostanie zaciekłym wrogiem Zachodu, w tym Polski.

Generał prof. Stanisław Koziej, swego czasu inicjator i gospodarz jedynego po 1989 r. strategicznego przeglądu obronnego, w swoim tekście systematycznie i z wojskową precyzją kreśli cechy systemu bezpieczeństwa i obronności Polski, jaki jego zdaniem powinien powstać w reakcji na doświadczenie tej wojny. Podkreśla konieczność wbudowania w ten system zdolności przeciw-zaskoczeniowych oraz prymat jakości nad liczebnością w odniesieniu do sił zbrojnych. Nowatorski jest jego postulat postawienia przez Polskę na cybermocarstwowość. Brzmi to może na wyrost, ale pomysł jest bardziej realistyczny, niż mogłoby się wydawać.

Sojusz Atlantycki sprawdza się w trudnych czasach. Tak jest i tym razem, o czym przekonuje tekst wybitnego eksperta od NATO oraz transatlantyckich więzi w sferze bezpieczeństwa, prof. Roberta Kupieckiego. Profesor Kupiecki pisze o jałowości przeszłego podejścia Zachodu do Rosji polegającego na samoograniczaniu bez wzajemności, które było zaproszeniem do coraz bardziej bezczelnych i destabilizujących bezpieczeństwo europejskie żądań Moskwy. Autor wskazuje na iluzoryczność innych niż jedność Zachodu (NATO/UE) gwarancji bezpieczeństwa Polski i regionu. Rosyjska agresja doprowadziła do koncentracji sojuszniczego wysiłku na obronie zbiorowej (art. 5), ale nie może odwracać uwagi Zachodu od wyzwań dla zagrożeń bezpieczeństwa w innych regionach świata.

O niezrozumieniu przez Polskę potencjału UE dla całościowo rozumianego bezpieczeństwa narodowego, a także doktrynalnej niechęci do włączania się w unijne inicjatywy wzmocnienia jej zdolności w sferze bezpieczeństwa i obrony traktuje rozdział prof. Marka Madeja. Autor nie ukrywa oczywiście słabości Wspólnoty na tym polu, w świetle której prymat NATO dla kraju takiego jak Polska jest oczywisty. Unia oferuje zarazem wiele możliwości w pozamilitarnych sektorach bezpieczeństwa, od energii po technologie obronne, które są rozmyślnie ignorowane przez Warszawę, a co bierze się – jak trafnie podkreśla – z nadmiernej militaryzacji polskiego myślenia o bezpieczeństwie.

Renomowany znawca ustroju Polski, a przy tym w przeszłości praktyk, prof. Grzegorz Rydlewski konfrontuje w swoim tekście doktrynalne założenia ustroju bezpieczeństwa państwa z realnie istniejącym modelem ustrojowym bezpieczeństwa Polski, zarówno w aspekcie normatywnym, jak i instytucjonalnym. Wyraża także niepokój związany z degradacją kultury procesowo-strategicznej w naszym kraju w ostatnich latach oraz propagandowe traktowanie spraw obronności. Za szczególnie szkodliwe dla konieczności budowania społecznego wsparcia dla sprawy bezpieczeństwa Polski uważa uwikłanie tej ważnej sfery polityki państwa w bieżące potrzeby polityczne, w tym programowy brak współpracy z opozycją na tym polu w kontekście wojny Rosji przeciw Ukrainie.

Profesor Paweł Soroka, koordynator Polskiego Lobby Przemysłowego, dokonuje rzetelnej oceny wyposażenia naszego wojska w sprzęt bojowy, a przede wszystkim zdolności polskiego przemysłu do zaspokajania potrzeb obronnych kraju. W jego ocenie sytuacja jest mocno nierówna w różnych rodzajach wojsk i dopiero obecna wojna na wschodzie Europy zmobilizowała resort obrony do zakupów nowoczesnego sprzętu. Są to jednak często zakupy bez procedur przetargowych i offsetu, co czyni z Polski biernego odbiorcę w tym zakresie. Korzystanie przez resort z zasłony w postaci „pilnej potrzeby operacyjnej" jest całkowicie fałszywe w sytuacji załamania się strategicznej zdolności Rosji do prowadzenia działań ofensywnych w najbliższych latach.

„Trzeba palić wszystkim poza oponami i tym podobnymi rzeczami", mówił 4 września 2022 r. w Nowym Targu przywódca partii rządzącej, do niedawna wicepremier ds. bezpieczeństwa i obrony. Te słowa zdają się najkrótszą recenzją polityki energetycznej rządu, który jeszcze kilka miesięcy wcześniej stawiał siebie za wzór dla całej Europy i nawoływał do natychmiastowego zerwania importu wszelkich surowców energetycznych z Rosji. Notabene, Nowy Targ wraz z całą okolicą słynie ze spalania opału tworzącego smog będący przyczyną chorób i zgonów.

Praca dr. Łukasza Gajewskiego wskazuje na kruchość polskiego bezpieczeństwa energetycznego w kontekście nadmiernego uzależnienia naszej energetyki od paliw stałych, bezprecedensowego kryzysu na rynku surowców energetycznych wywołanych polityką Rosji, wymogów wynikających z konieczności powstrzymywania zmian klimatycznych.

Ostatni tekst w tym zbiorze jest na deser. To esej gen. prof. Bolesława Balcerowicza, w którym były dowódca elitarnej dywizji i były komendant Akademii Obrony Narodowej erudycyjnie wskazuje na ciągłość sztuki wojennej niezależnie od zmieniających się dekoracji geopolitycznych i innowacji technologicznych. Świadomość ewoluującej po trosze natury wojny (von Clausewitz), a przy tym stałość jej logiki pozwalają obserwatorom uchronić się od ulegania błyskotkom zwiastującym rzekomo zupełnie nowe oblicze tej czy kolejnej wojny.

Mam nadzieję, że analizy i rekomendacje zawarte w niniejszej publikacji okażą się przydatne naszej społeczności badaczy i ekspertów w dziedzinie bezpieczeństwa i studiów strategicznych. Chciałoby się wierzyć, że wojna za naszą wschodnią granicą obnaży dotychczasowy osobliwy autyzm polityków u władzy i publikacja przyniesie im również pewien pożytek. Zagrożenie, z którym mamy do czynienia, powinno skłaniać do wspólnego myślenia o bezpieczeństwie Rzeczypospolitej.

Roman Kuźniar

Rozdział 1

Ewolucja środowiska i polityki bezpieczeństwa Polski w ostatnich latach

Roman Kuźniar

W ciągu ostatnich kilku lat miało miejsce szybkie pogarszanie się zarówno globalnej sytuacji bezpieczeństwa, jak i międzynarodowego środowiska bezpieczeństwa Polski. Może to się wydać tym bardziej zaskakujące, że jeszcze dwadzieścia lat wcześniej otoczyliśmy się komfortem, jaki zapewniał Polsce znajdujący się w pełnym rozkwicie liberalny porządek międzynarodowy. Szczególnie pierwszych pięć lat nowego stulecia mogło wydać się błogostanem bezpieczeństwa Polski, a przy tym przyprawić o zawrót głowy od horyzontów, jakie otwierały się przed naszym krajem jako uczestnikiem w kreowaniu środowiska bezpieczeństwa w strefie euroatlantyckiej, a nawet poza nią. Podczas tych dwudziestu lat przebyliśmy ekspresem długą drogę wstecz: od ogłoszonej przez rząd G.W. Busha „globalnej wojny z terroryzmem" (*global war on terror* – GWOT) z dala od naszych granic, do wojny klasycznej, takiej w stylu II wojny światowej, toczonej w naszym bezpośrednim sąsiedztwie.

Mówiąc o komfortowym w sferze bezpieczeństwa Polski początku naszego stulecia, nie zapominamy o terrorystycznym mega-ataku w USA 11 września 2001 r. Groza tego wydarzenia nie może nam jednak przesłaniać tego, że kilka tygodni później Stany Zjednoczone dokonały błyskawicznej inwazji Afganistanu. I to całego, rozległego, oddalonego o tysiące kilometrów kraju, choć dla zrealizowania celu operacji (schwytania bin Ladena oraz rozbicia jego terrorystycznej organizacji), wystarczyłoby zająć na chwilę kawałek jego terytorium. W kilka tygodni po tej inwazji do wojsk amerykańskich dołączają polscy żołnierze. Niedługo potem, bo już w 2003 r., na podstawie rezolucji RB NZ Sojusz Atlantycki instaluje tam misję stabilizacyjną, która w szczytowym okresie swej aktywności, kilka lat później, zgromadzi niemal 40 państw świata.

Wrażenie kontynuacji *unipolar moment* (określenie Ch. Krauthammera z 1990 r.) potęguje spektakularna w swym strategicznym rozmachu wojna USA przeciwko Irakowi w 2003 r. Stany Zjednoczone czuły się wtedy tak pewne swego, że postanowiły najechać ten kraj nawet bez zgody RB NZ i bez dobrych argumentów. Oskarżenia pod adresem Bagdadu o prowadzenie zakazanego programu nuklearnego nie brzmiały poważnie, bowiem nie były poparte żadnymi dowodami, a na terenie Iraku działała wyposażona w bardzo intruzywny mandat inspekcja ONZ. Kilkutygodniowy *Blitzkrieg* miał zrobić wrażenie na reszcie świata i zrobił. Ale nie do końca w sensie zaplanowanym przez Waszyngton. Był sygnałem, że trzeba się zbroić, aby nie być bezbronnym wobec strategicznej samowoli USA. Ta interwencja była też przykładem dla innych. „Skoro Amerykanie mogą, dlaczego ja nie mogę", taki wniosek mógł wysnuć np. prezydent Rosji. Polska wzięła udział i w tej operacji, w jej wojennej, sprzecznej z Kartą NZ fazie.

Strategiczny wymiar liberalnego porządku międzynarodowego wyznaczały w tamtym czasie historycznie bezprecedensowa przewaga militarna USA nad resztą świata (na początku pierwszej dekady XXI w. udział USA w globalnych wydatkach zbrojeniowych sięgał 50%) oraz wyjątkowa pozycja NATO w sferze bezpieczeństwa globalnego porządku międzynarodowego. Przypomnijmy, to był czas ambicji budowania *global alliance*, czyli Sojuszu, który byłby w stanie brać odpowiedzialność za bezpieczeństwo w skali globalnej, a bardziej konkretnie, interweniować militarnie wszędzie tam, gdzie pojawiałoby się zagrożenie dla bezpieczeństwa. Oczywiście, problem był w tym, że to Waszyngton miałby decydować, w jakich sytuacjach interweniować, co budziło zasadne podejrzenia, że chodziłoby tu o wymuszanie poszanowania globalnych interesów Ameryki. Wprawdzie koncepcja „globalnej NATO" upadła, ale Sojusz zachowywał się dość imperialnie. Kontynuował program, który został zapoczątkowany w połowie lat 90. Po pierwsze, przyjmował kolejne kraje europejskie, które się o to uparcie ubiegały i spełniały kryteria (m.in. kraje bałtyckie, Rumunia i Bułgaria). Polska była orędownikiem rozszerzenia NATO. Po drugie, rozwijał współpracę partnerską, czyli z krajami nienależącymi do NATO, a nawet niemogącymi do niej przystąpić („globalne partnerstwa"), w tym także z Rosją. Rosja wprawdzie źle przyjęła interwencję NATO w związku z wojną w Kosowie, ale szybko powróciła do intensywnego dialogu z Sojuszem (współpraca Rosji przy operacji afgańskiej), a jej przedstawiciel przy Organizacji w Brukseli czuł się niemal jak u siebie w domu. Po interwencjach w Europie (b. Jugosławia), operacja afgańska, która w pierwszych latach nie zapowiadała się źle, mogła wzmacniać w państwach Sojuszu wiarę w jego możliwości w operacjach *out of area* (spoza art. 5 i 6 Traktatu). Polska, pozostająca w bliskich stosunkach z USA, silnie popierała wtedy ewolucję NATO w kierunku interwencjonistycznym.

Spektakularnym przejawem takiej niemal imperialnej pewności siebie był wielki szczyt NATO w Bukareszcie w kwietniu 2008 r. Zgromadził szefów wielu krajów świata i organizacji międzynarodowych. Sojusz obiecał wtedy Ukrainie i Gruzji, że pewnego dnia staną się członkami NATO. Kilka miesięcy później pojawił się pierwszy poważny sygnał ostrzegawczy oraz niezdany test Sojuszu. W sierpniu 2008 r. Rosja zbrojnie spacyfikowała atlantyckie aspiracje Gruzji, przy zupełnej niemal obojętności NATO i USA. Zatrzymanie militarnej ofensywy Rosjan negocjował prezydent Francji, która przewodniczyła wtedy UE. Pomimo tego w Sojuszu dominowały optymistyczne nastroje. Sojusz niepomny widocznej już katastrofy amerykańskiej operacji w Iraku oraz równie widocznego kryzysu operacji stabilizacyjnej NATO w Afganistanie, w listopadzie 2010 r. na szczycie w Lizbonie przyjął nową koncepcję strategiczną, która zakładała taką samą aktywność *out area* jak dotychczasowa. Ówczesnego prezydenta Rosji Miedwiediewa witano jak członka rodziny (spotkanie Euro-Atlantyckiej Rady Współpracy, EAPC).

Zmiana klimatu

Początek drugiej dekady XXI w. przynosi znaczące pogorszenie sytuacji bezpieczeństwa, najpierw wokół strefy atlantyckiej, potem w samej Europie. Zaczyna się od arabskiej wiosny, o której można powiedzieć, że była pośrednim owocem promocji demokracji i praw człowieka oraz podstawowych wolności. Kraje zachodnie od lat 90. XX w. niestrudzenie, choć niekonsekwentnie stawiały tę problematykę w relacjach z krajami Bliskiego Wschodu. Niekonsekwentnie, bo przymykały oczy na autokratyczne polityki i przywódców, ilekroć chodziło o kraje, które były politycznymi sprzymierzeńcami Zachodu. Kolejną rebelię, która wybuchła w ramach arabskiej wiosny w Libii, postanowiono wykorzystać, aby się pozbyć przywódcy szczególnie przez Zachód nielubianego, choć z Zachodem już pogodzonego, czyli Muammara Kaddafiego. Zainicjowana przez Francję interwencja zbrojna szybko stała się interwencją Sojuszu, lecz wyszła daleko poza mandat udzielony jej przez mocno w tej sprawie podzieloną RB NZ. Kaddafiego obalono, Libia stała się zaś państwem upadłym – terytorium walk klanowych, terrorystycznych i dżihadystycznych. Przez Libię niczym przez otwarte wrota zaczyna narastać emigracja z Afryki ku Europie. W Syrii, którą także ogarnął płomień arabskiej wiosny, państwa zachodnie (zwłaszcza ponownie Francja) uparły się przy rezygnacji Asada jako warunku wstępnego wszelkich negocjacji o przerwaniu ognia. Dość rachityczna rebelia szybko przeszła w tragiczną i destrukcyjną wojnę domową z udziałem wielu aktorów zewnętrznych. Najbardziej dramatycznym rezultatem tej wojny było pojawienie się na obszarze Syrii i Iraku tzw. Państwa Islamskiego (IS), które metodą bezwzględnej walki zbrojnej zamierzało utworzyć na wielkim obszarze Bliskiego Wschodu islamski kalifat. Ten rakowaty twór religijno-polityczny z jednej strony wciągał kraje zachodnie, które wspólnie z siłami miejscowymi próbowały zdusić to zagrożenie, z drugiej IS wysyłało bojówki terrorystyczne, aby dokonywały zamachów w Europie oraz destabilizowały sytuację w różnych krajach Bliskiego Wschodu i Afryki. Zmagania z IS zakończyły się dopiero pod koniec 2019 r. Powstanie Państwa Islamskiego, jego niebywały rozkwit, energia, jaką trzeba było włożyć, aby niczym dżina wepchnąć je z powrotem do butelki, pokazały, jak kruche są systemy polityczne na Bliskim Wschodzie i jak niebezpiecznie dla Zachodu jest tam zbrojnie interweniować.

W pierwszej połowie drugiej dekady naszego stulecia trzeba zwrócić uwagę na jeszcze przynajmniej dwa wydarzenia pogarszające wprost i kontekstowo sytuację bezpieczeństwa Zachodu. Wydarzeniem kontekstowym był powrót Wladimira Putina na stanowisko prezydenta Rosji. Ponieważ rzecz była zainscenizowana jak w politycznym teatrze (prezydent Miedwiediew postanowił nie kandydować i zrobić miejsce Putinowi, a sam wrócił na jego chwilowe miejsce premiera), co wzbudziło opory nie tylko w Rosji w postaci masowych demonstracji w wielkich miastach. Także przywódcy zachodni uznali to za kpiny z demokracji w Rosji, w którą dotąd wierzyli. Do władzy prezydenckiej wrócił „inny" Putin. Od początku trzeciej kadencji (jako prezydenta) widoczna była w jego wystąpieniach silna retoryka antyzachodnia. Powrót Putina zbiegł się w czasie z nominacją dla Xi Jinpinga jako szefa partii i państwa w Chinach. Nowy przywódca Państwa Środka także radykalnie zmienił politykę zagraniczną swego kraju. W Pekinie nie ukrywano, że celem Chin jest przywództwo światowe, a co za tym idzie, Chiny są gotowe rzucić wyzwanie Stanom Zjednoczonym. Problem dla Polski czy Europy byłby być może odległy, bowiem Chiny zaczęły prężyć muskuły na Morzu Południowowschodnim, gdyby nie to, że Putin i Xi szybko się porozumieli w sprawie potrzeby koordynacji swych antyzachodnich strategii. Moskwa szykując się do zaostrzenia kursu w Europie, uzyskała osłonę w postaci politycznego wsparcia Pekinu.

Po takim przygotowaniu Putin był gotowy do skorzystania z pierwszej okazji do próby sił z Zachodem, a polem konfrontacji miała być Europa Wschodnia. Putinowi zależało na oczyszczeniu tego regionu z wpływów Zachodu. Na początek miało to być pozostawienie Moskwie wolnej ręki w odniesieniu do krajów byłego ZSRR (minus kraje bałtyckie). Chodziło o rodzaj rekonstrukcji na takiej geopolitycznej podstawie, w której wszystkie kraje powstałe z rozpadu Związku Sowieckiego (minus trzy kraje bałtyckie) wróciłyby do ścisłej strefy wpływów Rosji. Byłoby to punktem wyjścia do dalej idących żądań wobec Europy Środkowej, ale przede wszystkim dawało Moskwie lepszą legitymację do odgrywania jednej z głównych ról w przyszłym porządku międzynarodowym. Rosnąca asertywność obu mocarstw i kontestowanie wartości i zasad liberalnego porządku międzynarodowego, Moskwa – wszelkiego porządku prawnomiędzynarodowego, ujawniała ich otwartą intencję wnoszenia do stosunków międzynarodowych logiki *power politics*. Pierwszym akordem zapowiadającym zmianę klimatu była agresja Rosji na Ukrainę w pierwszych miesiącach 2014 r. Putin najpierw zablokował Janukowyczowi możliwość podpisania umowy stowarzyszeniowej Ukrainy z UE (listopad 2013 r.). Następnie, gdy w czasie drugiego Majdanu będącego społecznym protestem przeciw porzuceniu tej umowy przez władze, Janukowycz uciekł z Kijowa do Rosji, Putin polecił swoim siłom zbrojnym przejąć Krym i wesprzeć wzniecone przez Moskwę ruchy separatystyczne w kilku obwodach południowej i wschodniej Ukrainy. Po dłuższych walkach Rosji udało się zatrzymać część dwóch obwodów należących do Donbasu. Była to pierwsza w Europie od II wojny światowej agresja, której celem było przejęcie terytorium innego państwa.

Ex post trzeba uznać, że w tym punkcie Zachód popełnił błąd, przymykając oko na ten akt zbrojnej aneksji ziemi innego państwa przez Rosję. Owszem, na Rosję zostały nałożone pewne sankcje oraz doszło do umiarkowanego wzmocnienia krajów wschodniej flanki NATO (szczyt w Newport 2014 r.). Jednak państwa zachodnie, zwłaszcza niektórzy zachodni przywódcy, utrzymywały z Putinem i Rosją normalne stosunki w logice *business as usual*. Szczególnie bezmyślne, wskazujące na prymat interesów niektórych kręgów biznesowych nad bezpieczeństwem Niemiec i Europy, było zawarcie z Rosją potężnego kontraktu na budowę drugiej nitki gazociągu Nord Stream. Efektem tego porozumienia o poważnych implikacjach geopolitycznych (rząd Niemiec udawał, że kontrakt ma charakter czysto biznesowy) miało być z punktu widzenia Moskwy energetyczne uzależnienie Niemiec od Rosji, a co za tym idzie, znieczulenie Berlina na antyeuropejską ofensywę Putina. Stało się tak pomimo licznych głosów krytyki z Europy Środkowej, USA i Brukseli. Dla Putina to musiał być sygnał, że po pewnym czasie może sobie pozwolić na więcej.

Lata 2014–2016 można uznać za kluczowe w procesie słabnięcia liberalnego porządku międzynarodowego i wzrostu zagrożeń dla bezpieczeństwa w Europie. Zaczęło się od wspomnianej wyżej wyrozumiałej reakcji Europy nie tylko na zbrojną aneksję przez Rosję części terytorium Ukrainy, ale też na otwarcie wrogą i pogardliwą wobec Zachodu retorykę samego Putina i jego otoczenia. Tony otwarcie rewanżystowskie jak gdyby uchodziły uwadze zachodnich polityków i opinii publicznej. Moskwa przestawała ukrywać, że istniejący w Europie porządek międzynarodowy (architektura bezpieczeństwa) jej nie odpowiada i będzie dążyć do jego zmiany.

Bezpośrednio po pierwszej fazie wojny rosyjsko-ukraińskiej (w lutym 2015 r. zawarto porozumienie Mińsk 2), Europa, czyli UE, weszła w serię wewnętrznych kryzysów, które silnie zachwiały jej spójnością, a przy tym utrudniły poważne podejście do zagrożenia stwarzanego przez Rosję. Niektóre z tych kryzysów były zresztą na różne sposoby inspirowane przez Moskwę. Pierwszym z nich był kryzys uchodźczo-migracyjny, którego kulminacja przypadła na letnie miesiące 2015 r. Do Europy wlała się wtedy ok. 1,5-milionowa fala uchodźców i migrantów głównie z Bliskiego Wschodu, z krajów ogarniętych konfliktami toczonymi z udziałem mocarstw zachodnich (nasilenie działań wojennych w Syrii). Powstaniu fali sprzyjała polityka Berlina, bezpośrednio kanclerz Merkel, która ze względów historycznych i ekonomicznych postanowiła przyjąć tylu migrantów i uchodźców, ilu zechce dotrzeć do Niemiec. Gdy fala przekroczyła zdolności absorpcyjne Niemiec,

Berlin zwrócił się o pomoc do pozostałych państw UE, które w tej sprawie miały inne podejście. Wcześniej na jakiś czas zostały otwarte granice UE. Wszystko to wywołało potężny kryzys polityczny i społeczny, zwłaszcza że tej fali towarzyszyło wzmożenie zamachów terrorystycznych krajach Unii. Przypomnijmy, że po zamachu w Paryżu w listopadzie 2015 r. (zginęło ponad 130 osób)[1], prezydent Francji nie tylko przywołał art. 42.7 Traktatu o UE (o zbiorowej obronie), ale też wezwał do utworzenia szerokiej koalicji antyterrorystycznej, także z udziałem... Rosji. Obawiano się, że napięcia na tym tle mogą rozsadzić strefę Schengen i zagrozić strefie euro. Tak nagły napływ uchodźców i migrantów odmiennych kulturowo wywołał też niepokój społeczny i reakcje ruchów politycznych niechętnych przybyszom z innych kręgów cywilizacyjnych. Niezależnie od różnorakich implikacji tego kryzysu, priorytetem dla instytucji i głównych krajów Unii stało się jego opanowywanie, a nie zajmowanie się zagrożeniem rosyjskim, w ocenie którego w łonie UE panowały rozbieżności.

Kolejnym kryzysem Unii Europejskiej, w którym Rosja już bezpośrednio maczała palce, był brexit, czyli decyzja Wielkiej Brytanii o wyjściu z UE. Wprawdzie perspektywa opuszczenia Wspólnoty przez Londyn nie była nowa, ale dopiero silnie populistyczna, antyeuropejska kampania, której aktywiści byli zasilani rosyjskimi pieniędzmi, przyniosła efekt w postaci zwycięstwa zwolenników wyjścia kraju z Unii w referendum przeprowadzonym w czerwcu 2016 r. (niecałe 52% głosowało za). Unia nie tylko pomniejszyła się o znaczący brytyjski potencjał gospodarczy i polityczny oraz jej polityczną racjonalność (której niekiedy w UE mamy deficyt). Wystąpienie Wielkiej Brytanii było też pierwszym takim wydarzeniem od powstania Wspólnoty i mogło znamionować odwrócenie trendu (do tej pory kolejne kraje przystępowały do UE). Zostało ono z radością przywitane przez przeciwników zjednoczonej Europy, zarówno wewnątrz Unii, jak i poza nią (D. Trump, Moskwa).

Ci ostatni stanowili zresztą kolejny wielki problem UE w tamtym czasie. Przynajmniej od połowy drugiej dekady naszego wieku doszło do nasilenia aktywności sił politycznych o prawicowo-autorytarnym, lub inaczej – populistyczno-nacjonalistycznym charakterze. Były one przeciwne projektowi europejskiemu w istniejącej postaci, imigracji, euro i innym formom podwyższonej integracji oraz zapowiadały, że w razie dojścia do władzy w swoim kraju, będą dążyć do jego wystąpienia z Unii. Hasło przywracania suwerenności, którym chętnie się posługiwały, było pretekstem dla odchodzenia od przyjętych w UE standardów demokracji. Ich wpływy i widoczność rosły w „starych" krajach Unii (zwł. Francja i Włochy), po raz pierwszy zaczęły się również silnie zaznaczać w „nowych" krajach UE, zwłaszcza w Polsce i na Węgrzech. Część z nich szybko ujawniała związki z Kremlem i sympatie dla Putina. Z dziennikarskich dochodzeń wynikało również,

[1] Notabene, Agnieszka Holland powiedziała wtedy: „Płacimy teraz cenę za głupotę ze strony amerykańskiego prezydenta George'a W. Busha". Na tę trafną myśl nie było stać ekspertów ani polityków.

że część tych sił jest finansowo wspomagana przez Rosję[2]. Do tego stopnia, że zaniepokoiło to nawet USA, gdzie szef CIA otrzymał polecenie z Kongresu USA zbadania sposobów, za pomocą których Rosja stara się osłabić UE od wewnątrz. Jak na ironię, w tym samym czasie dywersyjno-propagandowy kanał rosyjskiej telewizji Russia Today dostał zgodę na nadawanie w krajach UE, Bruksela, aby nie drażnić Rosji (!), zrezygnowała zaś z utworzenia własnej stacji telewizyjnej nadającej na Rosję.

W tym samym czasie Rosja dostała szansę na swoją pierwszą pełnokrwistą operację *out of area* na Bliskim Wschodzie. Ta szansa była rezultatem wcześniejszego wsparcia Zachodu dla sił antyreżimowych w Syrii, które jednak zostały szybko wyparte przez IS, a następnie ani działania wojsk Asada, ani ograniczone operacje militarne mocarstw zachodnich nie potrafiły wpłynąć na przebieg wojny, zwłaszcza osłabienie tzw. Państwa Islamskiego. Rosja skorzystała z zaproszenia Damaszku, więc mogła działać legalnie. I od jesieni 2015 r. działała, a przy tym działała tak, jakby chodziło o zdobycie Groznego czy jakiegoś odcinka frontu II wojny światowej, tzn. z operacyjnym rozmachem i ogromną siłą destrukcji, czego dramatycznie doświadczyło Aleppo. Spośród kilkunastu krajów zaangażowanych militarnie w Syrii, to właśnie działania późno przybyłej Rosji wyróżniały się zdecydowaniem i skutecznością, czego nie można było powiedzieć o akcjach USA czy ich sojuszników. Można stwierdzić, że to dzięki Zachodowi Rosja mogła nie tylko obronić przed upadkiem zaprzyjaźniony reżim, ale też spektakularnie wrócić na Bliski Wschód, w tym znaczącą flotą na Morze Śródziemne (i uzyskać tam stałe bazy morskie i lotnicze). Pewność siebie, z jaką Moskwa używała tam siły, powodując zresztą w swoim stylu wielkie straty ludzkie i materialne, uszła uwadze zachodnich stolic; wszak wniosła walny wkład w rozgromienie IS, który swą szansę rozwoju otrzymało dzięki wojnie USA przeciwko Irakowi.

Prawdziwy dreszczowiec, jeśli chodzi o bezpieczeństwo europejskie, w tym polskie, zaczął się wraz z objęciem urzędu prezydenta USA przez Donalda Trumpa (styczeń 2017 r.). Wynikało to z kilku powodów. Po pierwsze, jak wiadomo, w wyborach prezydenckich Trump otrzymał bezpośrednie, choć niejawne wsparcie Rosji. Skala tego wsparcia została ujawniona w specjalnym raporcie połączonych agencji wywiadowczych USA także w styczniu 2017 r.[3]. Po drugie, nowy prezydent USA był negatywnie nastawiony do NATO i innych wielostronnych form współpracy w obrębie Zachodu. Po trzecie, pod względem aksjologicznym Trump nie był człowiekiem Zachodu, a standardy demokracji czy prawa człowieka nie miały dla niego a b s o l u t n i e żadnego znaczenia. Inspirowali go przywódcy

[2] Raport Atlantic Council: *The Kremlin's Trojan Horses. Russian Influence in France, Germany, and the United Kingdom*, listopad 2016.

[3] Raport CIA, FBI, NSA: *Assessing Rusian Activities and Intentions in Recent US Elections*. Chodziło o propagandę, dezinformację i zmasowane ataki w cyberprzestrzeni szkodzące kandydatce Partii Demokratycznej i sprzyjające Trumpowi.

autorytarni, a szczególnym podziwem darzył... Putina. Trudno w to uwierzyć, ale tak właśnie było. O jego stosunku do Sojuszu Atlantyckiego świadczy to, że latem 2018 r. konsultował ze swymi doradcami możliwość wyprowadzenia USA z NATO (!). Nic dziwnego, że dyrektor European Leadership Network zatytułował swój raport o sytuacji bezpieczeństwa w świetle tego rodzaju wydarzeń *Europe's Security: Winter Is Coming*[4]. Czegoś podobnego w historii wspólnoty atlantyckiej od jej powstania w końcu lat 40. XX w. nie było. I to w momencie nasilającej się antyzachodniej ofensywy Rosji i Chin oraz groźnej niestabilności na Bliskim Wschodzie. Nic dziwnego, że w 2019 r., na kilka dni przed kolejnym szczytem NATO, prezydent Francji Macron ogłosił „śmierć kliniczną" Sojuszu. Dobrze, że *stress-test*, jakiemu poddano Sojusz, został ograniczony w czasie do czterech lat prezydentury Trumpa. Wśród ekspertów przeważało przekonanie, że kolejne cztery lata Trumpa doprowadziłyby do rozpadu wspólnoty atlantyckiej.

Na szczęście dla Sojuszu i Europy w drugiej połowie drugiej dekady naszego wieku Rosja była zajęta operacją w Syrii, a Putin wierzył, że pokojowo uzyska pewne koncesje od swego wielbiciela Trumpa w czasie jego drugiej kadencji (Trump obiecywał mu, że będzie mieć mniej związane ręce). Dlatego Moskwa nie forsowała zbyt mocno swych geopolitycznych postulatów. Liczyła na reelekcję Trumpa oraz wzmocnienie sił odśrodkowych w Unii. Jedynym pewnym sukcesem był na tym polu prorosyjski kurs Węgier Orbána. Berlin i Paryż już właściwie przywróciły wcześniejszy poziom kontaktów z Moskwą, co dawało Putinowi szansę usypiania czujności Zachodu. Zarazem Rosja należała do tych mocarstw, których nakłady na zbrojenia rosły najszybciej, pracowano nad modernizacją sił zbrojnych, a przy tym Moskwa wycofywała się z lub dawała pretekst do zawierania porozumień o ograniczaniu zbrojeń czy ich przejrzystości. Być może wybuch globalnej pandemii koronawirusa, w trakcie której rządy zajmowały się przede wszystkim jej zwalczaniem, przyniósł pewien suspens w rozwoju sytuacji bezpieczeństwa w Europie (2020 r.). Jednocześnie jednak doszło do pogorszenia klimatu w stosunkach amerykańsko-chińskich. Prezydent Trump i jego rząd postanowili poważnie potraktować wyzwanie rzucone przez Pekin. Na Zachodzie zaczęto sobie powoli uświadamiać skalę handlowo-informacyjnego zmiękczania stanowiska Zachodu wobec wzrostu chińskiej potęgi oraz jednostronnego wykorzystywania przez Pekin stosunków gospodarczo-technologicznych z Zachodem dla budowy tej potęgi. UE, podobnie jako wobec Rosji, wykazywała się mniejszą czujnością wobec fałszywej, bo osłoniętej uśmiechami i frazesami o „wspólnych korzyściach" (*win-win*) polityki Chin. Rosja i Chiny zacieśniały skierowane przeciwko Zachodowi przymierze. Było to porozumienie dwóch mocarstw, którego podstawa była tyleż geopolityczna co ustrojowa; oba znalazły się w fazie przechodzenia od autorytarnego do totalitarnego sposobu sprawowania władzy przez dwóch przywódców,

[4] *ELN Paper*, 22 listopada 2016 r.

którzy postanowili rządzić do śmierci (powrót w tym względzie do tradycji komunistycznej). Na Zachodzie już zapomniano, że w parze z tego rodzaju regresem ustrojowym idzie wzrost wojowniczości w polityce zagranicznej.

Rosja odsłania twarz

I tak doszliśmy do roku 2021, który stał pod znakiem przejścia do otwartej konfrontacji pomiędzy Rosją a Zachodem z rosnącym prawdopodobieństwem użycia siły militarnej przez Rosję w stosunku do Ukrainy. Zanim doszło do ujawnienia się rosyjskiego zagrożenia, mogło się stać coś znacznie, znacznie bardziej groźnego dla bezpieczeństwa Zachodu. Donald Trump, który wyraźnie przegrał wybory prezydenckie w listopadzie 2020 r., postanowił nie dopuścić do konstytucyjnego przejęcia władzy. W dniu ostatecznego zatwierdzenia ich wyniku i ogłoszenia zwycięzcy przez Kongres USA, prezydent, który nie chciał ustąpić, zwołał do Waszyngtonu tłum swoich zwolenników, których skierował do szturmu na Kongres z zamiarem siłowego uniemożliwienia kongresmenom dokonania tej czynności. **6 stycznia 2021 r. świat z osłupieniem patrzył na sceny, do których dochodziło w stolicy USA**, lecz które jakby pochodziły z innej cywilizacji i innej części świata (np. ze środkowej Afryki czy jakiejś republiki bananowej). Sytuację udało się opanować i 20 stycznia doszło do zaprzysiężenia nowego prezydenta. Nietrudno jednak było sobie wyobrazić inny rozwój wydarzeń, tzn. sukces zbrojnej rebelii i wybuch wojny domowej w jedynym światowym supermocarstwie. Znacznie trudniej byłoby sobie wyobrazić konsekwencje takiego rozwoju wydarzeń dla bezpieczeństwa Zachodu...

Dla Putina wybór demokraty Joe Bidena, który zapowiadał powrót wartości do polityki zagranicznej USA, oznaczał koniec nadziei wiązanych z reelekcją Trumpa. Dlatego już wiosną 2021 r. przystąpił do próby sił z Zachodem poprzez markowanie zamiaru rozległego zbrojnego ataku na Ukrainę. Rosnące napięcie udało się rozładować m.in. dzięki bezpośredniej rozmowie Biden–Putin w czerwcu 2021 r., aczkolwiek w jednym z wywiadów nieco wcześniej amerykański prezydent nazwał swego rosyjskiego odpowiednika „zabójcą", co było zapowiedzią chłodu w relacjach między mocarstwami. Być może sygnałem, który skłonił Putina do ponownego zamiaru zaatakowania Ukrainy, była ewakuacja żołnierzy i lokalnych pomocników USA z Kabulu w sierpniu 2021 r. Z punktu widzenia polityki bezpieczeństwa USA i szerzej – Zachodu była to słuszna decyzja, lecz wrażenie chaosu i bezradności, które towarzyszyło ewakuacji, mogło skłaniać do wniosku o słabości USA i prezydenta Bidena. Sceny z Kabulu okazały się mylące, o czym Rosja miała się przekonać kilka miesięcy później. Wcześniej, bo już we wrześniu 2021 r., USA, Wielka Brytania i Australia zawarły porozumienie o współpracy strategicznej w rejonie Indo-Pacyfiku (AUKUS), co także mogło być dla Moskwy mylącym sygnałem (o zasadniczej zmianie priorytetów geostrategicznych USA z Europy/Rosji na Chiny/Pacyfik).

W grudniu 2021 r. Moskwa postawiła Zachodowi ultimatum. Zachód ma jej pozostawić wolną rękę (w tym dla militarnego „rozwiązania problemu") w sprawie Ukrainy, NATO zaś ma zredukować swoją obecność w Europie Środkowej (krajach regionu, które przystąpiły do Sojuszu po 1997 r.). Miało się to wyrazić w podpisaniu dwóch nienegocjowalnych w treści traktatów Rosja–USA i Rosja–NATO (ich projekty zostały powieszone na stronie rosyjskiego MSZ). Warto zaznaczyć, że już od pierwszej fazy konfliktu doszło do intensyfikacji współpracy wojskowej NATO–Ukraina, choć bez perspektyw na jej członkostwo w Sojuszu (bowiem z uwagi na stan wojny z Rosją od 2014 r. Ukraina wnosiłaby do Sojuszu otwarty art. 5). Chodziło o zwiększenie jej zdolności obronnych. Ultimatum Rosji było podręcznikowym dyplomatycznym *non-starter* – propozycją nie do podjęcia. Moskwa redagując swoje ultimatum w tak kategoryczny sposób, miała świadomość, że Zachód je odrzuci, co da jej pretekst do agresji na Ukrainę. 24 lutego 2022 r. nad ranem Rosja oddała pierwsze salwy w wojnie, która od początku sposobem prowadzenia przypominała atak Niemiec na Polskę 1 września 1939 r., istotą zaś agresję Związku Sowieckiego z 17 września (poszerzenie ruskiego miru i podział napadniętego kraju).

Zarysowana powyżej ewolucja sytuacji międzynarodowej pod kątem naszego szerszego środowiska bezpieczeństwa ujawniała zwłaszcza **trzy długofalowe tendencje** według stanu na przełom 2021 i 2022 r.

Po pierwsze, wewnętrzną kruchość Stanów Zjednoczonych jako kotwicy bezpieczeństwa globalnego oraz filaru bezpieczeństwa obronności Zachodu (wspólnoty atlantyckiej). Polaryzacja wewnętrzna w USA może wynieść do władzy w kolejnych wyborach kogoś pokroju Trumpa. Wiązało się to z głębszym kryzysem porządku liberalnego na poziomie wewnętrznym (w państwach Zachodu) i międzynarodowym. Liberalny porządek tracił powoli wpływy w świecie i moc stabilizowania porządku międzynarodowego w ogóle (jego zasad i instytucji). Coraz więcej państw wykazywało skłonność do zachowań ignorujących normy stojące na straży bezpieczeństwa oraz nieliczenia się ze stanowiskiem Zachodu, nie tylko w sprawach ideowych, ale także związanych z bezpieczeństwem międzynarodowym.

Po drugie, rosnącą siłę i determinację przymierza chińsko-rosyjskiego. Reprezentuje ono wspólnotę interesów państw autorytarno-totalitarnych oraz znajduje na świecie naśladowców i popleczników, co zmienia globalny układ sił na niekorzyść Zachodu. Agresywna Rosja testowała morale Zachodu w Europie, Chiny zaś przygotowywały grunt pod przejęcie przywódczej roli w świecie (rozszerzanie wpływów w Afryce i Ameryce Łacińskiej oraz próba neutralizacji Europy). Oba mocarstwa intensywnie się zbroiły.

Po trzecie, niespójność w sprawach bezpieczeństwa i zupełny niedorozwój w sprawach obronności UE. Wspólnota rozwinęła się wprawdzie jako wartościowy system w ważnych dziedzinach bezpieczeństwa wewnętrznego państw członkowskich (bezpieczeństwo energetyczne i środowiska naturalnego, cyberbezpieczeństwo i bezpieczeństwo publiczne), ale nie stała się liczącym i wiarygodnym podmiotem (aktorem, „graczem") w sprawach bezpieczeństwa międzynarodowego. Zdolności obronne UE pozostawały w powijakach[5]. Przyczyny tego stanu rzeczy tkwią m.in. w odśrodkowych postawach licznych państw w tej dziedzinie, sprzyjającej obiektywnie Rosji polityce Francji i Niemiec, kontestacji unijnego projektu integracyjnego przez różne państwa i siły polityczne wewnątrz Unii, co jest zwykle powiązane ze wzrostem sił nacjonalistyczno-populistycznych stawiających na autorytarne formy ustrojowe (np. Węgry i Polska). W sprawach ważnych powołana w 1999 r. CSDP (WPBiO) pozostaje fikcją.

Polska: od sojuszniczego współdziałania do strategicznej autarkii

Nieco przekornie można powiedzieć, że w polskiej polityce bezpieczeństwa wszystko było najprostsze w latach 90., kiedy sytuacja bezpieczeństwa była nadal krucha i niepewna. Było najprostsze, ale najtrudniejsze zarazem (notabene, Clausewitz, trochę za Napoleonem pisał że „w strategii wszystko jest proste, lecz nic nie jest łatwe"). Chodziło o sprawy tak proste i trudne zarazem jak członkostwo Polski w NATO i w Unii Europejskiej, która właśnie wyposażyła się w politykę zagraniczną i bezpieczeństwa oraz politykę bezpieczeństwa i obrony. Ta druga zastąpiła UZE, na obie liczyliśmy. Sprawy proste i trudne zarazem, bo musieliśmy ułożyć stosunki z odwiecznymi wrogami, Niemcami i Rosją, w taki sposób, aby oba sąsiadujące z nami mocarstwa nie stanowiły dla nas zagrożenia. I chociaż byliśmy krajem zdecydowanie biedniejszym niż teraz, bez sojuszników, z dwuznacznym wizerunkiem (z jednej strony „Solidarność", z drugiej o złej tradycji rządzenia i będącym źródłem kłopotów dla otoczenia), a po drodze nie obyło się bez potknięć (np. sprawa premiera Oleksego)[6], wszystkie nasze cele w sferze bezpieczeństwa osiągnęliśmy wtedy z nadwyżką. Zjednoczone Niemcy stały się naszym adwokatem w staraniach o członkostwo w NATO i UE, staliśmy się członkiem Sojuszu Atlantyckiego i byliśmy na dobrej drodze do członkostwa w UE, a z Rosją było raz lepiej, raz gorzej, ale Moskwa nie zdołała nam w niczym przeszkodzić. I co równie ważne, Polska budziła szacunek i zaufanie dzięki ogromnej pracy, jaką Polacy wykonali oraz dzięki odpowiedzialnej i obliczalnej polityce, jaką Warszawa prowadziła[7].

---

[5] J.-P. Darnis, „La relance de la défense européenne et le conflit en Ukraine: dynamiques et paradoxes", *FRS, Note 15/22*, 28 marca 2022 r.

[6] W połowie lat 90. polskie służby ujawniły nadmierną zażyłość premiera z rezydentem wywiadu rosyjskiego w Warszawie na paszporcie dyplomatycznym. Nie potwierdziło się jednak przypuszczenie, że J. Oleksy przekazywał świadomie rosyjskiemu szpiegowi jakieś cenne informacje. Aby rozwiać wątpliwości w kontekście polskich starań o członkostwo w NATO, premier został skłoniony do dymisji.

[7] R. Kuźniar (red.), *Polska polityka bezpieczeństwa 1989–2000*, Wydawnictwo Naukowe Scholar, Warszawa 2001; R. Kupiecki (red.), *Strategia bezpieczeństwa narodowego RP. Pierwsze 25 lat*, Wojskowe Centrum Edukacji Obywatelskiej im. płk. dypl. Mariana Porwita, Warszawa 2015.

Prymat USA, NATO i *out of area*

Po uzyskaniu formalnego członkostwa w Sojuszu Atlantyckim w kwietniu 1999 r. Polska kontynuowała dopasowywanie swojej strategii bezpieczeństwa do przyjętej wtedy Nowej Koncepcji Strategicznej NATO (kwietniowy szczyt Sojuszu w Waszyngtonie). W jeszcze większym stopniu oznaczało to przybliżanie polskiej strategii do amerykańskiej, co brało się poniekąd z chęci odwdzięczenia się za kluczowe dla naszego członkostwa wsparcie USA. W płaszczyźnie czysto wojskowej wyraziło się to w przyjęciu *Programu przebudowy i modernizacji sił zbrojnych RP w latach 2001–2006*, który miał doprowadzić ⅓ naszych sił zbrojnych do standardów NATO, czyli do wymogu interoperacyjności z siłami Sojuszu. To był kosztowny program, którego realizacja była możliwa m.in. dzięki aprobacie wszystkich głównych sił politycznych w naszym kraju. Dostosowywanie doktrynalne rozpoczęło się od sporów kompetencyjnych pomiędzy rządem Jerzego Buzka a prezydentem Aleksandrem Kwaśniewskim w sprawie sposobu przygotowania i akceptacji pierwszej po wstąpieniu do NATO strategii bezpieczeństwa. Ostatecznie rząd przyjął własną, rządową Strategię Bezpieczeństwa Rzeczypospolitej Polskiej w styczniu 2000 r. Było to bardzo niefortunne, bo przyjęta zaledwie trzy lata wcześniej Konstytucja przyznaje prezydentowi całkiem niemałe kompetencje w tej sferze. Już tylko art. 126 ust. 2 stanowi, że prezydent „stoi na straży suwerenności i bezpieczeństwa państwa oraz nienaruszalności i niepodzielności jego terytorium", a art. 134 czyni go „najwyższym zwierzchnikiem sił zbrojnych". Na szczęście już kolejna strategia powstała w pełnej współpracy rządu i prezydenta, zgodnie ze stosowną procedurą, która mówiła, że rząd opracowuje dokument, a prezydent zatwierdza.

Przyjęta w lipcu 2003 r. Strategia Bezpieczeństwa Narodowego RP mogła już uwzględnić dramatyczne zmiany, do których doszło w międzynarodowym środowisku bezpieczeństwa pod wpływem niewyobrażalnego wcześniej zamachu terrorystycznego, do którego doszło 11 września 2001 r. Jak pisze ekspert Robert Kupiecki, strategia „prezentowała po raz pierwszy całościowe podejście do bezpieczeństwa narodowego, traktując je szeroko oraz łącząc jego aspekty wewnętrzne i zewnętrzne, wojskowe i cywilne. Autorzy strategii zaakcentowali przesuwanie się punktu ciężkości z zagrożeń klasycznych na zagrożenia nietypowe (których źródłem stają się także podmioty niepaństwowe), dostrzegając wpływ procesów globalizacji na kwestie bezpieczeństwa międzynarodowego. Za najważniejsze wśród nowych zagrożeń uznano zorganizowany terroryzm oraz niekontrolowaną proliferację broni masowego rażenia i środków jej przenoszenia"[8].

---

[8] R. Kupiecki (red.), *Strategia bezpieczeństwa narodowego...*, dz. cyt., s. 167. Pracę nad tym dokumentem zainicjował autor niniejszego rozdziału (wówczas dyrektor departamentu strategii polityki zagranicznej w MSZ), a to w celu zapewnienia spójności stanowiska rządu i prezydenta w sferze polityki

W tym przypadku dokument sankcjonował wojskowe zaangażowanie poza granicami kraju i art. 6 Traktatu waszyngtońskiego, ponieważ niejako wyprzedzając zapisy strategii z 2003 r., Polska włączyła się w amerykańską operację zbrojną w Afganistanie już na początku 2002 r. (zanim pojawiła się tam misja NATO). Operacja *Enduring Freedom* była odpowiedzią na wydarzenia z 11 września i miała autoryzację RB NZ. Po latach okazało się, że operacja była istotnie *enduring*, ale *freedom* do Afganistanu nie udało się jej przynieść[9]. Była jednak pierwszą okazją do bezpośredniego na polu walki współdziałania żołnierzy polskich z amerykańskimi.

Udział Polski w wojnie przeciwko Irakowi (od jej pierwszego dnia, czyli 20 marca 2003 r.) był związany z zapisem o niekontrolowanej proliferacji broni masowego rażenia w strategii z lipca 2003 r. W istocie nie chodziło o tę broń, o której było wiadomo, że Irak jej nie posiada, ile o manifestację lojalności i wsparcia dla Stanów Zjednoczonych w sytuacji ich względnego osamotnienia w kontekście tej nieuzasadnionej wojny. W Warszawie uważano, że będzie to dobra inwestycja w naszego głównego sojusznika, który potrafi to docenić, wtedy gdy Polska będzie w potrzebie. To rozumowanie miało wiele słabości oraz przechodziło do porządku dziennego nad faktem złamania podstawowych zasad prawa międzynarodowego (Karta NZ), a ponadto było obciążone brakiem elementarnej wyobraźni, jeśli chodzi o różnorakie bezpośrednie i długofalowe konsekwencje tej wojny[10]. Udział w wojnie w Iraku był przykładem politycznego bandwagoningu w stosunkach z USA, czyli amerykanizacji polskiej polityki bezpieczeństwa. Po rządzie lewicy (SLD) tę tradycję przejął rząd prawicy (PiS), który także bezwarunkowo popierał politykę bezpieczeństwa administracji G.W. Busha, w tym militarny interwencjonizm oraz budowę na terytorium Polski bazy globalnego systemu antyrakietowego. System budził wiele kontrowersji na świecie, bowiem był pomyślany jako ważny instrument globalnej hegemonii strategicznej USA. Rząd PiS przedkładał wtedy opiekę Ameryki nad gwarancje Sojuszu Atlantyckiego[11]. Ze specjalną pozycją USA w polskiej polityce bezpieczeństwa związany był także pierwszy polski „kontrakt stulecia", czyli zakup myśliwców wielozadaniowych F-16. Niezależnie od politycznego

---

bezpieczeństwa. Jako ciekawostkę można dodać, że w trakcie prac nad dokumentem zrezygnował ze stanowiska, bowiem uważał za błędny zamiar wzięcia przez Polskę udziału w agresji na Irak.

[9] O błędach popełnianych w toku tej operacji, które przyczyniły się do jej ostatecznego fiaska, pisano sporo. Zob. m.in. teksty w *Roczniku Strategicznym* 2021/22.

[10] Pisałem o tym wielokrotnie, jeszcze zanim do tej wojny doszło. Liczbę ofiar śmiertelnych ocenia się na kilkaset tysięcy w ciągu pierwszych trzech lat wojny, do czego dochodzi dramat humanitarny, kilka milionów uchodźców w pierwszych latach wojny, pojawienia się tzw. Państwa Islamskiego, fala uchodźcza do Europy w 2015 r., oraz *last but not least*, zły przykład dany Rosji, na który Putin będzie się później wielokrotnie powoływał. Już po agresji na Irak Amerykanie nie znaleźli na terytorium Iraku śladów programu nuklearnego. Zob. zwłaszcza *Roczniki Strategiczne* od roku 2003/02, a także R. Kuźniar, *Polityka zagraniczna III Rzeczypospolitej*, Wydawnictwo Naukowe Scholar, Warszawa 2012, s. 309–312.

[11] Wiceminister spraw zagranicznych W. Waszczykowski 1 marca 2007 r. oświadczył wprost: „NATO nie jest już sojuszem naszych marzeń", J. Przybylski, P. Gillert, „Chcemy gwarancji Waszyngtonu", *Rzeczpospolita*, 8 marca 2007 r.

kontekstu tej decyzji ogłoszonej w końcu grudnia 2002 r., zakup odegrał ogromną rolę w modernizacji naszych sił powietrznych[12]. Odwrotną stroną tej postawy był silny w tamtym czasie sceptycyzm Polski wobec zapoczątkowanej przez UE w czerwcu 1999 r. próby wzmocnienia jej zdolności w sferze bezpieczeństwa i obrony, czyli utworzenia własnych sił zbrojnych i możliwości ich użycia w sytuacjach *out of area*. Nawet jeszcze nie będąc członkiem UE, Polska starała się hamować te plany z obawy, że może to podważyć spójność Sojuszu Atlantyckiego, ale także inspirowana była do tego sceptycyzmu przez Waszyngton. Budziło to brak zaufania UE do Polski, wzmocniony dodatkowo zerwaniem stanowiska Unii wobec planu USA ataku na Irak. Wspólnota opowiadała się za prymatem kompetencji ONZ ws. weryfikacji domniemanego programu nuklearnego Iraku.

Równowagę w polskiej polityce bezpieczeństwa przywrócił rząd liberalno-centrowy (PO/PSL), czego rząd prawicowy mu nie ułatwił, przyjmując już po przegranych wyborach, w listopadzie 2007 r., nową strategię bezpieczeństwa narodowego[13]. Po pierwsze, zerwano z naiwnym proamerykanizmem, choć ponownie nie ułatwiał tego prezydent Lech Kaczyński, reprezentujący partię przegraną w wyborach parlamentarnych, który upierał się przy kontynuacji obecności polskiego kontyngentu wojskowego w Iraku. W sferze zagranicznej przyjęto formułę trójfilarowości polityki bezpieczeństwa, czyli oparcia jej na solidarności sojuszniczej (NATO), zaangażowaniu w umacnianie UE jako wszechstronnego systemu bezpieczeństwa (zarówno CSDP, jak i różnych dziedzin bezpieczeństwa wewnętrznego) oraz bliskiej współpracy z USA, do której powrócił zdrowy rozsądek[14]. Wprawdzie premier Donald Tusk nie był entuzjastą udziału w odległych interwencjach zbrojnych, ale realizując zasadę sojuszniczej solidarności, polski rząd postanowił zmierzyć się z wyzwaniem przejęcia pełnej odpowiedzialności za bezpieczeństwo w jednej z afgańskich prowincji (w ramach operacji ISAF). Oznaczało to nie tylko znaczące zwiększenie liczebności naszego kontyngentu, ale też konieczność radzenia sobie z wieloma innymi problemami, co ostatecznie dawało wojsku lepsze doświadczenie i obycie w wewnątrzsojuszniczej interoperacyjności oraz zmuszało do dalszej modernizacji armii. Pod tym względem rząd niezależnie od operacji zagranicznych zdecydował się na wielki, można powiedzieć, historyczny program pełnego uzawodowienia polskiej armii, czyli rezygnacji z powszechnego poboru. Celem tej operacji miało być wzmocnienie zdolności obronnych Sił Zbrojnych RP. To trudne zadanie zostało sprawnie zrealizowane przez ministra Bogdana Klicha i podległy mu resort obrony i od 1 stycznia 2010 r.

[12] Kupiono wtedy 48 myśliwców F-16, kilkanaście samolotów szkoleniowych, uzbrojenie, a w kolejnych latach F-16 był poważnie dozbrajany. Samolot wybrano w przetargu, w którym uczestniczył także francuski Mirage oraz brytyjsko-szwedzki Grippen.

[13] Wprawdzie dokument nie był specjalnie „groźny", ale tego rodzaju praktyka, kiedy strategię przyjmuje rząd, który wie, że nie będzie jej realizować, czyli niejako wmusza swój program następcom, nie służy dobrze budowaniu instytucjonalnej kultury strategicznej państwa.

[14] Szerzej w: R. Kuźniar, *Polityka zagraniczna*..., dz. cyt., s. 360–375.

polskie wojsko składało się wyłącznie z żołnierzy zawodowych, w liczbie 100 tys. (nominalnie). Uzupełnieniem zawodowców w pewnych sytuacjach miały być ochotnicze Narodowe Siły Rezerwowe w liczbie 20 tys. żołnierzy.

Prezydent Komorowski i nadrzędność obrony terytorium Polski

Objęcie urzędu prezydenta RP przez Bronisława Komorowskiego, który jako minister obrony był w 2001 r. inicjatorem ustawowego podniesienia wydatków na obronność do poziomu 2% PKB, przyniosło dalsze zmiany w strategii bezpieczeństwa Polski. Doszło do nich także w związku z pogarszaniem się stanu międzynarodowego środowiska bezpieczeństwa kraju. Chodziło przede wszystkim o rosnącą agresywność Rosji Putina, czego przejawem był konflikt z Gruzją w sierpniu 2008 r. oraz agresja na Ukrainę w 2014 r. Dla prezydenta Komorowskiego priorytetem w tej sytuacji było przestawienie zarówno narodowej jak i sojuszniczej strategii bezpieczeństwa na wiarygodne odstraszanie i obronę własnego terytorium. Dał temu wyraz w pierwszej rozmowie z prezydentem Obamą w Białym Domu w grudniu 2010 r. Jednocześnie w kraju został zapoczątkowany Strategiczny Przegląd Bezpieczeństwa Narodowego (SPBN), pierwszy tak rozległy i głęboki od 1989 r. Jego efektem była ogłoszona (po raz pierwszy w wolnej Polsce) w lipcu 2013 r. Biała Księga Bezpieczeństwa Narodowego Rzeczypospolitej Polskiej. Kierujący w tym czasie Biurem Bezpieczeństwa Narodowego – BBN prowadziło przegląd – gen. Stanisław Koziej nazywa tę zmianę doktryną zwrotu strategicznego lub po prostu doktryną Komorowskiego[15].

W SPBN przedstawiono pogłębioną diagnozę stanu bezpieczeństwa narodowego, opartą na analizach długofalowych trendów, które ten stan warunkują. Ocenie poddano cały system bezpieczeństwa państwa, jego poszczególne poziomy (instytucje centralne, samorządowe), służby i agencje ochronne (od wywiadu po zwalczanie klęsk żywiołowych), potencjał społeczny i gospodarczy, gdzie wskazano na pogłębianie się kryzysu demograficznego w Polsce czy słabość bazy innowacji technologicznych i wytwarzania wysokich technologii oraz bezpieczeństwo energetyczne. Ocena objęła także stan międzynarodowego środowiska bezpieczeństwa, gdzie wskazano na implikacje procesów globalizacyjnych i rewolucji informacyjnej dla bezpieczeństwa, wyzwania transnarodowe i asymetryczne, słabnięcie pozycji USA i roli organizacji międzynarodowych. Określono podstawowe czynniki bezpieczeństwa Europy: NATO, UE, strategiczną obecność USA oraz stosunki z Rosją i jej politykę. Przegląd był pierwszym jawnym dokumentem w tej sferze po 1989 r., który wskazał na rosnące prawdopodobieństwo zaistnienia dla Polski zagrożeń militarnych (militaryzacja i roszczeniowość polityka Rosji), które mogą się zmaterializować nawet tylko pośrednio (poniżej progu otwartej agresji), ale

---

[15] S. Koziej, A. Brzozowski, „Strategie bezpieczeństwa narodowego RP 1990–2014. Refleksja na ćwierćwiecze", w: R. Kupiecki (red.), *Strategia bezpieczeństwa narodowego...*, dz. cyt., s. 38.

z użyciem sił zbrojnych. Jawna część raportu ze SPBN została ogłoszona w Białej Księdze[16], a wnioski operacyjne zostały przekazane do uwzględnienia w strategii bezpieczeństwa, która miała być przyjęta jako wykonawcza część Przeglądu.

Opracowana przez rząd, choć korzystająca z prezydenckiego SPBN, nowa Strategia Bezpieczeństwa Narodowego RP została zatwierdzona przez prezydenta 5 listopada 2014 r. Jej wewnętrzną logikę, która polegała na wzmocnieniu podmiotowości Polski w sprawach bezpieczeństwa, budowały następujące założenia. Po pierwsze, bezwzględne pierwszeństwo w polskich działaniach i obowiązkach w tej sferze ma mieć imperatyw obrony kraju (granic, terytorium, ludności), przed udziałem w operacjach *out of area*. Po drugie, podstawą zdolności obronnych państwa jest własny potencjał, a członkostwo w Sojuszu i UE są w tym kontekście czynnikami wspierającymi. Ma to związek z dojrzałym odczytaniem przez Polskę treści Traktatu waszyngtońskiego (art. 3 i 5). Po trzecie, Polska jako państwo flankowe, na flance szczególnie wystawionej na zagrożenia, powinna dążyć do rozbudowy swoich zdolności utrudniających potencjalnemu przeciwnikowi działania ofensywne z zaskoczenia. Dopełnieniem wartościowego potencjału własnego i odpowiedzialnej polityki bezpieczeństwa, w tym zagranicznej, powinna być aktywność na forum instytucji wielostronnych. Skierowana na zewnątrz polityka bezpieczeństwa powinna być mocno osadzana (dysponować) w zapleczu społecznym i gospodarczym, w tym w trwałym i zrównoważonym rozwoju kraju. Z powyższych założeń wyprowadzono dla samej strategii kilka priorytetów. Pierwszy to zapewnienie gotowości i widocznej determinacji w odniesieniu do działań o charakterze obronnym, w tym zdolności ich dłuższego prowadzenia, nawet gdyby sojusznicze wsparcie miało się opóźniać. Drugi to wkład w wiarygodną sojuszniczą obronność w NATO, wspieranie UE w rozwój CSDP oraz umacnianie ważnych z tego punktu widzenia stosunków dwustronnych (USA, Francja, kraje regionu). I dopiero trzeci priorytet to udział w operacjach międzynarodowych służących umocnieniu stabilności i bezpieczeństwa w szerszym środowisku międzynarodowym, ale w zgodzie z prawem międzynarodowym[17].

Pod tym kątem prowadzona była modernizacja sił zbrojnych, szkolenie, zamówienia na uzbrojenie i sprzęt, manewry własne i sojusznicze na terytorium RP. To także z tych powodów w tygodniach poprzedzających szczyt NATO w Lizbonie w 2010 r. prezydent Komorowski forsował postulat określenia przez Sojusz horyzontu czasowego zakończenia misji ISAF (zdecydowano wtedy, że nie będzie trwać dłużej niż do końca 2014 r.). I podobnie, Polska odmówiła pomimo nalegań sojuszników udziału w zbrojnej operacji NATO w Libii, od początku uważając, że nie kryły się za nią humanitarne intencje jej inicjatorów. Wreszcie, wkrótce po rozpoczęciu przez Rosję wojny z Ukrainą o Donbas wiosną 2014 r., prezydent Komorowski

[16] Biała Księga Bezpieczeństwa Narodowego Rzeczypospolitej Polskiej, BBN, Warszawa 2013.

[17] S. Koziej, „Trzy dekady obronności III RP: polityka i strategia obronna oraz polityczno-strategiczne kierowanie siłami zbrojnymi RP", *Rocznik Strategiczny* 2019/20.

wystąpił o specjalne spotkanie Rady Północnoatlantyckiej w trybie art. 4 Traktatu waszyngtońskiego. Był to wstęp do skutecznego zabiegania o korzystne dla Polski decyzje szczytu NATO w Newport ws. wzmocnienia flanki wschodniej. Wcześniej dobre porozumienie pomiędzy prezydentami Komorowskim a Obamą przyniosło efekt w postaci decyzji tego drugiego o obecności w Polsce znaczącej siły militarnej, po raz pierwszy w historii (trwałej, choć w trybie rotacyjnym)[18].

Polityka bezpieczeństwa częścią autorytarnego zwrotu ustrojowego

W listopadzie 2015 r. doszło do przejęcia pełni władzy przez obóz zjednoczonej prawicy, kilka miesięcy wcześniej wybory prezydenckie wygrał także przedstawiciel głównej partii tego obozu. Wbrew przedwyborczym zapowiedziom obóz władzy szybko przeszedł do wprowadzania zmian ustrojowych, które zmierzały do modelowego państwa autokratycznego. Chodziło o odejście kolejno od zasady trójpodziału władzy, ustanowienie nadrzędności centralnego ośrodka dyspozycji politycznej (szefa partii rządzącej) nad konstytucją i ustawami (co było możliwe dzięki przekształceniu Trybunału Konstytucyjnego w instrument władzy partii), redukowanie parlamentu do „maszynki do głosowania", otwarta pogarda dla demokratycznej opozycji, ograniczanie wolności mediów oraz pozycji społeczeństwa obywatelskiego, które pod postacią opinii publicznej powinno w systemie demokratycznym kontrolować poczynania władz w zakresie posługiwania się siłą. Ideologią bloku rządzącego stała się mieszanka populizmu z nacjonalizmem o silnie antyeuropejskim, niekiedy antyzachodnim ostrzu. Polityka bezpieczeństwa była prostym przedłużeniem zwrotu ustrojowego, a w warstwie zarządzania siłami zbrojnymi – sceną skrajnego woluntaryzmu osób, którym powierzano odpowiedzialność za obronność i bezpieczeństwo Polski. Ustrojowo i w sferze polityki bezpieczeństwa Polska stała się krajem bizarnym.

Już pierwsze decyzje nowego ministra obrony, polityka o niejasnych powiązaniach z rosyjskimi agentami wpływu w Polsce, zapowiadały radykalny zwrot w sferze bezpieczeństwa i obronności. Należały do nich nocne włamanie nowych urzędników MON do siedziby tworzonego w Warszawie Centrum Kontrwywiadu NATO (Centrum przestało w ten sposób istnieć), czystki na szczeblach dowódczych w siłach zbrojnych oraz zerwanie kontraktu z Francją na zakup śmigłowców Caracal. W planie wewnętrznym szczególnie szkodliwe było usunięcie z armii wielu doświadczonych i świetnie wykształconych (głównie w USA i uczelniach Sojuszu) dowódców oraz szefów agencji wywiadowczych; w sumie kilkadziesiąt osób. Tego rodzaju szkoda nie zdarzyła się w żadnym kraju NATO od chwili utworzenia tej organizacji. Na ich miejsce powołano poza wszelkimi procedurami wojskowych pozbawionych doświadczenia i wiedzy koniecznej na powierzanych im stanowiskach,

[18] Stało się to w czerwcu 2014 r., przy okazji udziału B. Obamy w Warszawie w wielkim spotkaniu w związku z 25. rocznicą zwycięstwa Solidarności w wyborach 4 czerwca 1989 r.

ale posłusznych ministrowi (i linii partii). Całość „nowego otwarcia" dla gen. Kozieja oznaczała „bardzo negatywne dla sił zbrojnych porzucenie zasady prymatu jakości nad ilością, zniszczenie jednego z najważniejszych priorytetów modernizacyjnych, jakim jest wyposażenie wojska w śmigłowce, poważne opóźnienie innego, tzn. obrony przeciwrakietowej, a także wdrażanie nadzwyczaj kontrowersyjnej, zideologizowanej koncepcji Wojsk Obrony Terytorialnej"[19]. Sposób formowania tego nowego rodzaju wojsk wyglądał, jak gdyby chodziło o stworzenie prywatnej armii (latynoskiego, autokratycznego wzoru) osobliwego polityka postawionego na czele MON[20]. Cechą szczególną upartyjnienia i deprofesjonalizacji sektora obronnego był widoczny na każdym polu woluntaryzm, czyli podejmowanie decyzji kadrowych, organizacyjnych, w sferze uzbrojenia, kontaktów zewnętrznych nie według kryteriów merytorycznych, po konsultacji z ekspertami czy z uwzględnieniem wymogów współdziałania z sojusznikami, lecz jednoosobowo, według widzimisię decydenta. W ten sposób doszło do dewastacji Sztabu Generalnego (co roku nowy szef według kryterium posłuszeństwa).

Podobnie stało się w polskim przemyśle obronnym, scentralizowanym jak w PRL w jednej Polskiej Grupie Zbrojeniowej, zarządzanym przez „szybko zmieniające się pasożytnicze grupy ludzi bez zawodowego przygotowania, mianowanych z partyjnego klucza, gdzie na czele największego polskiego koncernu zbrojeniowego w ciągu pierwszych trzech rządów PiS stało czterech prezesów". Towarzyszyło temu „sabotowanie interesów polskiego przemysłu obronnego", przez amputowanie zapoczątkowanych wcześniej projektów rozwojowych z udziałem podmiotów i technologii zagranicznych. Autarkiczny model rozwoju tego przemysłu skazywał go na niedorozwój wobec przemysłów europejskich oraz utratę zdolności zapewniania nowoczesnego sprzętu polskiej armii[21]. Sytuacja w tym sektorze była znana rządowi. W jednym ze słynnych e-maili Dworczyka[22] (szefa kancelarii premiera) można było przeczytać: „Najgorsze jest to, że niekompetencja, nieudolność, głupota, a czasem różne ciemne interesy są zawsze podlewane w MON, PGZ i u nas w polityce – obrzydliwym sosem bogoojczyźnianych frazesów". Co sądzić o rządzie, który jest świadom szkód wyrządzanych własnemu krajowi, a jednocześnie w interesie swej władzy niezdolny do zmiany stanu rzeczy?

---

[19] S. Koziej, „Trzy dekady…", dz. cyt., s. 407.

[20] Zważywszy na dziwaczną osobowość ministra i jego kontrowersyjne dokonania w pierwszym okresie rządów PiS (2005–2007), przywódca partii zastrzegał przed wyborami, że nie uczyni A. Macierewicza ministrem obrony (miał nim zostać pos. J. Gowin), ale po wyborach obietnicy nie dotrzymał, co oznaczało, że destrukcja Sił Zbrojnych RP nie była zamiarem jedynie ministra.

[21] *Raport. Trzy lata polityki zagranicznej rządu Prawa i Sprawiedliwości*, Instytut Bronisława Komorowskiego, Warszawa 2018, s. 18.

[22] Wybór e-maili Dworczyka, które wyciekły do jednego z portali zagranicznych i były przezeń ogłaszane *urbi et orbi*, w: „Dworczyk, czyli państwo PiS. Raport o stanie władzy", *Gazeta Wyborcza*, 22–23 stycznia 2022 r.

Patriotyczna tromtadracja stała się trwałym narzędziem ukrywania nieudolności, archaiczności rozwiązań lub niskich intencji towarzyszących sprawowaniu władzy przez obóz zjednoczonej prawicy także w innych sektorach polityki państwa. W sferze bezpieczeństwa dotyczyło to m.in. projektu utworzenia 300-tysięcznej armii, niepopartego żadnymi analizami potrzeb obronnych Polski, kosztów i możliwości (także demograficznych), porównaniami z armiami państw w naszym otoczeniu itp.[23]. Z tego projektu wynika jednoznacznie, że ma on charakter ustrojowy. W ustrojach autorytarnych siły zbrojne odgrywają szczególną rolę, są zawsze większe niż wynika to z potrzeb i możliwości kraju, cieszą się specjalną pozycją w systemie politycznym i społecznym kraju, mają świadczyć o „trosce" przywódcy o bezpieczeństwo kraju, a w istocie służą bezpieczeństwu władzy. Anachroniczność koncepcji i realnych działań w odniesieniu do sił zbrojnych wskazywały, że chodziło o tworzenie „armii defiladowej", mającej się podobać elektoratowi i zdolnej do udziału w rekonstrukcjach historycznych. Jednak niemającej wiele wspólnego z art. 3 Traktatu waszyngtońskiego, który nakłada na kraje członkowskie obowiązek „rozwijania indywidualnej i zbiorowej zdolności do odparcia napaści zbrojnej".

Taki sam charakter, dla zdobycia poklasku opinii publicznej, czyli pod elektorat, miały zakupy „z półki", czyli bez wcześniejszego rozeznania i jakiegokolwiek offsetu, a więc bez pożytku dla rodzimego przemysłu zbrojeniowego, samolotów F-35 oraz czołgów Abrams. Te pierwsze kupiono jedynie dlatego, aby ulżyć prezydentowi Trumpowi, który musiał cofnąć zgodę na ich sprzedaż Turcji i nie miał co z nimi zrobić. Było to częścią klientelistycznej relacji, jaką rząd PiS ukształtował z tym prezydentem USA. F-35 kupiono bez świadomości, jakiego rozległego systemu towarzyszącego wymagają, aby mogły pełnić swoją funkcję i jak niebywale kosztowny jest ten system. Zakup czołgów Abrams był z kolei przede wszystkim inwestycją mającą na celu udobruchanie nowego prezydenta USA, który wbrew kalkulacjom i nadziejom PiS wygrał wybory (J. Biden zapowiedział, że będzie w odróżnieniu od swojego poprzednika zwracał w swojej polityce uwagę na sprawy demokracji i praw człowieka). Racjonalność tego zakupu, w kontekście posiadanych przez Polskę zdolności obronnych, weryfikuje doświadczenie wojny w Ukrainie. Po pierwsze, czołg jest bronią ofensywną (czy zamierzamy „iść na Mińsk lub Moskwę?"). Ten wymaga, podobnie jak F-35, potężnego, systemu współdziałającego. Po drugie, prymat powinno mieć uzbrojenie przeciwczołgowe (przeciwpancerne). Po trzecie, mocno nieszczelna obrona polskiego nieba – przeciwlotnicza i przeciwrakietowa – wystawia na ryzyko szybkiego zniszczenia super drogich Abramsów. Najważniejsze w polskich warunkach są właśnie te dwa rodzaje osłony, których rozbudowa i modernizacja zostały w okresie siedmioletnich rządów PiS całkowicie zaniedbane[24]. Nie inaczej jak egzotyczne trzeba też ocenić decyzje

[23] P. Wroński, „Wielka armia Błaszczaka", *Gazeta Wyborcza*, 4 stycznia 2022 r.

[24] Z. Lentowicz, „Najnowsze abramsy nie wystarczą, jeśli nie obronimy nieba", *Rzeczpospolita*, 11 kwietnia 2022 r.

rządu z końca lipca 2022 r. o zmasowanym zakupie uzbrojenia za kilkadziesiąt mld USD w Korei Południowej. Elementarny brak długofalowej racjonalności tych zakupów polegał m.in. na tym, że szkodziły one interesom polskiego przemysłu zbrojeniowego i były świadomym pominięciem oferty europejskiego przemysłu zbrojeniowego, która mogła dać Polsce w zamian zastrzyk modernizacyjny. To jeszcze jedno świadectwo izolowania się Polski od europejskiej polityki obronnej.

W tym okresie pojawia się podstawowy problem, który jest także pochodną zwrotu ustrojowego, tzn. zagraniczna polityka bezpieczeństwa[25]. Po pierwsze, w stosunkach z naszym głównym sojusznikiem – USA – po krótkim okresie chłodu i nieufności w ostatnim roku prezydentury B. Obamy – nastąpił czteroletni okres wiernopoddańczego klientelizmu w stosunkach z administracją, czy raczej samym prezydentem Trumpem, pomimo jego admiracji dla Putina i chęci wyprowadzenia Ameryki z NATO. Jego zaskakująca dla PiS porażka w kolejnych wyborach przyniosła chłód w podejściu Waszyngtonu do znajdującej się na ścieżce ku autorytaryzmowi Polsce[26]. Rząd PiS postanowił pójść jeszcze dalej i dokonać dewastacji tych stosunków dwustronnych poprzez tzw. lex TVN, czyli nielegalne uderzenie w wolne media i inwestycje USA w Polsce. W reakcji padła zapowiedź sankcji wobec Polski (!); ostatnie sankcje USA wobec Polski miały miejsce w czasach stanu wojennego. Ustawę zawetował przestraszony możliwymi konsekwencjami prezydent Duda. Sytuacja uległa normalizacji w kontekście szykowanej przez Putina agresji na Ukrainę, z czego wynika, że to Moskwa wymusiła na Warszawie powrót do normalnych relacji z głównym sojusznikiem.

Po drugie, doszło do otwartego konfliktu politycznego pomiędzy Polską a Unią Europejską oraz jej głównymi państwami, Francją i Niemcami. Powodem jest zwrot ustrojowy w naszym kraju i reakcje instytucji unijnych na rozwój sytuacji w Polsce (m.in. uruchomienie procedury z art. 7 dot. praworządności, zamrożenie wypłat funduszy unijnych z tego samego powodu). Jednocześnie rząd zjednoczonej prawicy był kategorycznie krytyczny wobec modelu integracji UE oraz jej ambicji w sferze polityki bezpieczeństwa i obrony; jeśli nie był w stanie czegoś zablokować, to przynajmniej w tym nie uczestniczył. Jeżeli Polska nadal pozostawała w UE, to tylko dlatego, że chciała tego zdecydowana większość Polaków (rząd przegrałby referendum w sprawie wyjścia z Unii) oraz braku przepisów dotyczących usunięcia z UE kraju członkowskiego, który notorycznie łamie jej zasady i kryteria członkostwa. W narracji głównych polityków rządzącej prawicy Wspólnota (nie Rosja) była istotnym zagrożeniem dla Polski. Wraz z Unią takim zagrożeniem były również Niemcy, ostentacyjnie poddawane nieustającej krytyce

---

[25] Nt. katastrofy, do której doszło w polityce zagranicznej od końca 2015 r., zob. zwłaszcza *Raport. Trzy lata polityki zagranicznej...*, dz. cyt.

[26] Zob. kompromitujący ministra spraw zagranicznych i jego politykę wywiad dla *Rzeczpospolitej*: Z. Rau, „Amerykanie nie znaleźli dla nas czasu" (rozmawiał J. Bielecki), *Rzeczpospolita*, 10 czerwca 2021 r.

ze strony rządu PiS (np. w czerwcu 2022 r. lider partii rządzącej, szydząc z tradycji demokratycznej Niemiec, za jej przedstawiciela podawał... Adolfa Hitlera). Co można sądzić o przywódcy państwa, który demonstrując chorobliwą nienawiść, wypowiada takie słowa wobec głównego sąsiada i partnera gospodarczego Polski, także sojusznika w NATO, i UE w chwili wspólnego przeciwstawiania się Europy i Zachodu agresywnej wojnie toczonej przez Rosję za naszą wschodnią granicą? Wcześniej zdewastowane zostały stosunki dwustronne z Francją, która poprzez kontrakt na dostawę śmigłowców nie tylko chciała ulokować w Polsce znaczący ośrodek produkcji nowoczesnego technologicznie uzbrojenia, ale też włączyć nasz kraj do ekskluzywnego zachodnioeuropejskiego konsorcjum zbrojeniowego. W to miejsce snuto egzotyczne plany wykorzystania w sferze bezpieczeństwa Grupy Wyszehradzkiej i Trójmorza, które zrujnował główny sojusznik PiS w Europie Środkowej, rządzący autorytarnie w swoim kraju premier Orbán. Orbán, najlepszy przyjaciel Putina w Europie, był także obok Kaczyńskiego animatorem powołania koalicji antyeuropejskich partii prawicowych. Ich przywódcy również w większości byli admiratorami Putina. Ostatnie spotkanie tej koalicji odbyło się w listopadzie 2021 r. w Warszawie, a więc chwilę przed agresją Rosji Putina na Ukrainę (!).

Środowiska eksperckie nie miały wątpliwości, że według stanu na koniec 2021 r. realizowanym przez partię rządzącą planem w sferze bezpieczeństwa jest „strategiczna autarkia", coś na kształt sytuacji Polski przed II wojną światową. Była ona w tej dziedzinie odpowiednikiem ideologicznej Polski jako samotnej wyspy, którą zapowiadał szef partii rządzącej po to, aby zrealizować swoją koncepcję ustrojową dla Polski[27]. To koncepcja nie tylko anachroniczna w świetle współczesnych uwarunkowań bezpieczeństwa w naszej części świata, ale również samobójcza w świetle sytuacji geostrategicznej Polski i polskich doświadczeń w XX w. oraz aktualnej agresywnej polityki Rosji. Ten rodzaj suwerenności można porównać do „suwerenności" załogi samolotu prezydenckiego, który rozbił się w katastrofie 10 kwietnia 2010 r. Załoga oraz dysponent polityczny byli „suwerenni" wobec wskazań nawigacyjnych urządzeń ostrzegawczych oraz warunków pogodowych. Ten typ polityki zyskał w Polsce miano „tupolewizmu". Katastrofa, za pomocą metody projekcji, została wykorzystana przez PiS do wywołania w polskim społeczeństwie głębokich napięć i podziałów[28]. Jednym z przejawów tego

---

[27] Do idei Polski jako samotnej wyspy J. Kaczyński odwoływał się parokrotnie, np. w czasie przemówienia z okazji 89. miesięcznicy katastrofy smoleńskiej, 10 września 2017 r. Chodzi w niej przede wszystkim o jego koncepcję wolności, zwłaszcza w opozycji do trendów kulturowych. Należy to jednak widzieć w powiązaniu z hasłem suwerenności, która daje niezależność od zobowiązań prawnomiędzynarodowych w sferze ustroju politycznego, zwłaszcza niezawiłości sądownictwa i praworządności, co właśnie pod hasłem suwerenności było od początku odrzucane przez obóz zjednoczonej prawicy.

[28] G. Rzeczkowski, *Katastrofa posmoleńska. Kto rozbił Polskę*, Wydawnictwo Tarcza, Warszawa 2020. J. Kaczyński i jego pomocnicy rzucili oskarżenie o spowodowanie katastrofy przez Rosję we współpracy z ówczesnym polskim rządem. Tzw. komisja Macierewicza zasłynęła z groteskowych eks-

autorytarno-autarkicznego sposobu rządzenia, z którym wiąże się chorobliwa troska o utrzymanie władzy, jest stałe oskarżanie opozycji demokratycznej reprezentującej większość społeczeństwa o sprzyjanie obcym interesom (najczęściej niemieckim) oraz suponowanie, że przejęcie przez nią władzy będzie oznaczać upadek niepodległości Polski. Tego rodzaju zamierzona polaryzacja uderza w narodową spoistość, która, jak uważa się od najdawniejszych czasów (np. Sun Zi), jest jednym z fundamentów obronności kraju.

Skrajnym przykładem tego rodzaju woluntaryzmu i anachronicznie rozumianej suwerenności było zachowanie rządu polskiego w czasie ostatnich fali pandemii koronawirusa w 2021 r. Na koniec stycznia 2022 r., z liczbą ponad 100 tys. ofiar śmiertelnych, Polska zajmowała pierwsze miejsce w Europie w proporcji do liczby mieszkańców. Przyczyna dramatu była jedna. Aby nie zrażać własnego, w części antyszczepionkowego elektoratu, rząd zjednoczonej prawicy nie podejmował ż a d n y c h działań, które mogłyby ograniczyć skalę pandemii i jej ofiar. Chodziło o obowiązkowe szczepienia i restrykcje w kontaktach ograniczające zasięg transmisji śmiercionośnego wirusa. Były to skuteczne środki stosowane powszechnie w krajach Europy. Infantylnym tłumaczeniem rządu był „gen wolności" Polaków, którzy rzekomo mieliby nie stosować się do ogłaszanych przez rząd restrykcji. Przypomnijmy, chodziło w tym przypadku o bezpieczeństwo ludzkie (*human security*). Życie kilkudziesięciu tysięcy obywateli, których można było uratować, okazało się nic nie warto w obliczu polityczno-ideologicznych względów, którymi kierowały się władze[29].

* * *

Agresja Rosji na Ukrainę i wojna toczona przez dwa kraje, z którymi Polska bezpośrednio sąsiaduje, przy czym jeden z nich jest wielkim nuklearnym mocarstwem, powinna podziałać jak wstrząs, który nie tylko ujawnia powagę sytuacji, lecz także zmusza do poważnego działania. Najpierw potrzebna jest wszechstronna analiza przyczyn tej wojny, jej konsekwencji dla bezpieczeństwa w regionie, w tym zwłaszcza dla Polski, a następnie rozważne, nie na łapu-capu, formułowanie rekomendacji dla polskiej obronności i szerszej polityki bezpieczeństwa. Po drugie, chciałoby się, aby Polska zaczęła wychodzić ze stanu obecnej bizarności, tak w polityce wewnętrznej, jak zagranicznej, bo tylko to stanowi długofalową gwarancję bezpieczeństwa naszego kraju. W normalnych warunkach jedno i drugie powinno być przedmiotem współdziałania wszystkich głównych sił politycznych

---

perymentów i opinii, a zapowiadany przez lata raport końcowy nigdy się nie ukazał. Pomimo zapowiedzi rząd PiS nigdy też nie skorzystał z pomocy międzynarodowych instancji w swym „dochodzeniu do prawdy", skończyłoby się to bowiem jego blamażem.

[29] P. Fritz, „Das ist ein Massaker. Anders kann ich nicht sagen", *Die Welt*, 19 kwietnia 2021 r.; R. Kuźniar, „Pandemia w Polsce: władza jest winna pasywnej zbrodni publicznej", *Gazeta Wyborcza*, 22 listopada 2021 r.

kraju. Z powodów, o których była mowa nieco wyżej, to się nie zdarzy. Zamiast prawdziwie narodowej strategii pozostaje charakterystyczna dla Polaków nadzieja, że wyroki historii (Opatrzności) będą i tym razem dla nas łaskawe. W przeszłości nader często to się nie sprawdzało, jednak członkostwo w NATO i UE czyni tym razem tę nadzieję bardziej realną.

Rozdział 2

Rosja na wojnie z Ukrainą i Zachodem. Polityka Rosji jako zagrożenie dla bezpieczeństwa Polski

Marek Menkiszak

24 lutego 2022 r. doszło do inwazji Sił Zbrojnych Federacji Rosyjskiej na Ukrainę. Tym samym miała miejsce radykalna eskalacja, trwającej od 2014 r. wojny rosyjsko-ukraińskiej i prowadzonej jeszcze dłużej przez Moskwę – póki co niemilitarnej – konfrontacji z Zachodem. Doszło tym samym do kolejnego brutalnego pogwałcenia przez Rosję podstawowych zasad prawa międzynarodowego. Sytuacja ta dobitnie unaoczniła, że zagrożenie dla Polski ze strony rządzącego Rosją Putinowskiego reżimu, który prowadzi politykę imperialnego rewizjonizmu, ma charakter bezpośredni i aktualny.

Niniejszy rozdział stanowi próbę syntetycznej rekonstrukcji zarówno strategicznych celów polityki Rosji, zwłaszcza wobec jej zachodniego sąsiedztwa, jak i analizy głównych używanych przez nią instrumentów. Prowadzi to do wniosków dotyczących celów polityki Polski i wspólnoty zachodniej w odniesieniu do Rosji.

Rewizjonistyczne cele polityki Rosji

Zdaniem autora istotą rosyjskiej polityki zagranicznej, zwłaszcza w ostatnich dwóch dekadach rządów Władimira Putina i powiązanej z nim grupy, jest swoisty konserwatywny rewizjonizm. Należy go rozumieć jako dążenie do zasadniczej rewizji obecnego ładu europejskiego, zwłaszcza w sferze bezpieczeństwa, ale też porządku globalnego, przywracającego Federacji Rosyjskiej poziom wpływów maksymalnie zbliżony do tych, jakie miał Związek Radziecki przed kryzysem prowadzącym do jego rozpadu. Rosyjska grupa rządząca jest oczywiście świadoma, że proste przywrócenie *status quo ante* jest niewykonalne z powodu skali i głębokości zmian, jakie zaszły w środowisku międzynarodowym oraz relatywnie znacząco niższego potencjału Rosji. Niemniej jednak uznaje, iż obecny stan rzeczy jest nieakceptowalny i należy go zmienić, jeśli to konieczne, przy użyciu siły militarnej.

Cele wobec Ukrainy i obszaru postradzieckiego

W percepcji rosyjskiej grupy rządzącej, zdominowanej intelektualnie przez zwulgaryzowaną wersję teorii politycznego realizmu, wielkie mocarstwa jako jedyne suwerenne podmioty stosunków międzynarodowych dysponują m.in. naturalnym prawem do posiadania, definiowanej geograficznie, strefy wpływów. Dla Rosji, którą jej członkowie postrzegają jako jedno z wielkich mocarstw, taką naturalną strefą jest w ich mniemaniu przede wszystkim obszar postradziecki[1].

W związku z powyższym celem Rosji pozostawała odbudowa kontroli strategicznej nad większością (docelowo całością) obszaru postradzieckiego. Kontroli rozumianej jako stworzenie mechanizmów oddziaływania na politykę zagraniczną i bezpieczeństwa, ale także politykę wewnętrzną tych państw w zgodzie z rosyjskim interesem. Przede wszystkim oznaczałoby to niemożność ich akcesji do struktur zachodnich (UE i NATO) i zacieśniania współpracy z Zachodem przy jednoczesnej akceptacji wpływów rosyjskich i więzi (w tym instytucjonalnych) z Rosją.

Centralne miejsce we wszystkich tych koncepcjach i celach ma Ukraina. Jej kluczowe położenie geostrategiczne (nad Morzem Czarnym i w korytarzu łączącym Europę i Bliski Wschód, w przestrzeni oddzielającej Rosję od politycznego Zachodu), znaczący potencjał ludnościowy, przemysłowy i rolniczy decydują o tym, iż jest to najważniejsze poza Rosją państwo postradzieckie i główny punkt odniesienia Moskwy w jej polityce wobec tego obszaru.

Jest zatem logiczne, że wszystkie podejmowane przez Rosję po rozpadzie ZSRR inicjatywy ponownej politycznej, gospodarczej i militarnej reintegracji większości (poza państwami bałtyckimi) obszaru postradzieckiego (jak Eurazjatycka Wspólnota Gospodarcza w 2000 r., Eurazjatycka Przestrzeń Gospodarcza w 2003 r. czy Unia Celna/Wspólna Przestrzeń Gospodarcza/Eurazjatycka Wspólnota Gospodarcza, 2009–2012), były w dużej mierze skoncentrowane na Ukrainie i adresowane do Ukrainy, która na ogół się od nich dystansowała[2].

[1] Propagandowym uzasadnieniem dla powyższych roszczeń Moskwy były m.in. trzy mgliste koncepcje imperialne: trójjedynego narodu rosyjskiego, historycznej Rosji i rosyjskiego świata, obejmujące Ukrainę. Szerzej na ten temat zob. A. Miller, „A Testament to the 'all-Russian idea'", w: M. Siefert (red.), *Extending the Borders of Russian History: Essays in Honor of Alfred J. Rieber*, CEU, Budapest, 2003); M. Laruelle, *The Russian World: Russia's Soft Power and Geopolitical Imagination*, Center on Global Interests Papers 2015 (maj), Washington; M. Menkiszak, „Borders in flux: Ukraine as a case study of Russia's approach to its borders", *Eurasia Border Review*, 2015, t. 6, nr 1, https://src-h.slav.hokudai.ac.jp/publictn/eurasia_border_review/ebr_v6n1/V6_N1_05Menkiszak.pdf (dostęp: 1.09.2022).

[2] Szerzej na ten temat zob. I. Wiśniewska, *Integracja euroazjatycka. Rosyjska próba ekonomicznego scalenia obszaru poradzieckiego. Prace OSW* 2013, nr 44, https://www.osw.waw.pl/sites/default/files/prace_44_integracja-_euroazjatycka_net.pdf (dostęp: 1.09.2022); M. Menkiszak, „Strategiczna

Wszystkie scharakteryzowane cele polityki Rosji znalazły także swoje odzwierciedlenie w opublikowanych w grudniu 2021 r. przez MSZ FR projektach dwóch porozumień o bezpieczeństwie: z USA i z państwami członkowskimi NATO. Moskwa domagała się w ich m.in. faktycznego częściowego rozbrojenia Ukrainy, zakazu jej członkostwa w NATO i wstrzymania współpracy wojskowej z Zachodem, a także w ogóle zakazu dalszego rozszerzania Sojuszu[3].

Wbrew popularnym wśród części zachodnich komentatorów tezom cele Moskwy wobec Ukrainy nie ograniczały się jednak do przeciwdziałania jej członkostwu w NATO czy zagwarantowaniu innych interesów bezpieczeństwa Rosji. Dobitnie pokazał to okres rządów w Kijowie prezydenta Wiktora Janukowycza (2010–2014), który wyrzekł się celu członkostwa Ukrainy w NATO, zdemontował służące temu instytucje i zagwarantował Rosji długoterminową dzierżawę dla rosyjskiej Floty Czarnomorskiej, co nie uchroniło od kolejnych żądań Moskwy. Zmuszenie Jakunowycza przez Kreml do wyrzeczenia się podpisania umowy stowarzyszeniowej Ukrainy z UE i zgody na stopniową integrację z kontrolowaną przez Moskwę Unią Celną stała się zarzewiem ukraińskiej rewolucji godności, na zwycięstwo której Rosja zareagowała agresją zbrojną, okupacją Krymu i zainicjowaniem wojny w Donbasie[4].

Mimo kilku lat narastającej presji na Ukrainę: politycznej (kampanie dyplomatyczne, sabotaż wewnętrzny), informacyjnej (zmasowane kampanie propagandowe), gospodarczej (sankcje handlowe), energetycznej (m.in. budowa gazociągu Nord Stream 2 i ograniczanie przesyłu przez Ukrainę gazu ziemnego) i militarnej (wojna niskiej intensywności w Donbasie prowadząca do wielotysięcznych ofiar), Rosji nie udało się zapobiec narastaniu współpracy Kijowa z Zachodem (odpisanie umowy stowarzyszeniowej i o kompleksowej pogłębionej strefie wolnego handlu z UE, wprowadzenie reżimu bezwizowego, intensyfikacja bilateralnej współpracy wojskowej z państwami członkowskimi NATO, w tym z USA itd.). Nie zdołała także wykorzystać chęci władz ukraińskich do zaprowadzenia pokoju dla wymuszenia na nich realizacji politycznych warunków narzuconych Kijowowi tzw. porozumień mińskich (z 2014 i 2015 r.), mających w intencji Moskwy prowadzić do wpływania na sytuację i politykę Ukrainy za pośrednictwem kontrolowanej przez Rosję części Donbasu[5].

---

kontynuacja, taktyczna zmiana. Polityka bezpieczeństwa europejskiego Rosji", *Punkt Widzenia* 2019, nr 76, https://www.osw.waw.pl/sites/default/files/PW_76_PL_Strategiczna-kontynuacja_net_0.pdf (dostęp: 1.09.2022).

[3] Szerzej zob. M. Menkiszak, *Rosyjski szantaż wobec Zachodu. Analiza OSW*, 20 grudnia 2021 r., https://www.osw.waw.pl/pl/publikacje/analizy/2021-12-20/rosyjski-szantaz-wobec-zachodu (dostęp: 2.09.2022).

[4] Szerzej zob. tenże, *Russia's Long War on Ukraine*, Transatlantic Academy Paper Series, Washington DC, 2016, https://www.gmfus.org/news/russias-long-war-ukraine (dostęp: 2.09.2022).

[5] Szerzej zob. tenże, *Ukraiński dylemat Rosji: strategia Moskwy wobec Kijowa. Komentarz OSW*, 19 listopada 2021 r., https://www.osw.waw.pl/pl/publikacje/komentarze-osw/2021-11-19/ukrainski-dylemat-rosji-strategia-moskwy-wobec-kijowa (dostęp: 2.09.2022).

W tej sytuacji Rosja zdecydowała o rozpoczęciu 24 lutego 2022 r. pełnoskalowej inwazji lądowej na Ukrainę (o tym w dalszej części tekstu). Dla Polski zwycięstwo Rosji w wojnie z Ukrainą, przekształcenie tej ostatniej w państwo upadłe lub narzucenie statusu oznaczającego daleko idące ograniczenie jej suwerenności stanowiłyby poważne i bezpośrednie zagrożenie bezpieczeństwa narodowego. Doprowadziłoby to prawdopodobnie do kolejnej wielomilionowej fali uchodźców z Ukrainy, potencjalnie destabilizującej sytuację społeczno-gospodarczą w Polsce, do zaniku naturalnego bufora bezpieczeństwa chroniącego Polskę na kierunku południowo-wschodnim, do zwiększenia obszaru państwa polskiego bezpośrednio narażonego na działania hybrydowe i militarne ze strony Federacji Rosyjskiej. W przypadku realizacji takiego scenariusza Rosja zwiększyłaby swoją asertywność, podjęła próbę negocjacji z pozycji siły i wymuszenia na USA, NATO i UE ustępstw politycznych i gospodarczych, głównie kosztem interesów państw Europy Środkowej, w tym Polski.

Cele wobec Polski i Europy Środkowej

Jeszcze na początku lat 90., tuż po zakończeniu zimnej wojny, nowopowstała Federacja Rosyjska podjęła zabiegi, aby nie dopuścić do trwałego włączenia państw Europy Środkowej, dawnych satelitów z byłego bloku radzieckiego, do instytucjonalnych struktur Zachodu, zwłaszcza w sferze bezpieczeństwa. Długoletnia polityczna kampania Moskwy przeciwko przyjęciu do NATO Polski i innych państw naszego regionu poniosła co prawda fiasko (dwie fale rozszerzenia Sojuszu: w 1999 r. i 2004 r. objęły wszystkie państwa b. Układu Warszawskiego, a także państwa bałtyckie i Słowenię). Rosja nie ustała jednak w wysiłkach, by ograniczyć jego wojskowe następstwa, próbując narzucić formalne ograniczenia poziomu zbrojeń, rozwoju infrastruktury wojskowej, a przede wszystkim próbując nie dopuścić do wojskowej obecności zachodnich sojuszników (zwłaszcza USA) w tych państwach. Celem było w istocie stworzenie swoistej buforowej strefy bezpieczeństwa w Europie Środkowej, a także stopniowa (głównie za pośrednictwem narzędzi gospodarczych) odbudowa rosyjskich wpływów politycznych w regionie. Temu ostatniemu sprzyjała istniejąca, w większości odziedziczona jeszcze po RWPG, sieć powiązań infrastrukturalnych w sferze energetycznej (zwłaszcza gazu ziemnego) i częściowo zachowane więzi handlowe.

Moskwie udało się tu niezbyt wiele. Najważniejsze dla Kremla było polityczne zobowiązanie NATO do nierozmieszczania na stałe znaczących sił zbrojnych na terytoriach nowych państw członkowskich Sojuszu (zapisane w tzw. Akcie Stanowiącym, deklaracji o stosunkach NATO–Rosja podpisanej w maju 1997 r. i powtórzone w podobnym dokumencie w maju 2002 r.). Mimo zabiegów Moskwy nie doszło nigdy do jasnego zdefiniowania poziomu tych dopuszczalnych sił ani nadania temu zobowiązaniu prawnie wiążącego charakteru. Z kolei tworzące formalne ograniczenia w rozmieszczaniu sił NATO w Europie Środkowej zapisy, podpisanego w listopadzie 1999 r., wielostronnego adaptowanego traktatu o ograniczeniu zbrojeń konwencjonalnych w Europie (ACFE), wobec niewypełnienia przez Moskwę zawartych w nim zobowiązań, nie weszły ostatecznie w życie[6].

Mimo tego zachodni sojusznicy przestrzegali w zasadzie zapisu z 1997 r., powstrzymując się (aż do 2014 r.) od długotrwałego rozmieszczenia większych kontyngentów swych wojsk w Polsce i innych państwach naszego regionu. Także później, kiedy ich liczba zaczęła rosnąć, formalnie ich obecność miała charakter rotacyjny, bez tworzenia stałych baz. Pierwsze decyzje o stałej obecności sojuszniczej (sił zbrojnych USA w Polsce) zostały podjęte dopiero po rosyjskiej inwazji na Ukrainę (ogłoszone przez prezydenta Joe Bidena na szczycie NATO w Madrycie w czerwcu 2022 r.). Było jednak jasne, że zapisy Aktu Stanowiącego stały się w wyniku rosyjskiej polityki agresji martwą literą.

Jedną z kwestii stawianych przez Moskwę szczególnie ostro była budowa w Europie Środkowej elementów amerykańskiego (następnie włączonego do planów NATO) systemu obrony przeciwrakietowej. Jego budowa, w sformułowanym przez USA w 2013 r. ostatecznie kształcie tzw. *Aegis Ashore*, była traktowana przez Rosję jako utrwalenie amerykańskiej obecności wojskowej w regionie i stanowiła przedmiot zaciekłej kampanii Moskwy, która domagała się jej wstrzymania. To się jednak nie udało i baza systemu została uruchomiona w Deveselu w Rumunii w 2016 r., a na koniec 2022 r. przewidziane jest zakończenie budowy w polskim Redzikowie.

Rosji nie udało się także doprowadzić do utrzymania częściowej zależności gospodarczej większości państw Europy Środkowej od niej i zapobiec stopniowej dywersyfikacji źródeł ich zaopatrzenia w energię. W najtrudniejszej sytuacji pod tym względem pozostała jedynie Bułgaria, a częściowo Słowacja i Węgry. Tym bardziej nie powiodło się Moskwie stworzenie prorosyjskich lobby zdolnych do zdominowania rządów państw regionu. W sferze politycznej o umiarkowanie prorosyjskiej orientacji polityki można było mówić jedynie w przypadku rządzonych przez premiera Victora Orbána Węgier.

Mimo tego Rosja nie zrezygnowała z realizacji swoich celów, co zostało potwierdzone we wspomnianym wcześniej „ultimatum" z grudnia 2021 r. Moskwa domagała się w nim m.in. wycofania wojsk sojuszniczych rozmieszczonych na terytoriach nowych państw członkowskich NATO po maju 1997 r. (po podpisaniu Aktu Stanowiącego NATO–Rosja) oraz wyznaczenia strefy buforowej wokół granic Rosji i jej sojuszników z Organizacji Układu o Bezpieczeństwie Zbiorowym, gdzie niedozwolone będą ćwiczenia i inna aktywność wojskowa na poziomie brygady sił zbrojnych i wyższym.

[6] Szerzej zob. R. Kupiecki, M. Menkiszak, „Stosunki NATO – Federacja Rosyjska w świetle dokumentów", *Biuletyn PISM*, 4 maja 2018 r.; M. Menkiszak, „Strategiczna kontynuacja...", dz. cyt.

Realizacja powyższych rosyjskich żądań oznaczałaby wprowadzenie szczególnych ograniczeń wobec państw tzw. wschodniej flanki NATO, w tym Polski, które stałyby się *de facto* członkami Sojuszu drugiej kategorii, o ograniczonej suwerenności w sferze bezpieczeństwa. Prowadziłoby to do stworzenia faktycznej buforowej strefy bezpieczeństwa w Europie Środkowej, postulowanej przez Moskwę. Co więcej, jest wysoce prawdopodobne, że towarzyszyłyby temu inne żądania Kremla dotyczące wymogu prowadzenia, m.in. przez Polskę, „dobrosąsiedzkiej" polityki i uwzględniania rosyjskich interesów, a więc swoistej „finlandyzacji" naszego kraju i innych państw Europy Środkowej jako etapu wstępnego do prób odbudowy przez Rosję swojej strefy wpływów w naszym regionie. Taki scenariusz praktycznego odwrócenia procesów, jakie zaszły w naszej części Europy w ciągu ostatnich ponad trzydziestu lat, byłby jednak możliwy tylko w sytuacji zwycięstwa Rosji w wojnie z Ukrainą, ale też w dużym stopniu w jej szerszej wojnie z Zachodem.

Cele wobec całej Europy i świata zachodniego

W polityce wobec państw i struktur europejskich Kreml dążył do minimalizacji, a optymalnie wyparcia wpływów USA, traktowanych jako głównego przeciwnika, z Europy. Najważniejsze dla Moskwy były minimalizacja obecności wojskowej USA na starym kontynencie i osłabienia znaczenia (a optymalnie dekompozycja) Sojuszu Północnoatlantyckiego, postrzeganego przez rosyjską elitę rządzącą jako główny instrument dominacji Stanów Zjednoczonych w sferze bezpieczeństwa europejskiego. Jednocześnie Rosja czyniła starania, aby dokonać przebudowy architektury bezpieczeństwa europejskiego, tak aby maksymalizować wpływy Federacji Rosyjskiej. Przede wszystkim starała się stworzyć takie mechanizmy instytucjonalne, które pozwoliłyby Moskwie mieć przynajmniej nieformalne (o ile nie formalne) prawo weta w kwestii kluczowych decyzji bezpieczeństwa europejskiego, ale także w innych sferach (gospodarczej i politycznej). Temu służyły kolejne rosyjskie inicjatywy polityczne obejmujące m.in. nadanie OWBE roli koordynacyjnej w bezpieczeństwie europejskim, stworzenia europejskiego odpowiednika Rady Bezpieczeństwa ONZ, podpisania traktatu o bezpieczeństwie europejskim, powołania komitetu politycznego i bezpieczeństwa Rosji i UE oraz innych mechanizmów prowadzących do stworzenia tzw. Wielkiej Europy, które jednak poniosły fiasko[7].

Fundamentalnym w percepcji Kremla problemem była znacząca rola globalna USA i powiązanych z nimi zachodnich instytucji politycznych i gospodarczych oraz sojuszy wojskowych. Rosja nigdy nie pogodziła się ze znaczącym osłabieniem swojej pozycji międzynarodowej, zwłaszcza w porównaniu z tą, jaką cieszył się

---

[7] Szerzej zob. M. Menkiszak, „Strategiczna kontynuacja...", dz. cyt.; tenże, „Wielka Europa. Putinowska wizja (dez)integracji europejskiej", *Prace OSW* 2013, nr 46, https://www.osw.waw.pl/sites/default/files/wielka_europa_net.pdf (dostęp: 3.09.2022).

ZSRR w okresie zimnej wojny. Zwłaszcza Władimir Putin postrzegał jako cel zachodniej polityki (kierowanej przez Waszyngton) osłabienie Rosji i pozbawienie jej wpływów w regionach, gdzie wcześniej była silnie obecna. Narastająca na Kremlu polityczna paranoja kazała traktować takie zjawiska społeczne jak tzw. kolorowe rewolucje w części państw postradzieckich (2003–2005), tzw. arabska wiosna czy protesty polityczne w samej Rosji (2011 r.) jako tajne operacje amerykańskich służb specjalnych.

W tej sytuacji polityczny Zachód (zwłaszcza USA i Wielka Brytania) został uznany za wroga, z którym Kreml postanowił (na przełomie 2006 i 2007 r.) podjąć czynną walkę (jedynie czasowo złagodzoną w okresie krótkiego politycznego odprężenia w latach 2009–2011), eskalującą od około 2013 r. pełnoskalową wojnę hybrydową. Celem Moskwy stało się maksymalne szkodzenie interesom USA i innych wybranych państw zachodnich, podważanie ich wpływów w różnych regionach i próby stymulowania erozji kluczowych struktur zachodnich (głównie NATO i UE), a także destabilizacji wewnętrznej w ważnych państwach wspólnoty zachodniej[8].

Rosja robiła to m.in. poprzez próby oddziaływania propagandowego (zarówno przez media tradycyjne, jak i sieci społecznościowe), cyberataki (w tym na elementy krytycznej infrastruktury jak w USA w 2020 i 2021 r.), próby politycznego sabotażu, w tym ingerencji w przebieg wyborów (m.in. prezydenckich w USA w 2016 r. i we Francji w 2017 r.) i referendów (nt. wyjścia Wielkiej Brytanii z UE w 2016 r.) czy próby destabilizacji wewnętrznej (np. w Niemczech w 2016 r. czy w Hiszpanii w 2017 r.). Do tego dochodziło wykorzystywanie presji gospodarczej i energetycznej (patrz dalej), ale także działania militarne: wojny pośrednie (*proxy wars*), za jakie Moskwa uważała m.in. wojnę z Gruzją (2008 r.), z Ukrainą (od 2014 r.) i interwencję w Syrii (od 2015 r.).

Ważnym elementem tej rosyjskiej polityki stało się systematyczne zacieśnianie współpracy politycznej, gospodarczej i wojskowej z Chinami, postrzeganymi w Moskwie jako wschodzące supermocarstwo i sojusznik Rosji w zwalczaniu amerykańskiej globalnej hegemonii[9]. Rosja lansowała przy tym idee wielobiegunowości i próbowała zwiększyć znaczenie inicjowanych przez siebie struktur, zwłaszcza forum dialogu BRICS (Brazylia, Rosja, Indie, Chiny, RPA) i Szanghajskiej Organizacji Współpracy.

---

[8] Szerzej zob. M. Menkiszak, „Najlepszy nieprzyjaciel Rosji. Rosyjska polityka wobec USA w epoce Putina", *Punkt Widzenia* 2017, nr 62, https://www.osw.waw.pl/sites/default/files/pw_62_pl_najlepszy_nieprzyjaciel_net_0.pdf (dostęp: 3.09.2022).

[9] Szerzej zob. M. Bogusz, J. Jakóbowski, W. Rodkiewicz, *Oś Pekin – Moskwa. Fundamenty asymetrycznego sojuszu. Raport OSW*, 15 listopada 2021 r., https://www.osw.waw.pl/sites/default/files/Raport-OSW_Os-Pekin-Moskwa_net_1.pdf (dostęp:4.09.2022).

Metody rosyjskiej polityki: inwazja Rosji na Ukrainę

W 2021 r. Kreml stanął przed wyborem dalszej strategii polityki, w tym wobec Ukrainy. Dotychczasowa presja na Kijów była bowiem nieskuteczna. Nowych władz Ukrainy, z prezydentem Zełenskim nie udało się bowiem Moskwie złapać w pułapkę politycznych ustępstw za cenę pokoju w Donbasie. Co więcej, współpraca polityczna, gospodarcza i wojskowa Kijowa z Zachodem systematycznie się zacieśniała, a państwo ukraińskie – wzmacniało[10].

W tej sytuacji Kreml podjął decyzję o pełnoskalowej agresji na Ukrainę, która miała stać się pierwszą fazą kolejnego etapu swoistej geopolitycznej *reconquisty* Moskwy w ramach realizacji powyżej scharakteryzowanych celów politycznych. Jak się wydaje, sprzyjały temu także inne rosyjskie kalkulacje. Z jednej strony Moskwa najwyraźniej zdawała sobie sprawę, iż długofalowe trendy działają przeciwko niej. Zmiany energetyczne w skali globalnej stopniowo zmniejszały znaczenie węglowodorów, na których wydobyciu i eksporcie opierała Rosja swój model gospodarczy. Zły klimat inwestycyjny i nieefektywność poddawanej rosnącej kontroli państwa gospodarki spowalniały jej rozwój. Narastała luka technologiczna Rosji wobec USA i w coraz większym stopniu wobec Chin. Niekorzystne dla Rosji były także długofalowe trendy demograficzne, narastały też wyzwania ekologiczne związane zwłaszcza ze zmianami klimatu. Kreml zdawał sobie sprawę, że w dalszej perspektywie Rosja może słabnąć, zatem pilne stawało się szybkie osiągnięcie politycznych celów z wykorzystaniem posiadanych aktualnie narzędzi militarnych i gospodarczych. Rosja musiała nadrabiać osłabienie rosnącą agresywnością.

Z drugiej strony w percepcji członków rosyjskiej grupy rządzącej, odzwierciedlanej częściowo przez państwową propagandę, istniało wyraźne okno możliwości dla rosyjskiej polityki. Był nim postrzegany wielopłaszczyznowy kryzys Zachodu (polityczny, gospodarczy, społeczny i ideologiczny), modelu liberalnej demokracji i dominacji globalnej zachodnich instytucji. Moskwa wierzyła, że powstaje realna wielobiegunowość, rośnie znaczenie państw niedemokratycznych i niezachodnich, tworzy się nowy „postzachodni" ład globalny, a w Europie stopniowo powstaje „nowa Europa" z dominacją sił populistycznych i nacjonalistycznych. Doraźnie Rosja liczyła, iż targana wewnętrznymi konfliktami, doświadczona przez pandemię koronawirusa, problemy społeczno-gospodarcze i kryzys energetyczny, podzielona, osłabiona i niechętna do ryzyka eskalacji konfliktu z Rosją wspólnota zachodnia nie zdoła odpowiedzieć zbyt mocno na rosyjską agresję na Ukrainę i oprzeć się rosyjskim żądaniom.

Jak się wydaje, celem Moskwy w wojnie z Ukrainą było uzyskanie efektu szoku psychologicznego poprzez dokonanie gwałtownego ataku i przeprowadzenie szybkiej operacji wojskowej. Miała doprowadzić w krótkim czasie do zajęcia ukraińskiej

[10] Szerzej zob. M. Menkiszak, *Ukraiński dylemat...*, dz. cyt.

stolicy – Kijowa i ustanowienia nowych marionetkowych, podporządkowanych Rosji władz Ukrainy, paraliżując opór jej sił zbrojnych i ludności. Gdy to się nie udało, celem stało się opanowanie korytarza lądowego na Krym (obwody zaporoski i chersoński) i najprawdopodobniej także do Naddniestrza (obwód mikołajowski i odeski) oraz przygranicznych regionów wschodniej i północno-wschodniej Ukrainy (obwody charkowski, połtawski, sumski i czernichowski oraz zwłaszcza nieokupowane jeszcze części obwodów donieckiego i ługańskiego). W wymiarze politycznym chodziło jednak o narzucenie Ukrainie warunków faktycznej kapitulacji poprzez tzw. demilitaryzację (znaczące ograniczenie liczebności i potencjału ukraińskich sił zbrojnych), denazyfikację (ustanowienie faktycznej kontroli nad życiem politycznym Ukrainy) oraz zmuszenie jej do uznania dawnych i nowych rosyjskich zdobyczy terytorialnych i wyrzeczenia się współpracy politycznej i zwłaszcza wojskowej z Zachodem.

Mimo wielu miesięcy wojny Rosji okupionej bardzo dużymi stratami Moskwie nie udało się jednak osiągnąć ani większości planowanych celów terytorialnych, ani żadnych celów politycznych. Przeciwnie, rezultatem jej polityki stało się bezprecedensowe wsparcie polityczne, gospodarcze i wojskowe (dostawy broni, wsparcie wywiadowcze) dla Ukrainy ze strony Zachodu (zwłaszcza USA), a także bolesne dla Rosji (zwłaszcza w dłuższej perspektywie) poważne zachodnie sankcje polityczne i gospodarcze. Nic jednak nie wskazuje, aby Moskwa wyciągnęła z tego wnioski w postaci rewizji swoich celów. Rosnąca brutalność Moskwy sugeruje raczej, że będzie usiłować osiągać je w dłuższej perspektywie, stosując wojnę na wyniszczenie Ukrainy, co nie oznacza jednak, że nie są możliwe strategiczne pauzy w działaniach zbrojnych, mające dać Moskwie czas na odbudowę nadwątlonych zdolności militarnych[11].

Zagrożenie nie tylko dla Ukrainy, ale też dla Polski wiąże się w tej sytuacji z groźbą eskalacji rosyjskiej agresji. Próbując nie dopuścić do swojej porażki, w perspektywie grożącej upadkiem reżimu Putinowskiego, Rosja może zatem jeszcze bardziej zwiększyć brutalność swoich ataków, kierując je – w większym niż dotąd stopniu – przeciwko celom cywilnym i elementom krytycznej infrastruktury państwa: elektrowniom, sieciom przesyłowym prądu i gazu, składom paliw, obiektom hydrotechnicznym i kluczowym zakładom przemysłowym. Towarzyszyć im mogą zmasowane ataki na szpitale, szkoły, budynki publiczne oraz ośrodki podejmowania

---

[11] Szerzej zob. A. Wilk, *Obrona totalna. Pół roku rosyjskiej agresji przeciwko Ukrainie. Komentarz OSW*, 24 sierpnia 2022 r., https://www.osw.waw.pl/pl/publikacje/komentarze-osw/2022-08-24/obrona-totalna-pol-roku-rosyjskiej-agresji-przeciwko-ukrainie (dostęp: 5.09.2022); T. Iwański, *Wojna jak nowa normalność: Ukraina pół roku od rosyjskiej inwazji. Komentarz OSW*, 23 sierpnia 2022 r., https://www.osw.waw.pl/pl/publikacje/komentarze-osw/2022-08-23/wojna-jak-nowa-normalnosc-ukraina-pol-roku-od-rosyjskiej (dostęp: 5.09.2022); M. Menkiszak, *Długa wojna Moskwy: kalkulacje polityczne Rosji po 100 dniach konfliktu. Komentarz OSW*, 4 czerwca 2022 r., https://www.osw.waw.pl/pl/publikacje/komentarze-osw/2022-06-04/dluga-wojna-moskwy-kalkulacje-polityczne-rosji-po-100-dniach (dostęp: 5.09.2022).

decyzji i cele symboliczne (np. zabytki kultury). Wszystko to miałoby na celu złamanie morale Ukraińców, szantażowanie władz w Kijowie rosnącymi stratami ludzkimi, doprowadzenie do katastrofy humanitarnej. Groziłoby to także znacząco zwiększoną falą uchodźców do sąsiednich państw, w tym Polski, a również poważnym wzrostem zapotrzebowania państwa ukraińskiego na pomoc gospodarczą, coraz trudniejszą dla wchodzących w kryzys gospodarczy państw europejskich. W skrajnych scenariuszach, zwłaszcza gdyby siłom ukraińskim udało się wyprzeć Rosjan z okupowanych po 24 lutego obszarów Ukrainy i zdołaliby wkroczyć na okupowany Krym i/lub przenieść walki na terytorium Federacji Rosyjskiej, zwiększyłoby się ryzyko innych form eskalacji ze strony Moskwy. Mogłoby to mieć postać prowokacji zbrojnych wymierzonych w sąsiadujące z Rosją państwa NATO, w pierwszym rzędzie państwa bałtyckie i Polskę, mające na celu odstraszenie państw zachodnich od wspierania Ukrainy w obliczu zagrożenia przekształceniem wojny w konflikt na dużą skalę. Inną formą eskalacji w takich scenariuszach mogłoby być spowodowanie przez Rosjan awarii elektrowni jądrowej w Ukrainie, grożącej skażeniem promieniotwórczym, wywołanie innej katastrofy przemysłowej, prowadzącej do skażenia chemicznego, użycie przez siły rosyjskie w Ukrainie broni chemicznej lub bakteriologicznej, a w skrajnym wariancie – taktycznej broni jądrowej. Tego typu scenariusze prowadziłyby do ryzyka koniecznego włączenia się Polski i całego NATO do bezpośredniej konfrontacji zbrojnej z Rosją, dlatego – jak się wydaje – z powodu dużego ryzyka strat po stronie rosyjskiej są ciągle mało prawdopodobne.

Metody rosyjskiej polityki: wojna migracyjna i żywnościowa Rosji z Europą

Agresja zbrojna na Ukrainę stanowi kluczowy, ale nie jedyny element wojny prowadzonej przez Rosję także z całą wspólnotą zachodnią. Jednym z nich jest swoista broń migracyjna – celowe wywoływanie kryzysów migracyjnych służących destabilizacji sytuacji w państwach postrzeganych przez Moskwę jako przeciwników. Wiąże się z tym zastosowanie broni żywnościowej, czyli celowe stymulowanie kryzysu żywnościowego, mającego stanowić jeden z zapalników kryzysów migracyjnych, ale także sposób na pogłębienie kryzysów gospodarczych m.in. w państwach zachodnich.

W 2015 r. i w pierwszej połowie 2016 r. Unię Europejską, zwłaszcza jej państwa członkowskie z południowej części kontynentu, ogarnął wielki kryzys migracyjny. Masowy napływ uchodźców i migrantów (w sumie ok. 1,4 mln osób, głównie drogą morską przez Morze Śródziemne) z państw Środkowego Wschodu (w tym z Syrii) i z Afryki[12] doprowadził do poważnych napięć społecznych i politycznych,

[12] Szerzej zob. *Europe 2015–2016 Refugee Rrisis. Overview*, https://www.shelterprojects.org/shelterprojects2015-2016/SP15-16_A41-A42-Germany-2015-2016.pdf (dostęp: 6.09.2022); *Refugees and*

ale także międzypaństwowych w UE. Jednym z elementów go stymulujących była wojna domowa w Syrii, gdzie od 2015 r. brutalna interwencja zbrojna Rosji w obronie reżimu Asada wiązała się m.in. z celowymi atakami na cele cywilne (w tym szpitale). Także w Libii, gdzie Rosja wspierała wojskowo jedną ze stron walczących w wojnie domowej (siły marszałka Haftara), eskalacja działań zbrojnych sprzyjała zwiększeniu napływu uchodźców przez Morze Śródziemne. Jak się wydaje, Moskwa dostrzegła wówczas, jak silnie masowy napływ migrantów może oddziaływać na sytuację w państwach europejskich, wspierając wzrost znaczenia sił populistycznych i nacjonalistycznych, na który liczyła w swych kalkulacjach.

Rosja zaczęła testować wykorzystanie broni migracyjnej, kiedy próbowała stworzyć (od jesieni 2015 r. do wiosny 2016 r.) sztuczny kryzys migracyjny na granicy Norwegii, a przede wszystkim Finlandii, próbując wymusić od obydwu państw pewne ustępstwa polityczne[13].

Jak się wydaje, te doświadczenia – obok porozumienia UE z Turcją o pomocy finansowej w zamian za powstrzymywanie nielegalnego przerzutu migrantów do państw Unii – stały się inspiracją dla reżimu Alaksandra Łukaszenki na Białorusi, który w 2021 r. postanowił wykorzystać broń migracyjną do szantażu wobec Zachodu (zwłaszcza UE). Jest wiele silnych poszlak wskazujących, że robił to w ścisłej konsultacji i przy wsparciu Rosji, która chciała w ten sposób doprowadzić do destabilizacji Polski i Litwy, sąsiednich państw członkowskich UE i NATO uznawanych przez Rosję za wrogie.

Realizując ten plan, reżim Łukaszenki wiosną 2021 r. faktycznie zaprzestał blokowania prób nielegalnego przekraczania granicy z Polską, Litwą i Łotwą, a następnie poprzez kontrolowane przez państwo białoruskie firmy otworzył specjalne korytarze dla migrantów, głównie z państw Środkowego Wschodu i Afryki. Białoruś zaproponowała łatwo dostępne wizy „turystyczne" i ofertę hotelową, wspierając nieformalne sieci migracyjne w państwach potencjalnej migracji (m.in. w Iraku i Syrii). Przybywających migrantów transportowano nad granice Polski i Litwy, gdzie strażnicy graniczni pomagali (a coraz częściej przemocą zmuszali) do nielegalnego przekraczania granicy[14]. W rezultacie od lata do końca 2021 r. na Liwie odnotowano ponad 11 tys. prób nielegalnego przekroczenia granic, podczas gdy w Polsce liczba ta osiągnęła ponad 38 tys. Około 11 tys. migrantów udało się

Migrants Sea Arrivals in Europe. Monthly Data Update. August 2016, UNHCR, https://data2.unhcr.org (dostęp: 6.09.2022).

[13] Szerzej zob. P. Szymański, P. Żochowski, W. Rodkiewicz, *Wymuszanie współpracy: fińsko-rosyjski kryzys migracyjny". Analiza OSW*, 6 kwietnia 2016 r., https://www.osw.waw.pl/pl/publikacje/analizy/2016-04-06/wymuszanie-wspolpracy-finsko-rosyjski-kryzys-migracyjny (dostęp: 7.09.2022).

[14] Szerzej zob. J. Hyndle-Hussein, *Kryzys migracyjny na Litwie. Analiza OSW*, 23 lipca 2021 r., https://www.osw.waw.pl/pl/publikacje/analizy/2021-07-23/kryzys-migracyjny-na-litwie (dostęp: 7.09.2022); P. Żochowski, *Białoruś: eskalacja kryzysu migracyjnego. Analiza OSW*, 27 października 2021 r., https://www.osw.waw.pl/pl/publikacje/analizy/2021-10-27/bialorus-eskalacja-kryzysu-migracyjnego (dostęp: 7.09.2022).

przedostać do Niemiec[15]. Dochodziło także do incydentów ostrzału polskich strażników granicznych przez białoruskich funkcjonariuszy. Podjęte w odpowiedzi przez władze Litwy i Polski drastyczne metody obrony, w tym przymusowe deportacje migrantów poza przejściami granicznymi oraz budowy fizycznych zapór wywoływały (zwłaszcza w Polsce) gorące debaty polityczne.

Rosja udzielała przy tym stronie białoruskiej wsparcia nie tylko poprzez deklaracje polityczne (wyrazy solidarności i wezwania wobec UE o dialog z Mińskiem), ale także regularne ścisłe konsultacje służb granicznych. Część nielegalnych migrantów przedostawała się na Białoruś przez terytorium Rosji, korzystając z prawa pobytu lub rosyjskich wiz, co nie spotykało się z oporem Moskwy, świadomej tego procederu. Wreszcie jest mało prawdopodobne, by kampania wspierania sieci migracyjnych za granicą prowadzona przez funkcjonariuszy białoruskich służb specjalnych była możliwa bez wsparcia, dysponujących znacznie większymi możliwościami, ich rosyjskich kolegów. W interesie Moskwy leżało przy tym nie tylko destabilizowanie sytuacji w sąsiednich państwach UE i NATO, ale też wymuszenie na Zachodzie ograniczenia presji sankcyjnej na Białoruś (zwiększonej po brutalnym stłumieniu przez reżim Łukaszenki masowych wystąpień społecznych w 2020 r.), gdyż wiązała się z rosnącymi kosztami finansowo-gospodarczymi dla Rosji[16].

Jak się wydaje, ów sztuczny kryzys migracyjny, mimo poniesionego fiaska jego celów (co prawda doszło do bezpośrednich rozmów pojedynczych polityków zachodnich z reżimem Łukaszenki i do wsparcia finansowego powrotu części migrantów do państw zamieszkania, ale nie doszło do złagodzenia zachodnich sankcji) był dla Rosji jednocześnie testem i elementem wspierającym przygotowania do agresji na Ukrainę. Chodziło o osłabienie państw potencjalnie najbardziej popierających zaostrzenie sankcji przeciwko Rosji i ostrzeżenie UE przed możliwością stworzenia przez Rosję nowych korytarzy migracyjnych przez swoje terytorium. W tym kontekście Moskwa niedwuznacznie straszyła masową migracją z Afganistanu w wyniku destabilizacji sytuacji społecznej w tym kraju po zwycięstwie Talibów w 2021 r.

Bezpośrednio broń migracyjną zastosowała Rosja w ramach swojej agresji na Ukrainę. Dokonywane z premedytacją ataki na cele cywilne, domy mieszkalne, szkoły, szpitale i infrastrukturę komunalną miały na celu nie tylko powiększanie strat wśród ludności cywilnej, ale stymulowanie masowych przemieszczeń ludności, w tym poza granice kraju. I rzeczywiście ok. 7 mln Ukraińców była zmuszona uciekać do innych części kraju, a ponad 10,5 mln do państw UE (z których ok. 7,7 mln pozostało, a ok. 4,4 mln uzyskało formalną ochronę prawną). Granice

---

[15] Dane zagregowane na podstawie komunikatów Straży Granicznej RP, Ministerstwa Spraw Wewnętrznych Litwy i Ministerstwa Spraw Wewnętrznych kraju związkowego Brandenburgia w RFN.

[16] Zob. P. Żochowski, *Wsparcie dla Łukaszenki. Rosja wobec kryzysu migracyjnego. Analiza OSW*, 9 listopada 2021 r., https://www.osw.waw.pl/pl/publikacje/analizy/2021-11-09/wsparcie-dla-lukaszenki-rosja-wobec-kryzysu-migracyjnego (dostęp: 8.09.2022).

Polski przekroczyło w sumie 7,4 mln obywateli Ukrainy, z czego ok. 1,5 mln pozostało[17].

Wbrew nadziejom Moskwy nie doprowadziło to do destabilizacji w żadnym z państw europejskich. Masowe odruchy społecznej solidarności, społeczna samoorganizacja, wsparta przez władze państwowe i międzynarodowe organizacje humanitarne sprzyjały mimo trudności sprawnemu zarządzaniu ruchem uchodźców i opieką nad nimi. Jak się wydaje, Kreml nie porzucił jednak nadziei, że w kolejnych miesiącach pogarszanie się sytuacji gospodarczej w państwach europejskich zwiększy nastroje antyuchodźcze i doprowadzi do napięć wpływających na sytuację polityczną w zgodzie z interesami Moskwy.

W szerszej skali celem Rosji było i pozostaje stymulowanie dalszych ruchów migracyjnych także z Afryki i Środkowego Wschodu. W tym kontekście czynnikiem symulującym miało się stać wywołanie kryzysu żywnościowego. O ile wzrost cen żywności w państwach zachodnich miał związek m.in. z kryzysem energetycznym w Europie i niestabilnością światowych cen energii oraz zaburzeniami w funkcjonowaniu łańcuchów logistycznych, o tyle zwłaszcza w przypadku biedniejszych państw globalnego Południa istotnym czynnikiem była polityka Rosji i jej agresja na Ukrainę.

Z jednej strony Rosja, odgrywająca istotną rolę jako eksporter części produktów rolnych (m.in. na Rosję przypada prawie 20% światowego eksportu i ok. 11% produkcji pszenicy), sama ograniczała własny eksport żywności, wprowadzając m.in. jego kwoty. Z drugiej przede wszystkim destabilizowała światowy rynek poprzez działania wojenne w Ukrainie, okupację znaczącej części jej najżyźniejszych obszarów rolnych (na południowym wschodzie kraju) oraz niekiedy bezpośrednio niszcząc ukraińskie uprawy zbóż i terminale do ich składowania. W sytuacji dużego znaczenia ukraińskiego eksportu rolnego dla sytuacji na rynkach światowych (Ukraina odpowiada corocznie m.in. za ok. 16% globalnego eksportu kukurydzy i 10% eksportu pszenicy), stwarzało to bardzo silny czynnik pogarszający światowy kryzys żywnościowy. Elementem rosyjskiej agresji była także zorganizowana kradzież ukraińskiego zboża na okupowanych terytoriach i jego eksport za pośrednictwem kontrolowanych przez siebie portów dla uzyskania dodatkowych zysków[18].

---

[17] Dane na koniec października 2022 r., za: *Migration Management: Welcoming Refugees from Ukraine*, European Commission, https://home-affairs.ec.europa.eu/policies/migration-and-asylum/migration-management/migration-management-welcoming-refugees-ukraine_en (dostęp: 1.11.2022); *Ukraine refugee situation*, UNHCR, https://data.unhcr.org/en/situations/ukraine (dostęp: 1.11.2022); Służba Graniczna RP i Urząd ds. Cudzoziemców.

[18] Szerzej zob. I. Wiśniewska, „*Rosja podsyca światowy kryzys żywnościowy. Analiza OSW*, 8 czerwca 2022 r., https://www.osw.waw.pl/pl/publikacje/analizy/2022-06-08/rosja-podsyca-swiatowy-kryzys-zywnosciowy (dostęp: 9.09.2022); A. Michalski, K. Nieczypor, I. Wiśniewska, *Zboże pod ostrzałem: porozumienie o odblokowaniu portów czarnomorskich. Analiza OSW*, 26 lipca 2022 r., https://www.osw.waw.pl/pl/publikacje/analizy/2022-07-26/zboze-pod-ostrzalem-porozumienie-o-odblokowaniu-portow-czarnomorskich (dostęp: 9.09.2022).

Co prawda pod naciskiem ONZ, Turcji, państw afrykańskich i azjatyckich, których Moskwa nie mogła całkowicie zignorować z powodów politycznych (potrzeba pozyskiwania głosów dla swojego stanowiska) i gospodarczych (rynki zbytu i pośrednictwo w rosyjskim handlu w sytuacji zachodniej presji sankcyjnej), Rosja zgodziła się (w lipcu 2022 r.) na zawarcie w Stambule porozumienia z Turcją, Ukrainą i ONZ w sprawie stworzenia korytarza dla eksportu ukraińskiego (ale też rosyjskiego) zboża. Jak się wydaje, Moskwa liczyła na efekt propagandowy (demonstracja rzekomej dobrej woli), ale przede wszystkim na korzyści gospodarcze (warunkiem stało się złagodzenie zachodnich restrykcji mających sprzyjać eksportowi rosyjskich produktów rolnych i nawozów sztucznych). Korzyścią dla Rosji była też faktyczna zgoda Zachodu na zablokowanie potencjalnych dostaw broni dla Ukrainy drogą morską (wymóg inspekcji statków przy udziale strony rosyjskiej) tworząca korzystny precedens.

Jednak zarówno ograniczona skala wywozu ukraińskiego zboża przez korytarz czarnomorski (w ciągu 3,5 miesiąca funkcjonowania porozumienia stambulskiego z Ukrainy wywieziono drogą morską 9,3 mln ton, tj. o ponad ⅓ mniej niż rok wcześniej), jak i rosyjskie groźby nieprzedłużenia porozumienia po listopadzie 2022 r. (w części dotyczącej ukraińskiego eksportu zostało zawarte na cztery miesiące), wreszcie decyzja Moskwy o „zawieszeniu" jego realizacji ogłoszona 29 października 2022 r. (z którego jednak wycofała się po kilku dniach) – jasno wskazywały, że Moskwa nie zamierza zrezygnować z używania „broni żywnościowej", powiązanej z „bronią migracyjną", skierowaną głównie przeciwko Europie[19].

Z punktu widzenia bezpieczeństwa Polski sukces Rosji w pogłębieniu kompleksowego kryzysu w Ukrainie (na skutek częściowej blokady gospodarczej), zwiększaniu kryzysu gospodarczego w Europie i problemów w USA (m.in. przez wzrost cen żywności) oraz potencjalnej destabilizacji wewnętrznej ważnych europejskich państw członkowskich NATO i UE na skutek kryzysów migracyjnych stanowi poważne zagrożenie. Jego konsekwencją może być osłabienie spójności sojuszniczej, zagrożenie kontynuacją solidarnej polityki presji sankcyjnej na Rosję, a także wewnętrzna destabilizacja sytuacji w Polsce.

Metody rosyjskiej polityki: wojna gospodarczo-energetyczna Rosji z Europą

Rosja należy do najważniejszych światowych producentów i eksporterów nośników energii (przede wszystkim ropy naftowej i gazu ziemnego), a zależność od ich importu w Unii Europejskiej w ostatniej dekadzie rosła, zwłaszcza w niektórych

[19] I. Wiśniewska, A. Wilk, S. Matuszak, A. Michalski, *Rosja: ponowna blokada eksportu ukraińskiego zboża drogą morską. Analiza OSW*, 31 października 2022 r., https://www.osw.waw.pl/pl/publikacje/analizy/2022-10-31/rosja-ponowna-blokada-eksportu-ukrainskiego-zboza-droga-morska (dostęp: 1.11.2022).

państwach członkowskich (w 2021 r. UE importowała z Rosji ok. 25% ropy naftowej, 45% gazu ziemnego i 44% węgla kamiennego). Federacja Rosyjska niejednokrotnie używała energii, zwłaszcza gazu ziemnego, jako broni w celach politycznych. Czyniła to jednak przede wszystkim wobec wybranych tzw. państw poradzieckich, zwłaszcza Ukrainy. Kryzysy gazowe w stosunkach rosyjsko-ukraińskich z lat 2006–2009 były odczuwane także przez część odbiorców z Unii Europejskiej, co stało się jednym z motorów unijnej polityki liberalizacji rynku, rozwoju połączeń infrastrukturalnych i dywersyfikacji źródeł zaopatrzenia w energię, która to polityka nie była jednak realizowana w pełni konsekwentnie.

Zgoda pojedynczych państw europejskich na realizację strategicznych dla Rosji nowych projektów infrastrukturalnych, przede wszystkim gazociągów Nord Stream 1 i Nord Stream 2 z Rosji do Niemiec pod dnem Morza Bałtyckiego, a także TurkSteam pod dnem Morza Czarnego do Turcji i dalej na Bałkany i do Europy Środkowej, zwiększyła znacząco możliwości wykorzystywania tego przez Rosję jako narzędzia swej polityki. Służyło to zarówno agresywnym celom Moskwy wobec Ukrainy, poprzez zmniejszanie tranzytowego przesyłu gazu i pozbawianie rządu w Kijowie poważnych dochodów z tego tytułu, ale też próbom torpedowania alternatywnych do rosyjskich projektów infrastrukturalnych realizowanych przez niektóre państwa Europy Środkowej (w tym Polskę), jak i wpływowi na politykę kluczowych odbiorców rosyjskiego gazu (takich jak Niemcy) w kierunku zgodnym z interesami Kremla.

Przygotowując się do realizacji swoich agresywnych celów (w tym wobec Ukrainy), Rosja forsowała jak najszybsze zakończenie budowy gazociągu Nord Stream 2, zwłaszcza kiedy działania jego przeciwników (w tym Polski i USA) doprowadziły do wstrzymania jego uruchomienia, podjęła działania służące wywołaniu kryzysu energetycznego w Europie.

Pierwszą fazą działań rosyjskich było ograniczenie latem 2021 r. do minimum (a przejściowo nawet wstrzymanie) napełniania należących do Gazpromu zbiorników gazu ziemnego w Europie (głównie w Niemczech), zwiększając ryzyko deficytu paliwa w zimowym sezonie grzewczym. Do tego jesienią 2021 r. Rosja zaprzestała sprzedaży dodatkowych ilości gazu na europejskim rynku spotowym, a także przesyłu dodatkowych (ponad minimalne wartości kontraktowe) jego wolumenów przez istniejącą infrastrukturę. To również zwiększało, częściowo spekulacyjny, wzrost cen gazu na rynkach spotowych[20].

Czynnikiem najsilniej oddziałującym na rynek ropy i gazu była jednak rosyjska inwazja na Ukrainę w lutym 2022 r. i rozpoczęcie cyklu wprowadzania sankcji przeciwko Rosji przez państwa zachodnie. Obawa przed zakłóceniem dostaw

[20] Szerzej zob. S. Kardaś, *Rosja wobec kryzysu gazowego w Europie. Analiza OSW*, 3 listopada 2021 r., https://www.osw.waw.pl/pl/publikacje/analizy/2021-11-03/rosja-wobec-kryzysu-gazowego-w-europie (dostęp: 10.09.2022).

(w tym tranzytu przez Ukrainę) windowała ceny do rekordowych poziomów (nawet 10-krotnie przekraczających wartości z 2021 r.).

Moskwa postanowiła jednak świadomie pogorszyć tę sytuację. Pod pretekstem odmowy Ukrainy przyjmowania tranzytowego gazu za pośrednictwem jednej z tłoczni, która znalazła się na obszarze okupowanym przez siły rosyjskie w ramach ofensywy, Gazprom zredukował o ⅔ przesył gazu przez Ukrainę. Ponadto pod pretekstem decyzji władz RP o sankcjach obejmujących aktywa Gazpromu w Polsce i odmowę zapłaty przez polska spółkę za rosyjski gaz w rublach (co było sprzeczne z zawartym kontraktem), koncern (niewątpliwie w wyniku politycznej decyzji Kremla) ogłosił pod koniec kwietnia 2022 r. całkowite zaprzestanie przesyłu gazu przez gazociąg Jamał–Europa (przez Białoruś i Polskę do Niemiec). Ten ostatni pretekst posłużył także Rosji do odcięcia dostaw gazu do Bułgarii, państw bałtyckich, Finlandii, Danii i Holandii.

Kolejną fazą rosyjskiej wojny energetycznej było stopniowe redukowanie (od czerwca do września 2022 r.) przesyłu gazu do Niemiec gazociągiem Nord Stream 1. Gazprom zredukował dostawy kolejno o połowę, o ⅔, o 80%, aż wyłączył całkowicie gazociąg pod pretekstem awarii turbin (wyprodukowanej przez niemiecką firmę Siemens) w stacji kompresorowej Portowaja k. Wyborga i sporu o warunki jej naprawy i zwrotu z zakładów remontowych w Kanadzie. Kwestia ta była cynicznie rozgrywana przez Moskwę, która mimo uzyskania wyłączenia z sankcji unijnych i kanadyjskich dla turbin odmawiała ich przyjęcia, domagając się formalnego zniesienia części nałożonych na nią sankcji finansowych i sektorowych oraz wprost uzależniając powrót do dostaw gazu od uruchomienia gazociągu Nord Stream 2. Wreszcie, nowym etapem rosyjskiej wojny energetycznej stał się sabotaż na obydwu nitkach gazociągu Nord Stream 1 i jednej z dwóch nitek gazociągu Nord Stream 2 (wywołanie eksplozji prowadzącej do uszkodzenia gazociągów i niekontrolowanego wycieku gazu technicznego oraz metanu), do jakiego doszło w szwedzkiej i duńskiej wyłącznej strefie ekonomicznej na Morzu Bałtyckim 26 września 2022 r. Należało to postrzegać jako demonstrację zdolności i woli politycznej Moskwy do ataków na kluczowe elementy krytycznej infrastruktury energetycznej w Europie jako następnego etapu eskalacji konfliktu[21].

Wypowiedzi rosyjskich polityków i przekaz rosyjskiej państwowej propagandy nie pozostawiał przy tym żadnych złudzeń, iż celem Moskwy było wywołanie głębokiego kryzysu energetycznego w Unii Europejskiej (zwłaszcza wśród niektórych jej państw członkowskich takich jak Niemcy), aby poprzez wzrost niezadowolenia społecznego wymusić na unijnych rządach (i całej UE) znoszenie sankcji przeciwko

[21] Szerzej zob. M. Menkiszak, I. Wiśniewska, *Kreml na wojnie gazowej z Europą. Analiza OSW*, 4 sierpnia 2022 r., https://www.osw.waw.pl/pl/publikacje/analizy/2022-08-04/kreml-na-wojnie-gazowej-z-europa (dostęp: 11.09.2022); S. Kardaś, A. Łoskot-Strachota, *Dywersja na gazociągach Nord Stream 1 i Nord Stream 2. Analiza OSW*, 29 września 2022 r., https://www.osw.waw.pl/pl/publikacje/analizy/2022-09-29/dywersja-na-gazociagach-nord-stream-1-i-nord-stream-2 (dostęp 1.11.2022).

Rosji i wstrzymanie wsparcia (zwłaszcza wojskowego) dla Ukrainy. Groźba „zamrożenia Europy" miała też potencjalnie służyć powrotowi państw unijnych do współpracy energetycznej z Rosją na warunkach dyktowanych przez Moskwę, czego symbolem miało się stać uruchomienie NS2.

Z kolei w odpowiedzi na przyjmowane przez UE sankcje uderzające w interesy gospodarczo-energetyczne Rosji (embargo na import węgla od sierpnia 2022 r., embargo na import ropy naftowej drogą morską i zakaz ubezpieczania rosyjskiego jej frachtu od grudnia 2022 r.), wreszcie zapowiedzi G7 (podejmowane z inicjatywy USA) i Unii Europejskiej ustanowienia limitu cenowego na eksportowaną przez Rosję ropę naftową, Moskwa groziła krokami odwetowymi. Rosja zagroziła m.in. całkowitym wstrzymaniem sprzedaży ropy naftowej państwom, które zgodzą się na zastosowanie limitu cenowego, strasząc przy tym poważnym wzrostem światowych cen ropy[22].

Warto przy tym podkreślić, że te brutalne działania Rosji silnie uderzały w nią samą. Zwłaszcza redukcja eksportu gazu ziemnego do państw UE (kluczowego dla Rosji rynku) o ¾ pozbawiała Gazprom znaczących dochodów i zmuszała prawdopodobnie do palenia części wydobywanego gazu (wobec niemożności przekierowania eksportu, istotnego zwiększenia krajowej jego konsumpcji i ograniczonych zdolności magazynowych). Nawet oficjalne rosyjskie dane wskazywały na znaczący spadek dochodów naftowo-gazowych rosyjskiego budżetu w drugiej połowie 2022 r. Wstrzymanie importu rosyjskiej ropy naftowej przez USA i Wielką Brytanię oraz część odbiorców azjatyckich oraz trudności z ubezpieczeniem jej frachtu spowodowały, że Rosja musiała oferować swoją ropę niezachodnim odbiorcom (głównie Chinom i Indiom) ze znaczącym dyskontem (sięgającym przejściowo nawet pond 30 USD/bar). Świadczyło to o dużej determinacji Kremla, który w istocie grał *va banque*, stawiając na to, że kryzys energetyczny i rosnące ceny surowców napędzające wzrost inflacji złamią solidarność wspólnoty zachodniej w jej polityce wobec Rosji i Ukrainy.

Rosji pozostawały przy tym jeszcze dodatkowe narzędzia wojny energetycznej. Można było w szczególności spodziewać się całkowitego wstrzymania przesyłu gazu do UE przez Ukrainę (takie same działania wobec gazociągu TurkStream, którego jedna z nitek prowadziła na Bałkany i do państw UE były mniej prawdopodobne, gdyż uderzałyby w przychylne Moskwie Węgry oraz Austrię). Rosja mogła też zrealizować swą groźbę wstrzymania sprzedaży ropy naftowej do tych państw europejskich, które nadal ją sprowadzały, jeszcze zanim ewentualnie zostałby

---

[22] Szerzej zob. S. Kardaś, *Porozumienie polityczne G7 ws. limitu cen na rosyjską ropę i produkty naftowe. Analiza OSW*, 6 września 2022 r., https://www.osw.waw.pl/pl/publikacje/analizy/2022-09-06/porozumienie-polityczne-g7-ws-limitu-cen-na-rosyjska-rope-i-produkty (dostęp: 11.09.2022); I. Wiśniewska, *Ósmy pakiet sankcji UE wobec Rosji: pułap cenowy na ropę coraz bliżej. Analiza OSW*, 7 października 2022 r., https://www.osw.waw.pl/pl/publikacje/analizy/2022-10-07/osmy-pakiet-sankcji-ue-wobec-rosji-pulap-cenowy-na-rope-coraz-blizej (dostęp 1.11.2022).

wprowadzony mechanizm limitu cenowego na rosyjską ropę. Wreszcie Moskwa mogłaby przyczynić się do dalszej destabilizacji gospodarki światowej poprzez częściowe embargo na dostawy ważnych metali (aluminium, tytanu, palladu) czy gazów szlachetnych (neon), ważnych do produkcji niektórych wyrobów przemysłowych (np. telefonów komórkowych). Nie można także wykluczyć prób podejmowania przez Rosję działań sabotażowych skierowanych wobec krytycznej infrastruktury gospodarczej i energetycznej państw zachodnich, w tym Polski.

Z punktu widzenia bezpieczeństwa Polski państwa dotąd w znaczącym – choć coraz mniejszym stopniu uzależnionego od dostaw nośników energii z Rosji (ropy naftowej – 65% konsumpcji w 2021 r., gazu ziemnego – 50% i węgla kamiennego – 12%) rodzi to poważne wyzwania dla stabilności gospodarczej. Konieczność radykalnego przyspieszenia substytucji rosyjskiego importu, mimo dużych szans powodzenia, rodzi znaczące koszty finansowe, negatywnie wpływające na sytuację gospodarczą i nastroje społeczne. Potencjalne dalsze agresywne działania Federacji Rosyjskiej w tej sferze mogą tę sytuacje pogorszyć.

Wnioski dla Polski i Zachodu

Z powyższego wywodu wynika jednoznacznie, iż polityka Putinowskiego reżimu rządzącego Federacją Rosyjską stanowi egzystencjalne zagrożenie dla państwa polskiego, obejmujące różne sfery (polityczną, bezpieczeństwa, gospodarczą). Strategiczne cele Rosji stoją w fundamentalnej sprzeczności z polską racją stanu. W interesie RP leży bowiem zwycięstwo Ukrainy w konfrontacji z Rosją, umocnienie niepodległości i przywrócenie integralności terytorialnej tego państwa oraz jego włączenie do struktur zachodnich (UE i NATO), tworząc przy tym ważną barierę dla rosyjskiego imperializmu. Podobny cel dotyczy również innych państw poradzieckich, które są do tego zdolne i gotowe, zwłaszcza Mołdawii i Gruzji, a w przyszłości (po obaleniu dyktatury Łukaszenki) także Białorusi.

Ważnym elementem wzmacniania naszej obrony i odstraszania Rosji jest też wzmocnienie naszej współpracy sojuszniczej z USA i innymi państwami członkowskimi NATO i UE, zwiększanie znaczącej i stałej sojuszniczej obecności wojskowej w naszym kraju i innych państwach tzw. wschodniej flanki NATO, przywrócenie, naruszonej przez Rosję, równowagi strategicznej w Europie.

Pozostaje nim także wzmocnienie więzi transatlantyckich, zwiększenie amerykańskiej obecności (zwłaszcza wojskowej) w Europie i zacieśnienie współpracy politycznej, gospodarczej i w sferze bezpieczeństwa w ramach szerokiej wspólnoty zachodniej, w tym dla skutecznego przeciwdziałania wrogim działaniom autorytarnych (*de facto* już totalitarnych) państw takich jak Rosja i Chiny.

Zagrożenie ze strony Rosji pozostaje jednocześnie systemowe, kompleksowe i długotrwałe. To ostatnie wynika z tego, że agresywna polityka Moskwy jest ściśle związana z autokratycznym charakterem rosyjskiego reżimu politycznego i składem personalnym rządzącej elity. Ich wypaczona percepcja rzeczywistości międzynarodowej, oparta na teoriach spiskowych i antyzachodnich resentymentach oraz wierze w skuteczność agresywnej polityki zewnętrznej dla realizacji celów zniszczenia obecnego ładu europejskiego i globalnego, nie poddaje się perswazji.

W tej sytuacji nie ma innego sposobu na redukcję zagrożenia ze strony Rosji niż działanie na rzecz fundamentalnego osłabienia państwa rosyjskiego, głównie poprzez presję w postaci sankcji gospodarczych i politycznych (które powinny być systematycznie uszczelniane i zaostrzane), a także maksymalizację wsparcia dla Ukrainy (politycznego, gospodarczego i militarnego) w jej konfrontacji z Rosją, która temu osłabieniu sprzyja. Jednocześnie istnieje potrzeba stworzenia fizycznych barier uniemożliwiających Moskwie realizację agresywnych celów jej polityki. Chodzi tu o znaczące wzmocnienie potencjału obrony i odstraszania państw wspólnoty zachodniej, wzmocnienie odporności państw sojuszniczych i partnerskich, w tym na poziomie społecznym oraz przyspieszony demontaż dźwigni rosyjskiego wpływu na nasze państwa. To ostatnie wiąże się z koniecznością jak najszybszego zerwania powiązań gospodarczo-energetycznych z Rosją, wstrzymania handlu z nią, zwłaszcza całkowitej rezygnacji z importu nośników energii w każdej ich postaci.

Państwa zachodnie powinny też poprzez dialog, perswazję, ale także punktowe sankcje skłaniać inne niezachodnie państwa do ograniczenia współpracy (zwłaszcza w sferze bezpieczeństwa i gospodarczej) z Rosją, a optymalnie do przyłączenia się do polityki izolacji Moskwy na arenie międzynarodowej. Z kolei państwa (zwłaszcza postradzieckie) pragnące wyzwolić się spod rosyjskiej dominacji czy wpływu powinny otrzymać w miarę możliwości zachodnie wsparcie.

Zarówno długofalowa presja sankcyjna pogarszająca sytuację gospodarczą i nastroje społeczne w Rosji, jak i wspieranie rosyjskiej antykremlowskiej opozycji politycznej i struktur rosyjskiego społeczeństwa europejskiego, w tym w diasporze, powinny tworzyć warunki do przyszłego przesilenia politycznego w Rosji, skutkującego zmianą reżimu, odsunięciem Putinowskich elit od władzy. Tylko taka zmiana daje bowiem szansę, choć nie gwarancję, że dojdzie do rewizji rosyjskiej polityki zewnętrznej i zaniku zagrożenia z jej strony.

Powyższe działania wymagają jednak kompleksowego, systemowego i długotrwałego podejścia, gdzie nie można liczyć na szybkie pozytywne rezultaty. Konflikt Zachodu i należącej doń Polski z Rosją ma bowiem charakter długotrwałej wojny, której sukces zależy od determinacji, silnej politycznej woli, solidarności i odporności naszych państw i struktur, które powinniśmy starać się wzmacniać.

Rozdział 3

Wpływ wojny rosyjsko-ukraińskiej na strategiczne warunki i wymagania wobec obronności Polski

Stanisław Koziej

Wojna rosyjsko-ukraińska stała się głównym czynnikiem kształtującym środowisko bezpieczeństwa na obszarze euroatlantyckim w ogóle, a w Europie Środkowo-Wschodniej w szczególności. Ma to oczywiście kluczowe znaczenie dla bezpieczeństwa Polski. Dlatego ważne nie tylko poznawczo, ale też bardzo praktyczne jest poszukiwanie odpowiedzi na pytanie: jaki może być wpływ tej wojny na strategiczne warunki i wymagania wobec obronności państwa polskiego? Poszukiwanie takiej odpowiedzi jest celem niniejszego rozdziału. Dla jego osiągnięcia analizie poddane zostały trzy zagadnienia szczegółowe: 1) jaka jest geneza oraz miejsce i rola wojny w Ukrainie w szerszym kontekście stosunków bezpieczeństwa między Rosją a Zachodem w XXI w.?; 2) jakie mogą być scenariusze dalszego przebiegu wojny w Ukrainie i jak mogą wpływać na przyszłe środowisko bezpieczeństwa Polski?; 3) jakie wymagania wobec strategii i systemu obronności Polski wynikają z rosyjskiej agresji na Ukrainę?

Neozimnowojenna praktyka polityczna Rosji w XXI w. jako „matka" wojny rosyjsko-ukraińskiej

Wojna rosyjsko-ukraińska nie wzięła się znikąd, nie spadła jak duch z nieba. Nie jest czymś przypadkowym w stosunkach bezpieczeństwa międzynarodowego. Jest naturalną konsekwencją i jedną z głównych treści wieloletniej już neoimperialnej polityki Rosji i wyzwań, jakie rzuca ona nie tylko swojemu najbliższemu otoczeniu, ale całemu Zachodowi. Nie ulega wątpliwości, że po agresji Rosji na Ukrainę w 2014 r. i aneksji Krymu praktycznie zakończył się pozimnowojenny okres w stosunkach bezpieczeństwa w Europie, w którym to Zachód liczył na wspólne z Rosją budowanie kooperatywnego systemu bezpieczeństwa. Rosja słowami W. Putina już w 2007 r. na Monachijskiej Konferencji Bezpieczeństwa zapowiedziała, w 2008 r. agresją na Gruzję przetestowała, a w 2014 r. wojną z Ukrainą definitywnie wstąpiła w otwartą konfrontację polityczną z Zachodem, przy hybrydowym wykorzystaniu różnorodnych, twardych i miękkich, form przemocy. Druga, tym razem już w pełni otwarta, a nie w swoich zamiarach skryta i zakamuflowana jak ta z 2014 r., zbrojna agresja na Ukrainę w 2022 r. jest już tej konfrontacji logiczną eskalacją.

Taki stan stosunków bezpieczeństwa Rosji z otoczeniem międzynarodowym spełnia, moim zdaniem, znamiona nowej zimnej wojny, mówiąc inaczej – wręcz drugiej zimnej wojny, jeśli za pierwszą uznać konfrontację między ZSRR a Zachodem w XX w. Coraz więcej analityków skłonnych jest tak właśnie, w kategoriach systemowej konfrontacji politycznej, postrzegać obecny stan relacji między Rosją a Zachodem, choć nie wszyscy są zgodni co do samego terminu „druga (nowa) zimna wojna", wychodząc z założenia, że pojęcie „zimna wojna" ma charakter unikatowy, niepowtarzalny. Skłonny jestem jednak traktować je jako – z chwilą nastania ery nuklearnej – pojęcie uniwersalne, powtarzalne w określonych warunkach[1]. Nie rozwijając tutaj szerzej aspektu terminologicznego, zauważmy jedynie, że zimna wojna jako praktyczne zjawisko w stosunkach międzynarodowych, w tym stosunkach bezpieczeństwa i jednocześnie jako kategoria teorii tychże stosunków, pojawiła się w erze nuklearnej, a jej istotą jest konfrontacja polityczna między dwoma stronami, które w razie bezpośredniej wojny „gorącej" mogłyby z gwarantowaną pewnością wzajemnie się zniszczyć i dlatego w tej konfrontacji nie przekraczają jej progu. Tak było w stosunkach USA–ZSRR w czasie zimnej wojny XX w. i tak jest obecnie w stosunkach Rosji z Zachodem w czasie zimnej wojny XXI w. Dodajmy, że tak samo staje się już w rywalizacji USA–Chiny[2]. Globalna druga zimna wojna już toczy się na dwóch frontach: euroatlantyckim i indo-pacyficznym.

Ale oczywiście obecna, druga zimna wojna, choć tożsama z pierwszą co do samej istoty – bardzo od niej różni się co do formy (zob. szkic)[3]. W pierwszej

[1] Tu różnimy się np. z prof. R. Kuźniarem. Zob. R. Kuźniar, „Rosja kontra Europa. To nie zimna wojna, to tylko uspokajanie opryszka", *Gazeta Wyborcza*, 27 czerwca 2022 r., https://wyborcza.pl/7,75968,28624508,rosja-kontra-europa-to-nie-zimna-wojna-to-tylko-uspokajanie.html (dostęp: 2.08.2022). Moja krótka polemika – S. Koziej, *„Zimna wojna": pojęcie unikatowe czy uniwersalne?*, https://koziej.pl/wp-content/uploads/2022/06/Zimna-wojna-unikat-czy-poj%C4%99cie-uniwersalne.pdf (dostęp: 2.08.2022).

[2] Z perspektywy amerykańskiej taki stan stosunków międzynarodowych nazywany jest w oficjalnych dokumentach najczęściej rywalizacją wielkomocarstwową lub rywalizacją strategiczną. Zob. np. *Renewed Great Power Competition: Implications for Defense – Issues for Congress*, Congressional Research Service, 10 marca 2022 r., https://sgp.fas.org/crs/natsec/R43838.pdf (dostęp: 2.08.2022).

[3] Szerzej na ten temat m.in. w: S. Koziej, „Neozimnowojenny charakter konfrontacji Rosji z Zachodem: istota i treść nowej zimnej wojny wydanej Zachodowi przez Rosję w drugiej dekadzie XXI wieku", w: M. Banasik (red.), *Rywalizacja Federacji Rosyjskiej na arenie międzynarodowej i jej konsekwencje dla bezpieczeństwa*, Difin, Warszawa 2020. Także: S. Koziej, *Hybrydowa zimna wojna w Europie. Pułaski Policy Papers, Komentarz Międzynarodowy Pułaskiego*, Fundacja im. K. Pułaskiego, Warszawa

zimnej wojnie były dwa progi strategicznej eskalacji: bieżąca wzajemna *presja polityczno-strategiczna*, czy też – jak określał to G. Kennan – wojna polityczna oraz drugi i jednocześnie ostatni szczebel, jakim była totalna *wojna nuklearna*. Nie do pomyślenia były natomiast jakieś szczeble pośrednie, wojny ograniczone w Europie, gdzie naprzeciwko siebie stały zmasowane armie, nasycone w dodatku bronią nuklearną różnego typu i kalibrów. Inaczej jest w drugiej zimnej wojnie Rosji z Zachodem. Otóż między presją polityczno-strategiczną (wojną polityczną) i totalną wojną nuklearną pojawiły się jeszcze dodatkowe dwa realne szczeble eskalacyjne: skryta interwencja zbrojna, czyli agresja poniżej progu otwartej wojny (podprogowa, hybrydowa, w szarej strefie) i otwarta agresja o celach ograniczonych (zwłaszcza pod „parasolem" taktycznej broni atomowej). Spójrzmy nieco bliżej na główne rodzaje zagrożeń na poszczególnych stopniach eskalacyjnych (jako na główne elementy strukturalne) drugiej zimnej wojny.

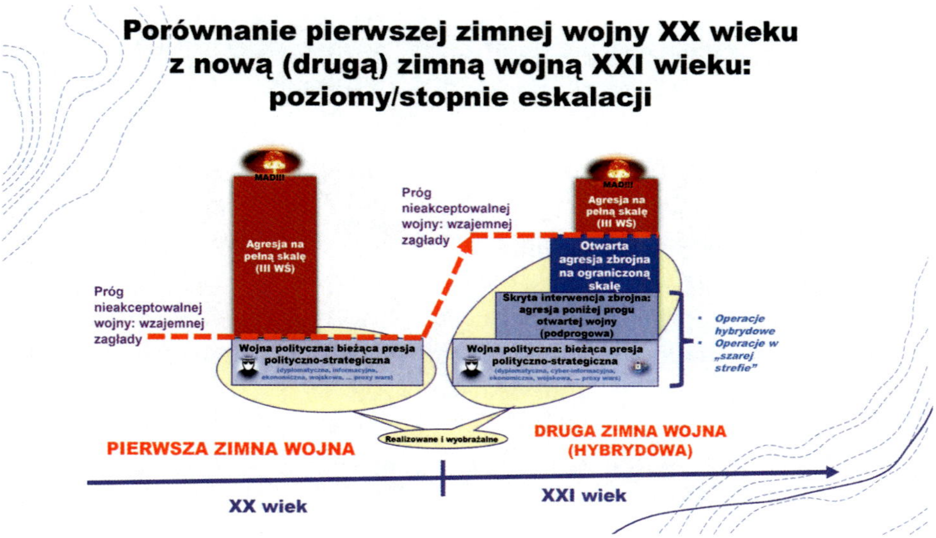

Rysunek 1. Poziomy eskalacji zagrożeń w pierwszej i drugiej zimnej wojnie

Źródło: opracowanie własne.

Presja polityczno-strategiczna stanowiła w XX w. i stanowi w wieku XXI podstawową i codzienną praktykę zimnowojenną. Obejmuje takie aktywności polityczne i strategiczne państwa, jak siłowa dyplomacja, szpiegostwo, propaganda i dywersje informacyjne, szantaż ekonomiczny, wyścig zbrojeń, dyslokacja

---

5 września 2016 r., http://pulaski.pl/wp-content/uploads/2015/02/Pulaski_Policy_Papers_Nr_20_16.pdf (dostęp: 2.08.2022) oraz S. Koziej, „Ewolucja i scenariusze kształtowania się środowiska bezpieczeństwa europejskiego", w: J. Kleer, K. Prandecki (red.), *Bezpieczeństwo Europy w globalnym świecie. Szanse i zagrożenia przyszłości w warunkach przesileń cywilizacyjnych*, PAN, Warszawa 2018, https://prognozy.pan.pl/images/Bezpeiczestwo_globalne__18_11_15.pdf (dostęp: 2.08.2022).

i manewry wojsk, prowokacyjne incydenty wojskowe, *proxy wars* i inne tego typu działania o charakterze konfrontacyjnym. Wszystkie one występują w obecnej fazie nowej zimnej wojny, włącznie z jej najbardziej ryzykowną i groźną formą, jaką jest *proxy war*. Pierwsza neozimnowojenna *proxy war* między Rosją a Zachodem pojawiła się (i w złagodzonej formie trwa nadal) w Syrii z chwilą rosyjskiej tam interwencji konkurencyjnej w stosunku do działań państw zachodnich. Druga *proxy war* między tymi stronami prowadzona jest obecnie w Ukrainie, jako konfrontacja „asystująca" bezpośredniej wojnie zbrojnej między Rosją a Ukrainą.

Najważniejszym środowiskiem i jednocześnie środkiem zmagań na tym szczeblu zimnej wojny jest informacja. Presja informacyjna wywierana jest na dwóch poziomach: jawnym i skrytym, tj. w formie propagandy i cyberoperacji. Rosja dynamicznie i bardzo szeroko rozwinęła formy propagandy skierowanej do opinii publicznej zarówno własnej, jak i krajów zachodnich[4]. Zadania w tym zakresie realizują wyspecjalizowane instytucje medialne, ale także bezpośrednio organy państwa, nawet z osobistym zaangażowaniem się najważniejszych osób w państwie: zwłaszcza prezydenta, zastępcy przewodniczącego oraz sekretarza Rady Bezpieczeństwa Narodowego czy ministra spraw zagranicznych, nie mówiąc o parlamentarzystach. Ważnym elementem tej neozimnowojennej propagandy jest straszenie i szantażowanie konsekwencjami ewentualnego bezpośredniego konfliktu zbrojnego, z konfliktem nuklearnym włącznie, jeśli Zachód sprzeciwiał się będzie realizacji interesów strategicznych przez Rosję. Treści do prowadzenia operacji informacyjnych mogą być zupełnie fałszywe, ale też mogą być manipulacyjną interpretacją wszelkich praktycznych działań konfrontacyjnych, z militarnymi włącznie (informacje o nowych systemach broni, dyslokacji wojsk, manewrach itp.). Coraz większego znaczenia nabierają operacje w cyberprzestrzeni. Z uwagi na trudności w ich identyfikacji mogą skrycie i niejako bezkarnie powodować istotne zakłócenia, a nawet straty w państwach zachodnich. Zmagania w cyberprzestrzeni stają się zatem czynnikiem najbardziej odróżniającym codzienną praktykę drugiej zimnej wojny od pierwszej, XX-wiecznej[5].

Przejdźmy teraz do dwóch nowych szczebli eskalacyjnych i jednocześnie rodzajów neozimnowojennych zagrożeń strategicznych. Są one z punktu widzenia Polski, jako państwa granicznego NATO i UE, najważniejsze i, moim zdaniem, powinny determinować priorytety polskiej polityki bezpieczeństwa i przygotowań obronnych.

---

[4] Wielostronne przedstawienie tej problematyki zawiera: R. Kupiecki, F. Bryjka, T. Chłoń, *Dezinformacja międzynarodowa. Pojęcie, rozpoznanie, przeciwdziałanie*, Wydawnictwo Naukowe Scholar, Warszawa 2022. Także: *Rivalry in the Information Sphere: Russian Conceptions of Information Confrontation*, RAND, Santa Monica 2022, https://www.rand.org/content/dam/rand/pubs/research_reports/RRA100/RRA198-8/RAND_RRA198-8.pdf (dostęp: 3.08.2022).

[5] Szerokie studium o podstawowych problemach cyberbezpieczeństwa zob.: Ł. Olejnik, A. Kurasiński, *Filozofia cyberbezpieczeństwa*, Wydawnictwo Naukowe PWN, Warszawa 2022. Interesujący historyczny przegląd praktycznych cyberoperacji dezinformacyjnych zawiera praca: N. Perloth, *Cyberbroń i wyścig zbrojeń*, MT Biznes, Warszawa 2022.

Agresja podprogowa (skryta, zakamuflowana) może obejmować wszystkie wymienione wcześniej działania typowe dla bieżącej presji polityczno-strategicznej (wojny politycznej) oraz dodatkowo takie jak:

- prowokowanie niepokojów i rozruchów wewnętrznych w zaatakowanym kraju przez służby specjalne;
- zmasowane operacje cyberdywersji;
- skryte (maskowane pod tzw. fałszywą flagą) operacje dywersyjne wojsk specjalnych (specnazu) lub/i niepaństwowych grup zbrojnych (jak np. Grupa Wagnera). Byłyby to nie tyle „zielone", ile „czarne/szare ludziki", czyli coś w postaci „agresywnego podziemia przestępczego" na terytorium tak zaatakowanego kraju;
- osłona takiej interwencji przez dezorganizowanie i stopowanie sojuszniczej reakcji obronnej szantażem otwartego konfliktu zbrojnego na dużą skalę (demonstrowanie tzw. kułaka/taranu konwencjonalnego poprzez rozwinięcie dużego zgrupowania wojsk np. w ramach ćwiczeń typu ZAPAD w pobliżu granic NATO);
- zintensyfikowany szantaż nuklearny.

Zauważmy, że wszystkie tego typu działania są trudne do jednoznacznej oceny w zbiorowych systemach bezpieczeństwa, jak np. w NATO lub UE. Jedne państwa skłonne byłyby uznać takie akcje za udowodniony akt agresji, inne mogą mieć wątpliwości albo wręcz inne oceny i przekonania. To są tzw. sytuacje trudno konsensusowe, czyli takie, w których trudno, jeśli w ogóle możliwe, byłoby uzyskać konsensus potrzebny do wspólnej decyzji reagowania na takie zagrożenia. Dlatego dla państwa granicznego, jakim jest Polska, taka opcja stwarza szczególne wyzwania strategiczne wobec przygotowania własnych zdolności do samodzielnego radzenia sobie w takich sytuacjach przez dłuższy czas, a być może niekiedy nawet w ogóle.

Jeśli idzie o kolejny rodzaj neozimnowojennego zagrożenia, tj. agresję o celach ograniczonych, to w jej ramach liczyć się należy z takimi dodatkowymi jeszcze – w stosunku do agresji podprogowej – działaniami, jak:

- przejście od agresji skrytej do otwartej („rozwinięcie sztandarów");
- zintensyfikowane cyberoperacje i selektywne uderzenia rakietowo-lotnicze, zwłaszcza na strategiczne obiekty infrastruktury krytycznej;
- błyskawiczna operacja aterytorialna (bez zamiaru opanowywania i dłuższego utrzymywania terytorium – np. operacja rajdowa, desantowa) wymierzona w tzw. strategiczny „punkt ciężkości" przeciwnika (kluczowe obiekty infrastruktury krytycznej, stolica), dla złamania woli oporu i doprowadzenia do zawieszenia broni na warunkach agresora;
- agresja terytorialna o ograniczonym rozmachu (celach, skali, terytorium...) w ramach realizacji strategii „faktów dokonanych" (tzw. taktyka salami);
- „parasol" taktycznej broni jądrowej w postaci doktryny deeskalacji nuklearnej, zakładającej w krytycznym momencie konfliktu ostrzegawcze uderzenie

jądrowe (w powietrzu, na morzu, w każdym razie nie na obiekty wojskowe państw nuklearnych!) jako sygnał praktycznego wejścia na próg konfliktu nuklearnego dla powstrzymania interwencji sojuszniczej. Takie działanie oznaczałoby także, jak w przypadku agresji podprogowej, ale na zdecydowanie wyższym poziomie i o poważniejszych konsekwencjach, sytuację trudno konsensusową w sojuszu.

W sumie taka forma agresji ze strony Rosji na państwa NATO jest mniej prawdopodobna, ale także nieporównywalnie bardziej prawdopodobna niż w pierwszej zimnej wojnie. Jej możliwość wiąże się przede wszystkim z rosyjską koncepcją ewentualnego użycia taktycznej broni atomowej do tzw. deeskalacji nuklearnej konfliktu konwencjonalnego. Brak odpowiedzi NATO na taką doktrynę może zwiększać ryzyko wojny ograniczonej, wywołując u Rosji pokusę przeprowadzenia błyskawicznej i ograniczonej operacji dla ważnego zysku politycznego, utrzymywanego następnie tzw. metodą faktów dokonanych.

Najmniej możliwa i prawdopodobna jest wojna między Rosją a Zachodem na dużą (pełną) skalę, jako że podobnie jak w pierwszej zimnej wojnie wciąż działa tu odstraszanie nuklearne zgodnie z zasadą „wzajemnego gwarantowanego zniszczenia". Taka wojna mogłaby być tylko następstwem wypadku lub wyrwania się spod kontroli konfliktu ograniczonego, co z kolei wskazuje, że w sumie ryzyko wojny gorącej, nawet na dużą skalę, w warunkach drugiej zimnej wojny jest większe niż w warunkach klasycznej zimnej wojny XX w. Jest w pewnym sensie funkcją dodaną do ryzyka wojny ograniczonej.

Nowe ryzyka na tym poziomie konfrontacji wprowadza też gwałtowny rozwój cyberzdolności strategicznych, a także wykorzystywanie innych przełomowych technologii, zwłaszcza sztucznej inteligencji. Dotyczą one bowiem również możliwości dezorganizowania i obezwładniania potencjałów nuklearnych poprzez cyberinterwencje, w tym nawet cyberdywersje strony trzeciej, w systemach kierowania, utrzymywania (produkcji, przechowywania, transportu…) i użycia (operowanie tzw. nosicieli broni jądrowej: rakiety, samoloty, okręty, drony?). Nie jest przypadkiem, że potencjalne skutki rewolucji technologicznej, w tym cyberrewolucji dla odstraszania strategicznego, są od pewnego czasu przedmiotem wzmożonych analiz[6].

W sumie, biorąc pod uwagę istotę, cele i charakter drugiej zimnej wojny między Rosją a Zachodem, można stwierdzić, że jest ona – mówiąc obrazowo – „matką wojny w Ukrainie". Ukraina ma bowiem kluczowe znaczenie dla powodzenia neoimperialnej polityki Rosji. Prozachodnia Ukraina przekreśla możliwość budowania rosyjskiej mocarstwowości metodą imperialną, tj. poprzez realizację konfrontacyjnej polityki wobec Zachodu. Bez Ukrainy konfrontacja polityczna

[6] Zob. m.in. *Disrupting Deterrence. Examining the Effects of Technologies on Strategic Deterrence in the 21st Century*, RAND, Santa Monica 2022, https://www.rand.org/content/dam/rand/pubs/research_reports/RRA500/RRA595-1/RAND_RRA595-1.pdf (dostęp: 4.08.2022).

z Zachodem nie miałaby szans. Dlatego celem politycznym Rosji w XXI w. stało się podporządkowanie sobie Ukrainy. Nie udało się to metodą wieloletniej presji polityczno-strategicznej i gospodarczej, a także ograniczonej agresji zbrojnej w 2014 r. Stąd też celem politycznym obecnej wojny było niewątpliwie wymuszenie zmiany prozachodniego kursu Ukrainy na co najmniej neutralny, a najlepiej jednoznacznie prorosyjski, przy równoczesnym poszerzeniu zdobyczy terytorialnych pierwszej wojny z 2014 r. w południowo-wschodniej Ukrainie, czyli mgliście określanej swego czasu przez Putina Noworosji zapewniającej lądową integrację Rosji ze strategicznie ważnym dla niej Krymem.

W podsumowaniu dodajmy, że agresja rosyjska na Ukrainę to integralny i szczytowy jak dotąd element neozimnowojennej konfrontacji w Europie. Teza ta jest zasadna, tym bardziej że w Ukrainie w istocie toczą się dwie wojny: bezpośrednia wojna zbrojna między Rosją a Ukrainą o swobodę strategiczną Rosji w jej rywalizacji z Zachodem oraz pośrednia, zastępcza, czyli *proxy war* między Zachodem a Rosją, w której Zachód nie walczy bezpośrednio z Rosją, ale wspiera Ukrainę, która z Rosją walczy.

Scenariusze ukraińskie i ich wpływ na środowisko bezpieczeństwa Polski

Wojna z Ukrainą nie przebiega zgodnie z rosyjskimi celami i planami. Putin już dwukrotnie musiał je poważnie korygować. Raz po spektakularnej katastrofie operacyjnej w bitwie o Kijów kończącej nieudany początkowy okres wojny. Jej rezultatem było wycofanie się spod Kijowa i przeniesienie punktu ciężkości wojny z frontu północnego na wschodni. Drugi raz po wykrwawieniu się w trakcie nieudolnie prowadzonej operacji w Donbasie z pyrrusowymi lokalnymi zwycięstwami terenowymi i zwłaszcza po klęsce zadanej Rosjanom przez armię ukraińską w spektakularnej kontrofensywie charkowskiej. Im dłużej trwa wojna, tym bardziej jej rezultat staje się niepewny. Gasną początkowe nadzieje Rosji na pełne zwycięstwo. Ukraina zaczyna myśleć o dalszym odbijaniu utraconych terytoriów.

Dzisiaj wciąż możliwe są trzy generalne scenariusze zakończenia lub wstrzymania wojny: zwycięstwo Rosji, wojna nierozstrzygnięta oraz zwycięstwo Ukrainy[7]. Od tego, który z tych scenariuszy się zrealizuje, zależą warunki bezpieczeństwa euroatlantyckiego, w tym oczywiście Polski. Jesienią 2022 r. wojna osiągnęła punkt krytyczny: każda opcja jej dalszego przebiegu stała się możliwa. Rosja wciąż może myśleć o pełnym, maksymalnym zwycięstwie, jakim byłoby dla niej rozbicie armii ukraińskiej na wschód od Dniepru, zabór i włączenie do Rosji terytoriów tzw. Noworosji (Donbas i cała południowa Ukraina z Odessą, być może

[7] Na ten temat także: S. Koziej, *The Russia-Ukraine War: Scenarios for Euroatlantic Security*, Geopolitical Intelligence Services, 22 lipca 2022 r., https://www.gisreportsonline.com/r/ukraine-war-escalation/ (dostęp: 28.10.2022).

także ziemie charkowskie) oraz obalenie władzy w Kijowie i podporządkowanie sobie polityczne pozostałej po takim zaborze Ukrainy (na podobieństwo Białorusi pod władzą Łukaszenki). Rosja być może mogłaby także zadowolić się bardziej ograniczonym zwycięstwem, ale chyba minimum to zdobycie i utrzymanie terytoriów Donbasu oraz lądowego pomostu na Krym w postaci zajmowanych obecnie regionów chersońskiego i zaporoskiego. Dla Ukrainy natomiast zwycięstwem w tej wojnie byłoby zapewne odrzucenie armii rosyjskiej na pozycje zbliżone do tych sprzed agresji z 24 lutego br. Przerwanie wojny jako nierozstrzygniętej musiałoby oznaczać jej zamrożenie mniej więcej wzdłuż linii frontu, ewentualnie z różnymi korektami terytorialnymi, być może także z uzgodnionym przez obie strony wprowadzeniem międzynarodowych sił rozjemczych.

Chociaż Rosja ma coraz większe trudności operacyjne, to scenariusz jej **pełnego zwycięstwa militarnego i politycznego podporządkowania sobie Ukrainy** jest wciąż możliwy. Zwłaszcza gdyby Putin zdecydował się na kontynuowanie realizowanej do tej pory eskalacyjnej metody prowadzenia wojny[8] i ogłoszenie Rosjanom przejścia od operacji specjalnej do stanu wojny obronnej, co dałoby formalne podstawy do powszechnej mobilizacji. Dzisiaj tego nie robi, ogłosił jedynie tzw. częściową mobilizację, bo obawia się wewnętrznego protestu społecznego. Ale może być do tego zmuszony przez niekorzystny rozwój operacji w Ukrainie. Prawdopodobieństwo takiego scenariusza wzrosło po włączeniu okupowanych terytoriów Donbasu oraz regionów chersońskiego i zaporoskiego do Rosji. Ofensywa ukraińska na tych terytoriach może być potraktowana jako dogodny dla Putina pretekst do ogłoszenia swojej obronnej… „wojny ojczyźnianej". Putin może także w tym celu wykorzystywać lub wręcz prowokacyjnie organizować różne ataki terrorystyczne na terytorium Rosji na podobieństwo podobnych prowokacji wykorzystanych do zbrojnej rozprawy ze zbuntowaną Czeczenią ponad dwie dekady temu.

Ogłoszenie stanu wojny obronnej pozwoliłoby Putinowi w wyniku przeprowadzenia powszechnej mobilizacji na odtworzenie strategicznych zdolności ofensywnych i po kilku miesiącach, np. na wiosnę przyszłego roku, przejście do kolejnej eskalacji dla osiągnięcia założonych celów wojny. Inną odmianą eskalacji w ramach „wojny obronnej" może być zastosowanie doktryny tzw. deeskalacji nuklearnej i selektywne, stopniowalne użycie taktycznej broni atomowej: najpierw ostrzegawcze (bez atakowania jakichkolwiek celów), potem uderzenie na ściśle ograniczone cele wojskowe i wreszcie na inne ważne obiekty strategiczne przeciwnika. Ukraina mogłaby nie wytrzymać takiej agresji nuklearnej i skapitulować, jak zszokowana Japonia po uderzeniach atomowych na Hiroszimę i Nagasaki.

---

[8] Więcej o rosyjskiej doktrynie eskalacyjnej w ogóle zob. *Escalation and Deescalation of Crises, Armed Conflicts, and Wars*, NDC, 22 marca 2022 r., https://www.ndc.nato.int/research/research.php?icode=751 (dostęp: 28.10.2022). Co do stosowania doktryny eskalacyjnej w Ukrainie także: S. Koziej, *Russia-Ukraine War: Scenarios*, Geopolitical Intelligence Services, 11 maja 2022 r., https://www.gisreportsonline.com/r/ukraine-war-escalation/ (dostęp: 28.10.2022).

Taki scenariusz jest prawdopodobny, zwłaszcza gdyby Zachód ani nie wykazał koniecznej woli politycznej i determinacji w polityce odstraszania, by powstrzymać Putina przed taką decyzją, ani nie zareagowałby zdecydowanym wsparciem obronnym Ukrainy już na pierwsze, ostrzegawcze użycie przez niego taktycznej broni atomowej. Myślę, że Zachód mógłby np. ostrzec Rosję, że w razie ataku nuklearnego na Ukrainę będzie zmuszony i zdecydowany przystąpić praktycznie do realizacji swoich zobowiązań ujętych w Memorandum Budapesztańskim i udzielić pełnego wsparcia obronnego Ukrainie[9]. Chociaż memorandum to jest w istocie już podeptane, ale mogłoby wciąż jeszcze służyć jako formalne uzasadnienie podjęcia nawet najbardziej zdecydowanych kroków we wsparciu obrony Ukrainy. Czy powstrzymałoby to Putina? Nie wiadomo. Widząc jego dotychczasowe skłonności do podejmowania decyzji wysokiego ryzyka, można wątpić. Wiadomo bowiem, że brak polityki deklaratywnej w odstraszaniu nuklearnym może tylko go zachęcać i popychać do wysoce ryzykownego postępowania.

Ewentualne zwycięstwo Rosji nad Ukrainą w takiej Putinowskiej odmianie „wojny ojczyźnianej", czy to w wersji konwencjonalnej, czy też z selektywnym użyciem taktycznej broni atomowej, oznaczałoby nie tylko klęskę Ukrainy, ale także przegraną Zachodu, w tym NATO, w *proxy war* z Rosją. Pokonana militarnie i ponownie okrojona terytorialnie Ukraina musiałaby na nowo określić się politycznie i organizacyjnie jako państwo z dużym prawdopodobieństwem zależne od Rosji (podobnie jak Polska po drugim rozbiorze w XVIII w.).

Rosja po wygranej wojnie w Ukrainie stałaby się jeszcze bardziej agresywna. W rezultacie totalnego zwycięstwa wzmocniłaby swoje możliwości dalszej konfrontacji z Zachodem. Rosjanie w euforii potęgi znosiliby wytrwale trudy konsekwencji sankcji, strategicznie Rosja zdominowałaby Morze Czarne, osłabiona Ukraina nie stanowiłaby już dla niej wyzwania politycznego i społecznego, a narzucone warunki pokojowe uczyniłyby ją niegroźną strategicznie. Co jest szczególnie niebezpieczne, Rosja uwierzyłaby w siłę swojej doktryny eskalacyjnej, zwłaszcza w siłę szantażu nuklearnego, jako że to głównie taki szantaż skutecznie mógłby powstrzymać Zachód przed silniejszym zaangażowaniem się we wspieranie Ukrainy i wykorzystaniem szansy na osłabienie, a nawet pokonanie Rosji w ukraińskiej wojnie. Wzmocniona zwycięstwem Rosja byłaby bardziej niż obecnie skłonna, po jakimś czasie potrzebnym na odbudowę swojego potencjału konwencjonalnego, zaryzykować przejście od odstraszającego szantażu do ofensywnej próby kolejnej „poprawy" swojego położenia strategicznego, tym razem w rejonie Bałtyku. Putin już wszakże jest zapatrzony w Piotra Wielkiego, a osłabiony Zachód kusiłby taką szansą.

Taka sytuacja możliwa jest oczywiście, pod warunkiem że Zachód nie byłby w stanie spójnie wystąpić przeciw Rosji, zwłaszcza w wyniku rozbieżności między

---

[9] *Memorandum on Security Assurances in Connection with Ukraine's Accession to the Treaty on the Non-Proliferation of Nuclear Weapons*, http://www.pircenter.org/media/content/files/12/13943175580.pdf (dostęp: 10.08.2022).

sojusznikami europejskimi i ostatecznie przegrałby *proxy war* w Ukrainie z Rosją. Rosja miałaby wtedy wyraźnie lepsze niż obecnie położenie strategiczne wobec NATO, zwłaszcza wobec państw wschodniej flanki. Zdecydowanie pogorszyłoby się przede wszystkim położenie strategiczne Polski i krajów bałtyckich.

Dla Polski szczególnie niebezpieczną mogłaby być pokusa wybicia sobie przez Rosję pomostu lądowego do Kaliningradu (na podobieństwo takiej pokusy wobec pomostu na Krym, która z pewnością była głównym zarzewiem drugiej agresji rosyjskiej na Ukrainę w 2022 r.). Wobec wstąpienia Szwecji i Finlandii do NATO walka o odzyskanie utraconej swobody dostępu do Bałtyku staje się dla Rosji jednym z najważniejszych priorytetów strategicznych. W ramach przygotowania do takiej operacji świat być może usłyszałby „odkrytą z archiwum rosyjskich prawdę", że Prusy Wschodnie przyznane zostały częściowo Polsce tylko pod warunkiem, że będzie przyjazna dla Rosji. Ponieważ Polska jest „niegrzeczna", to Putin w związku z tym uznaje za nieważną tamtą decyzję. Tym bardziej że Rosji należą się większe reparacje terytorialne za II wojnę światową od Niemców niż tylko Obwód Kaliningradzki. Dla Putina to żaden problem, skoro bez skrupułów uznał za błędne, bezprawne i nieważne nawet decyzje Lenina o utworzeniu Socjalistycznej Republiki Radzieckiej Ukrainy[10].

W sumie druga zimna wojna w kolejnych latach toczyłaby się w dużo mniej korzystnych warunkach dla Zachodu niż dotychczas. Zachód, który nie poradziłby sobie z zatrzymaniem Rosji w Ukrainie, byłby politycznie osłabiony, wewnętrznie sfrustrowany i skłócony. Najwięcej straciłoby NATO. Zaczęto by szukać winnego. Nastąpiłby poważny kryzys przywództwa w świecie Zachodu i konieczność poważnego przeorganizowania się, zwłaszcza w sprawach bezpieczeństwa. USA sfrustrowane dezorganizacyjną postawą sojuszników europejskich ponownie zaczęłyby tracić zainteresowanie wspieraniem bezpieczeństwa w Europie. Tym bardziej że w takiej sytuacji, po zwycięstwie Rosji nad Ukrainą i Zachodem, wzrosłyby z pewnością wyzwania wobec nich ze strony Chin w obszarze Indo-Pacyfiku.

Takie skutki totalnego zwycięstwa Rosji mogłyby być zredukowane bardziej zdecydowanym niż dotąd zaangażowaniem się Zachodu po stronie Ukrainy, w tym przejściem do działań kontreskalacyjnych w stosunku do eskalacyjnej praktyki wojennej Rosji. Dotyczy to np. wymuszającej, a nie tylko reaktywnej polityki sankcyjnej; w pełni nieograniczonego wsparcia zbrojeniowego (broń, amunicja, rakiety…); wysuniętej osłony i obrony przeciwrakietowej, przeciwlotniczej i przeciw dywersyjnej granicy NATO z Ukrainą oraz własnych ambasad, przedstawicielstw, środków pomocy humanitarnej, ekonomicznej, wojskowej przed ryzykami ich zagrożeń na terytorium Ukrainy itp. To mogłoby Rosję zatrzymać, a być może wymusić też deeskalację i ustępstwa w stosunku do jej maksymalnych ambicji.

---

[10] F. Hill, A. Stent, „The World Putin wants. How distortions about the past feed delusions about the future", *Foreign Affairs*, wrzesień/październik 2022 r., https://www.foreignaffairs.com/russian-federation/world-putin-wants-fiona-hill-angela-stent (dostęp: 11.08.2022).

Dużo mniejsze ryzyko pogorszenia warunków bezpieczeństwa na wschodniej flance NATO i UE, w tym ryzyko rosyjskiej agresji, byłoby w scenariuszu nierozstrzygniętej wojny w Ukrainie. Rosja bowiem musiałaby przez następne lata bez przerwy koncentrować swoją uwagę i wysiłek strategiczny w Ukrainie. Ale w ramach dalszej zimnej wojny z Zachodem mielibyśmy cały czas do czynienia z dużą niestabilnością strategiczną, a Rosja wciąż podtrzymywałaby groźbę takiej agresji jako jeden ze sposobów presji zwłaszcza na kraje wschodniej flanki NATO i UE, w tym na Polskę.

Szczególnie przydatny z punktu widzenia Rosji w neozimnowojennej konfrontacji w takich warunkach byłby z pewnością szantaż taktyczną bronią atomową, skoro sprawdziłby się on w Ukrainie, powstrzymując Zachód przed aktywną interwencją obronną. Niewątpliwie też w tym scenariuszu Rosja w większym stopniu stawiałaby na różne formy agresji skrytej, zakamuflowanej, pod „fałszywą flagą" (podprogowej, hybrydowej, w szarej strefie...). Ich siła z perspektywy rosyjskiej tkwi przede wszystkim w tym, że stwarzają one sytuacje trudno konsensusowe dla zbiorowych (kolektywnych) systemów bezpieczeństwa, czyli utrudniające uzyskanie konsensusu w ocenie zagrożeń i decyzjach dotyczących wspólnego reagowania na nie przez NATO i UE. To mógłby być główny rodzaj zagrożenia dla Polski w nadchodzących latach.

Można sobie wyobrazić ten scenariusz jako świadomy i uzgodniony przez obie strony wybór sposobu wyjścia z wojny, ale bardziej prawdopodobna wydaje się obiektywnie wymuszona wersja takiego pata strategicznego w wyniku wyczerpania strategicznego zarówno Rosji, jak i Ukrainy i utracenia możliwości przejęcia inicjatywy. W pierwszej wersji takiego scenariusza mielibyśmy do czynienia z politycznym poszukiwaniem warunków do przynajmniej czasowego rozejmu i uruchomienie zapewne długotrwałych negocjacji pokojowych z udziałem uzgodnionej strony trzeciej (stron trzecich). Mogłoby to być także nawet połączone po pewnym czasie z akceptowanym przez obie strony wprowadzeniem międzynarodowych sił rozjemczych i obserwatorów międzynarodowych w strefę styczności ich wojsk. Raczej pewna długotrwałość procesu negocjacyjnego sprawiłaby, że w istocie byłby to scenariusz zamrożonego konfliktu na podobieństwo sytuacji w Donbasie przed wojną, tylko że w dużo mniej korzystnej sytuacji dla Ukrainy, bo z pewnością obejmowałby także terytoria południowej Ukrainy, tj. części obwodów chersońskiego i zaporoskiego, czyli tzw. pomostu krymskiego, łączącego drogą lądową Krym z Rosją oraz dającego kontrolowanie przez Rosję Zbiornika Kachowskiego zapewniającego dostarczanie słodkiej wody z Dniepru na Krym (przez Kanał Północnokrymski).

Ale taki negocjacyjny wariant pata strategicznego, zakładający zgodę obu stron, wydaje się trudny do osiągnięcia i dużo mniej prawdopodobny. Po pierwsze, Putinowska Rosja nie musi być zainteresowana takim, w jej rozumieniu, kompromisem. Może preferować eskalację nad stagnacją wojenną, czyli podtrzymanie swojego pierwotnego celu, jakim jest zmuszenie Ukrainy do kapitulacji, niż tylko ograniczenie się do negocjowanie z nią zaboru jej części terytorium. Z kolei Ukraina dzisiaj, po zatrzymaniu rosyjskiego impetu ofensywnego i świadoma negatywnych doświadczeń z takiego właśnie przerwania wojny w 2014 r. i zdania się na negocjacje w ramach niesławnych już porozumień mińskich, woli nie iść taką ścieżką. Niejednokrotnie podkreślał to już prezydent Zełenski. Dlatego klasyczne zamrożenie konfliktu jest mało prawdopodobne. Bardzo możliwa jest natomiast po prostu wymuszona przez obiektywne słabości obu stron w wyniku wyczerpania wojną faktyczna stagnacja frontu. Ukraina może nie wytrzymać ciężaru wojny totalnej narzuconej przez Rosję, która w zbrodniczy wręcz sposób atakuje miasta, ludność cywilną, podstawową infrastrukturę, starając się w ten sposób niejako obejść („zbajpasować") armię ukraińską, z którą nie może sobie poradzić na polu bitwy i pokonać naród i państwo ukraińskie atakami bezpośrednimi na zapleczu. Z kolei Rosja wcześniej lub później zacznie odczuwać skutki zachodnich sankcji, rozkładu i „sprzętowego starzenia się" armii rosyjskiej oraz narastającego niezadowolenia społeczeństwa z kosztów niekończącej się wojny. Oba państwa mogą być więc zmuszone prowadzić działania na froncie w postaci „wojny pełzającej", lokalnie co jakiś czas wznawianej i znowu przerywanej. Taka wojna bez formalnego zakończenia może trwać latami, a nawet dekadami, jak np. wojna koreańska, która do dzisiaj formalnie nie jest zakończona.

W tego typu tzw. pełzającej wojnie Ukraina nie byłaby bez szans na lokalne sukcesy taktyczne, które mogłyby tworzyć podstawy do lepszej pozycji wyjściowej dla ewentualnych późniejszych rokowań rozejmowych i pokojowych. Scenariusz taki mógłby być tym bardziej prawdopodobny i dawać większe szanse na powodzenie Ukrainy, gdyby Zachód w swojej *proxy war* z Rosją przeszedł do strategii kontreskalacyjnej.

Stagnacyjna, tzw. pełzająca wojna w Ukrainie bez jej rozstrzygnięcia stanowiłaby poważne dodatkowe wyzwanie dla Zachodu. Dotyczy to szczególnie UE, która chce wszakże szybko przyjąć do swojego grona Ukrainę. Ale także dla NATO, dla którego stanowiłaby ona dużo większe niż dotychczasowy wschodni Donbas i Krym źródło wyzwań, ryzyk i zagrożeń dla bezpieczeństwa euroatlantyckiego. Rosja zaś miałaby nadal, chyba jeszcze silniejszy niż dotychczas, instrument manipulowania presją strategiczną na Zachód w drugiej zimnej wojnie.

Najkorzystniejsze warunki bezpieczeństwa euroatlantyckiego, w tym Polski, byłyby w scenariuszu przegranej Rosji i zwycięstwa wspieranej przez zachód Ukrainy[11]. Wówczas osłabiona politycznie, ekonomicznie i militarnie Rosja nie miałaby w zasadzie wiarygodnych możliwości nawet szantażowania NATO agresją zbrojną. W razie kontynuowania neozimnowojennego kursu politycznego wobec

[11] Ukraińskie szanse w wojnie z Rosją omawia D. Kuleba, „How Ukraine will win. Kyiv's theory of victory", *Foreign Affairs*, 17 czerwca 2022 r., https://www.foreignaffairs.com/articles/ukraine/2022-06-17/how-ukraine-will-win (dostęp: 12.08.2022).

Zachodu musiałaby ograniczyć się głównie do presji polityczno-strategicznej (wojny politycznej).

W tym scenariuszu zresztą wzrosłoby wyraźnie prawdopodobieństwo wielkiej strategicznej zmiany w polityce Rosji (wraz ze zmianą kierownictwa politycznego), czyli albo odejścia od antyzachodniej polityki neoimperialnej i obrania kursu kooperacji z Zachodem, albo przy utrzymywaniu kursu antyzachodniego wpadnięcie zupełne w strefę wpływów Chin[12]. Zatem pokonanie Rosji w Ukrainie zredukowałoby istotnie i na wiele lat zagrożenie z jej strony agresją zbrojną w Europie, w tym zagrożenie bezpośrednią agresją zbrojną na Polskę.

Warto jednak podkreślić, że w scenariuszu przegrywania wojny przez Rosję wyraźnie wzrosłoby ryzyko eskalacji tej wojny w działania z użyciem broni masowego rażenia, w tym z użyciem broni jądrowej[13]. Dotyczyłoby to chyba zwłaszcza powstrzymania ewentualnej utraty okupowanego pomostu lądowego na Krym, czyli całego wybrzeża na osi Mariupol–Chersoń. Sądzę, że gwarantowany dostęp lądowy do Krymu jest dla Rosji strategicznie najważniejszy w tej wojnie, ważniejszy niż polityczne potrzeby aneksji Donbasu, nawet tylko Donbasu wschodniego. Można wręcz sądzić, że Rosja gotowa byłaby przełknąć ewentualne ustępstwa w Donbasie, ale w obronie korytarza na Krym gotowa byłaby na wszystko, włącznie z ostrzegawczym, a może i realnym użyciem broni jądrowej. Wynika to z faktu, że Krym jest dla Rosji jednym z najważniejszych strategicznych punktów ciężkości, nie tylko jako baza operowania na Morzu Czarnym, ale też jako podstawa wyjścia na Morze Śródziemne i oceany światowe, nie mówiąc już o jego znaczeniu jako bazy nuklearnej.

Załamanie i maksymalne odrzucenie wspólnymi wysiłkami obronnymi Ukrainy i działaniami kontreskalacyjnymi Zachodu rosyjskiej agresji przyspieszyłoby strategiczne zbliżenie Ukrainy i Zachodu, umacniając wschodnią flankę NATO i UE. Jednocześnie osłabiłoby i poważnie oddaliło w czasie neoozimnowojenne wyzwania i zagrożenia ze strony Rosji, która na długo utraciłaby realne zdolności ofensywne. Pokonana Rosja musiałaby zmodyfikować swoje ambicje imperialne. Mogłoby to przyspieszyć zmiany polityczne wewnątrz Rosji.

Jedną ze szczególnie istotnych konsekwencji przegranej przez Rosję wojny w Ukrainie byłby ostateczny dowód na słabość konwencjonalnych sił rosyjskich[14]. Oznaczałoby to jednocześnie zwiększenie roli broni jądrowej w rosyjskiej strategii

[12] O ryzykach dla Rosji takiego scenariusza zob. np. D. Alperovitch, S. Radchenko, „Another Russia is possible. The Kremlin will eventually tire of its reliance on China", *Foreign Affairs*, 29 sierpnia 2022 r., https://www.foreignaffairs.com/russian-federation/another-russia-possible (dostęp: 12.08.2022).

[13] Na temat rosyjskich warunków i opcji użycia broni jądrowej w Ukrainie zob. np. S. Blank, *Russian Nuclear Strategy in the Ukraine War: An Interim Report*, National Institute for Public, 15 czerwca 2022 r., https://nipp.org/wp-content/uploads/2022/06/IS-525.pdf (dostęp: 16.08.2022).

[14] Więcej na ten temat: R. Dalsjö, M. Jonsson, J. Norberg, *A Brutal Examination: Russian Military Capability in Light of the Ukraine War*, IISS, 9 czerwca 2022 r., https://www.iiss.org/-/media/files/publications/survival/2022/junejuly/64-3-02-dalsj-jonsson-and-norberg.pdf?la=en&hash=E4A01B11BAC8763741F4F552AC105E97A0F74209 (dostęp: 16.08.2022).

dalszej konfrontacji z Zachodem. Druga zimna wojna stałaby się bardziej nuklearna niż przed wojną w Ukrainie. Wymagałoby to istotnego uaktualnienia strategii nuklearnej NATO, zwłaszcza w odniesieniu do niestrategicznej broni nuklearnej.

W sumie każda z powyższych opcji zakończenia lub przerwania wojny generuje oczywiście inny scenariusz powojennej rywalizacji między Rosją a Zachodem. Zwycięstwo Rosji nad Ukrainą stwarzałoby największe bezpośrednie zagrożenia dla Zachodu, w tym w pierwszej kolejności dla krajów Europy Środkowej i Wschodniej. Wojna nierozstrzygnięta, zamrożona to przede wszystkim wyzwanie: jak dalej radzić sobie z ryzykami wznowienia przez Rosję agresji strategicznej. Zwycięstwo Ukrainy z kolei dawałoby szansę na definitywne pokonanie Putinowskiej Rosji. Możemy zatem mówić o scenariuszach: zagrożeń, wyzwań i szans.

Wnioski z rozpatrywanych „scenariuszy ukraińskich" dla bezpieczeństwa w Europie, w tym dla polskiej obronności, wskazują przede wszystkim, że dwa pierwsze scenariusze – świadomie eskalacyjny ze strony Rosji i wymuszony na obu stronach scenariusz stagnacyjny – wydają się równie prawdopodobne, a najmniej prawdopodobny jest scenariusz trzeci, czyli zupełnej klęski militarnej Rosji. Po drugie, niezależnie od scenariusza trwająca już obecnie druga zimna wojna między Rosją a Zachodem po wojnie w Ukrainie będzie z pewnością kontynuowana. Bardzo małe są szanse, aby Rosja zmieniła swój antyzachodni neoimperialny kurs polityczny i tym samym, aby warunki polskiej obronności istotnie zmieniły się na lepsze. Przy zwycięstwie Rosji z pewnością nastąpiłoby ich radykalne pogorszenie. Dotyczy to wszystkich czterech poziomów możliwych zagrożeń dla bezpieczeństwa Polski w warunkach drugiej zimnej wojny, czyli:

- codziennej, bieżącej presji polityczno-strategicznej, głównie w wymiarze informacyjnym (z elementami cyberagresji), gospodarczym i wojskowym, włącznie z prowokacyjnymi incydentami granicznymi w powietrzu, na morzu i lądzie oraz z szantażowaniem groźbą agresji zbrojnej;
- agresji podprogowej (skrytej, zakamuflowanej interwencji zbrojnej) – z wykorzystaniem dywersji informacyjnej oraz działań zbrojnych grup niepaństwowych (pod „fałszywą flagą"), które mogłyby stwarzać sytuacje trudnokonsensusowe dla uruchomienia wsparcia sojuszniczego;
- agresji ograniczonej z zamiarem błyskawicznego osiągnięcia selektywnych celów (np. lądowego pomostu do Kaliningradu) metodą faktów dokonanych (taktyka salami) pod parasolem szantażu taktyczną bronią atomową (doktryna deeskalacji nuklearnej), co mogłoby oznaczać dojście do progu wojny nuklearnej, z ryzykiem sparaliżowania większej reakcji NATO;
- wojny na pełną skalę Rosji z NATO, z użyciem broni jądrowej włącznie, w której Polska byłaby znowu, jak w wojnach XX w., głównym polem bitwy.

Podsumowując rozważania, wypada stwierdzić, że na pierwszym z powyższych poziomów konfrontacji neozimnowojennej już się znajdujemy. Bardzo duże jest ryzyko zagrożeń z drugiego poziomu, tj. agresji podprogowej (skrytej, zakamuflowanej), mogą one w praktyce wystąpić w każdej chwili już podczas wojny rosyjsko-ukraińskiej (np. atak dywersyjny pod „fałszywą flagą" na obiekty hubu pomocowego dla Ukrainy).

Co do otwartej agresji ograniczonej to jej prawdopodobieństwo obecnie, w czasie wojny rosyjsko-ukraińskiej, jest dużo mniejsze, ale po zakończeniu tej wojny – zwłaszcza gdyby była ona dla Rosji zwycięska, a nawet tylko nierozstrzygnięta – prawdopodobieństwo takiego zagrożenia będzie z biegiem czasu coraz bardziej wzrastać. Ponieważ agresja ograniczona jest dla Polski bardzo niebezpieczna w swoich potencjalnych skutkach z uwagi na wywołanie przez nią sytuacji trudno konsensusowej w NATO, to scenariusz ten powinien – moim zdaniem – być brany pod uwagę jako podstawowy do przygotowań obronnych w warunkach członkostwa w NATO. Tym bardziej że jego konsekwencje, po ewentualnych negocjacjach o wstrzymaniu wojny zmierzającej ku wojnie nuklearnej, mogłyby być bardzo poważne, włącznie z utratą części terytorium Polski.

Priorytety doskonalenia obronności RP

Ponieważ wojna w Ukrainie na długo ukształtuje środowisko bezpieczeństwa Polski, dlatego wnioski z niej powinny być jednym z najważniejszych zbiorów wskazówek dotyczących kierunków i sposobów doskonalenia polskiej obronności w nadchodzących latach[15]. Nie idzie tu jednak o mechaniczne i reaktywne, niejako odruchowe, przenoszenie, (tzw. metodą kopiuj–wklej) bieżących doświadczeń z trwających w Ukrainie działań wojennych do decyzji dotyczących rozwoju Wojska Polskiego, jak to często czyni się obecnie. Powinny to być wnioski wynikające z analizy strategicznej uwzględniającej doświadczenia z wojny w Ukrainie, ale w kontekście perspektywy przyszłościowej, już powojennego środowiska bezpieczeństwa oraz możliwych rodzajów i sposobów prowadzenia działań wojennych w warunkach Polski, w tym Polski jako członka NATO i UE. Tak rozumiane wnioski można ująć w dwóch grupach: wykorzystywania szans, jakie daje nam członkostwo w NATO, UE i partnerstwa strategiczne (zwłaszcza z USA) oraz sprostania wyzwaniom i unikania (minimalizowania) ryzyk dotyczących doskonalenia własnego, narodowego systemu obronności.

Warto podkreślić, że w strategii obronności Polski **zewnętrzne filary bezpieczeństwa** (członkostwo w NATO i UE, partnerstwa) powinniśmy traktować jako szanse, a nie jako gwarancje obronne. Jak silnie te filary będą wzmacniać naszą obronność, zależy od tego, czy potrafimy te szanse dobrze zidentyfikować w kontekście polskich interesów bezpieczeństwa i w pełni je wykorzystać. W kontekście skutków wojny rosyjsko-ukraińskiej można sformułować kilka dzisiaj

[15] Na ten temat zob. także: S. Koziej, *Wojna w Ukrainie a obronność Polski*, WCN, 15 sierpnia 2022 r., https://wszystkoconajwazniejsze.pl/prof-stanislaw-koziej-obronnosc-polski/ (dostęp: 17.08.2022).

najważniejszych zadań polskiej polityki obronnej w wymiarze zewnętrznym, tj. formułowania naszych oczekiwań wobec sojuszników, przedstawiania projektów wspólnych działań oraz przekonywania do ich realizacji.

Pierwszym takim zadaniem jest presja na przyjęcie w sojuszach zachodnich strategii powstrzymania i osłabiania Rosji w Ukrainie, tak aby nie mogła tam zwyciężyć. To oczywiste, bo jej zwycięstwo dramatycznie pogorszyłoby warunki bezpieczeństwa w Europie, a zwłaszcza naszego bezpieczeństwa. W perspektywie należałoby wypracować i wdrożyć formułę szczególnego partnerstwa obronnego NATO z Ukrainą, z gwarancjami sojuszniczego wsparcia obronnego w razie jakiejkolwiek agresji. Punktem odniesienia może być choćby wola NATO wspierania obrony Szwecji i Finlandii jeszcze przed sfinalizowaniem ich akcesji do sojuszu[16].

Wobec dezintegracyjnego oddziaływania na spoistość sojuszniczą neozimnowojennych metod konfrontacji (w tym rosyjskich operacji dezinformacyjnych) zabiegać należy o usprawnienie pokonywania progu konsensusu decyzyjnego w NATO i UE. Idzie o budowanie zaufania i wiarygodności we wzajemnych relacjach, wzmocnienie kompetencji organów sojuszniczych (sekretarza generalnego NATO i dowódcy operacyjnego) w zakresie szybkiego reagowania w sytuacji zagrożenia, przechodzenie od ogólnych planów ewentualnościowych do bardziej konkretnych planów obronnych zawczasu desygnowanymi siłami do ich realizacji itp. Wskazane byłoby też zabieganie o przyjęcie doktryny uprzedzającego, a nie tylko reaktywnego użycia Sił Odpowiedzi NATO, tak aby rozwijane były w razie oceny nadchodzącego kryzysu, a nie tylko w reakcji na kryzys już zaistniały (można byłoby ją określić doktryną kontrkryzysową, a nie tylko antykryzysową).

Aby przeciwdziałać rosyjskiej strategii osiągania celów wojennych metodą faktów dokonanych, należy wzmocnić wspólne zdolności przeciwzaskoczeniowe. Narodowe służby wywiadowcze i kontrwywiadowcze oraz sojusznicze organy analiz wywiadowczych powinny mieć priorytet w programach rozwoju zdolności obronnych. Nie dać się zaskoczyć – to dla państwa granicznego NATO i UE, jakim jest Polska, jeden z najważniejszych strategicznych interesów w dziedzinie bezpieczeństwa. Powinniśmy robić wszystko, aby nasze zewnętrzne filary, NATO i UE, też priorytetowo traktowały ten problem.

Wojna w Ukrainie pokazuje skuteczność rosyjskiego szantażu nuklearnego, paraliżującego swobodę strategiczną Zachodu. Dlatego w naszym najżywotniejszym interesie jest uadekwatnienie sojuszniczego odstraszania nuklearnego (zwłaszcza na poziomie taktycznej broni atomowej) jako odpowiedzi na rosyjską doktrynę deeskalacji nuklearnej[17]. Problemem otwartym staje się zakres polskiego udziału

---

[16] Zob. *Jens Stoltenberg: jeśli Szwecja zostanie zaatakowana, NATO nie pozostanie bierne*, PAP, 13 czerwca 2022 r., https://www.pap.pl/aktualnosci/news,1247429,jens-stoltenberg-jesli-szwecja-zostanie-zaatakowana-nato-nie-pozostanie (dostęp: 28.10.2022).

[17] Warto zauważyć, że w tym kierunku idą zmiany w strategii obronnej USA, które powinniśmy wspierać. Zob. *2022 National Defense Strategy of the United States of America. Including 2022 Nucle-*

w natowskim programie *nuclear sharing*, włącznie z rozważeniem problemu ewentualnego włączenia polskich najnowocześniejszych samolotów do sojuszniczej puli środków podwójnego przeznaczenia (zdolnych do przenoszenia broni jądrowej), a także nawet opcji stacjonowania w Polsce sojuszniczej broni jądrowej.

Jako państwo graniczne NATO musimy optować za rozwinięciem wysuniętej obrony na wschodniej flance sojuszu. Dla zapewnienia ciągłości strategicznej takiej obrony należałoby dążyć, aby około ⅓ sił desygnowanych do obrony w pierwszym rzucie strategicznym przebywała na stałe na wschodniej flance, kolejna ⅓ operowała w zwiększonej gotowości „manewrowej" (uczestniczyła w różnych ćwiczeniach i manewrach), a ⅓ odtwarzała i podtrzymywała zdolności w garnizonach. Dodajmy, że równie ważnym dla obrony wschodniej flanki zadaniem jest poprawianie infrastruktury na rzecz mobilności strategicznej, zwłaszcza na liniach zachód–wschód (wojskowe Schengen)[18].

Nie trzeba zaznaczać, że warunkiem podstawowym skuteczności w wykorzystywaniu szans obronnych przez wzmacnianie zewnętrznych filarów bezpieczeństwa jest nasza pozycja w sojuszach i stosunki z sojusznikami. Jak wiadomo, mówiąc oględnie, nie jest z tym najlepiej[19] i tak naprawdę nową politykę obronną w wymiarze zewnętrznym należałoby rozpocząć od naprawy tych relacji.

W sumie w zewnętrznej polityce obronnej najważniejsze jest umacnianie obecności w zachodnich strukturach bezpieczeństwa oraz wiarygodności i podmiotowości strategicznej Polski na arenie międzynarodowej. Musimy zatrzymać i odwrócić ryzyka peryferyzacji Polski w zachodnim systemie politycznym, by nie dopuścić do znalezienia się w szarej strefie bezpieczeństwa europejskiego. Na tym polu polityka bezpieczeństwa, w tym obronna, wymaga zdecydowanego wysiłku. Idzie w szczególności o uzyskanie sprawczości w kreowaniu sojuszniczych strategii i rozwiązań operacyjnych zwłaszcza w dwóch obszarach: odstraszanie przed agresją podprogową i ograniczoną, w tym zneutralizowanie rosyjskiej doktryny deeskalacji nuklearnej; gotowość i zdolność sojusznicza do reagowania w sytuacjach trudnokonsensusowych w warunkach agresji podprogowej i ograniczonej, w tym także reagowania wyprzedzającego w stosunku do eskalacji kryzysu poprzedzającego agresję.

---

ar Posture Review and the 2022 Missile Defense Review, U.S. Department of Defense, October 2022, https://media.defense.gov/2022/Oct/27/2003103845/-1/-1/1/2022-NATIONAL-DEFENSE-STRATEGY-NPR-MDR.PDF (dostęp: 28.10.2022).

[18] O szerszych wstępnych wnioskach dla NATO z wojny w Ukrainie zob. m.in.: F.D. Kramer, B. Pavel, *NATO Priorities: Initial Lessons from the Russia-Ukraine War*, Atlantic Council, 13 czerwca 2022 r., https://www.atlanticcouncil.org/in-depth-research-reports/issue-brief/nato-priorities-initial-lessons-from-the-russia-ukraine-war/ (dostęp: 23.08.2022). Także: *War in Europe: Preliminary Lessons. NDC Research Paper*, maj 2022 r., https://www.ndc.nato.int/download/downloads.php?icode=767 (dostęp: 23.08.2022).

[19] Negatywnym przykładem może być choćby bardzo agresywna publiczna retoryka antyniemiecka polskiego rządu. Zob. np. *Mariusz Błaszczak: „Polityka Niemiec jest bardzo niebezpieczna dla Europy"*, PAP, 28 sierpnia 2022 r., https://www.pap.pl/aktualnosci/news,1409274,mariusz-blaszczak-polityka-niemiec-jest-bardzo-niebezpieczna-dla-europy (dostęp: 30.08.2022).

Jeśli idzie o wewnętrzny, narodowy wymiar polskiej polityki i strategii obronności, to z racji granicznego położenia Polski na pierwszym miejscu wypada wymienić wymagania dotyczące uniknięcia zaskoczenia: strategicznego – wojną w ogóle i jej skalą oraz operacyjnego – rodzajem i metodą agresji, a także taktycznego – jej czasem i miejscem. To oznacza konieczność nielimitowanego wręcz inwestowania w wywiad i kontrwywiad oraz wszelkie rodzaje rozpoznania wojskowego.

Drugim wyzwaniem jest zapewnienie gotowości i zdolności do szybkiego reagowania, z możliwością uprzedzającego reagowania na wykryte zagrożenia i jak najszybszego wciągnięcia sojuszu w reagowanie obronne. To wymaga, równolegle ze zwiększaniem zdolności przeciwzaskoczeniowych, rozwijania wojsk specjalnych oraz manewrowości, zwłaszcza powietrznej (śmigłowce), wybranych formacji szybkiego reagowania.

Szczególnie ważnym wyzwaniem jest zapewnienie gotowości i zdolności do samodzielnej obrony w razie trudności w uruchomieniu reagowania sojuszniczego (sytuacje trudno konsensusowe). W takich warunkach podstawowym wymaganiem jest, aby jak najdłużej nie dać się rozbić militarnie, by zyskać czas na reakcję sojuszniczą. Wymaga to rozważnego i właściwego rozstrzygnięcia w koncepcji obronnej wielu dylematów politycznych i strategicznych dotyczących czynników siły, czasu i przestrzeni, w tym takich kwestii, jak: obrona głęboka czy frontalna, pozycyjna czy manewrowa; ruch poru na tyłach agresora – powszechny (na bazie WOT) czy profesjonalny (na bazie Wojsk Specjalnych)?

W rozwoju sił zbrojnych konieczne jest kierowanie się priorytetem jakościowym, a nie ilościowym. W tej chwili istnieje ryzyko pogorszenia jakości wojska wobec wzrostu nakładów o ⅓ (z 2,2 do 3% PKB), a planowanej wielkości sił zbrojnych ponad dwukrotnie (do 300 a nawet 400 tys.).

Uporządkować należy strategię modernizacji technicznej. Obecnie sprawia wrażenie ruchów *ad hoc*, decyzji nieopartych na systemowych analizach strategicznych, a będących raczej prostym echem bieżących zdarzeń operacyjnych na polach bitew w Ukrainie. To nie jest dobra metoda realizacji zadań o charakterze strategicznym, jakim jest wieloletni rozwój sił zbrojnych. Potrzebne priorytety modernizacji technicznej to: środki walki niekinetycznej/informacyjnej (środki wywiadu i rozpoznania, w tym satelitarne, cyberbroń, środki walki radioelektronicznej); środki rażenia (obrona powietrzna, przeciwpancerna, drony, broń precyzyjna dalekiego zasięgu – rakietowa, lotnicza i artyleryjska); środki manewru i uderzenia (śmigłowce, czołgi, bojowe wozy piechoty).

Zadaniem wyjątkowo pilnym i zaniedbanym jest organizacja sytemu przygotowania i utrzymywania rezerw w warunkach armii zawodowej, w tym tworzenie formacji wojsk rezerwowych. Do tego powinny być wykorzystane zarówno doświadczenia z tworzenia Wojsk Obrony Terytorialnej, włącznie z przekształceniem części jednostek WOT w formacje wojsk rezerwy, jak i szanse stwarzane przez wprowadzoną ostatnio ochotniczą służbę zasadniczą. Nie powinno się żołnierzy tej służby włączać do uzupełniania etatów jednostek operacyjnych, bo to jest proste powielanie poważnego błędu popełnionego z Narodowymi Siłami Rezerwowymi (NSR), który prowadzi wprost do pogorszenia jakości wojsk operacyjnych. Służbę żołnierzy ochotniczej służby zasadniczej należy wykorzystać do tworzenia armii rezerwowej (jakiej nie posiadamy) w postaci formacji (oddziałów, związków taktycznych) rezerwowych różnych rodzajów wojsk i służb o różnym charakterze oraz stopniu rozwinięcia (formacje szkolne, skadrowane, zalążkowe itp.).

W sumie w wewnętrznym wymiarze polityki i strategii obronności najważniejsze jest zbudowanie zintegrowanego, wielodomenowego systemu bezpieczeństwa państwa, strategicznie odpornego na różne formy neozimnowojennej presji i agresji (podprogowej/hybrydowej, ograniczonej i na pełną skalę), w tym zdolnego do jego obrony zarówno w warunkach sojuszniczych, jak i samodzielnie. Zdolności do samodzielnej obrony widzieć należy przede wszystkim w kontekście potrzeby zyskania czasu koniecznego na zorganizowanie pełnej kontrakcji sojuszniczej, zwłaszcza w razie agresji z zaskoczenia. Ale w dalszej perspektywie strategicznej musimy także brać pod uwagę ewentualność wymuszonej samowystarczalności (autarkii) strategicznej, w tym zupełnie samodzielnej obrony w razie sparaliżowania lub wręcz rozpadu kolektywnego systemu bezpieczeństwa w Europie. Na dzisiaj, w perspektywie dekady, raczej nie ma potrzeby podejmowania praktycznych i kosztownych kroków na taką ewentualność (rozpadu kolektywnego systemu bezpieczeństwa), ale analitycznie, koncepcyjnie i planistycznie powinniśmy taką ewentualność także uwzględniać w narodowym planowaniu obronnym.

Jeśli idzie o rozwój sił zbrojnych, to najważniejsze jest kierowanie się paradygmatem jakościowym, a nie ilościowym (co niestety ma miejsce), traktując priorytetowo – jako państwo graniczne NATO i UE – zdolności przeciw-zaskoczeniowe oraz reagowania w sytuacjach trudno konsensusowych (uznając to wręcz za polską specjalizację w NATO i UE).

I na koniec, myślę, że warto poddać pod dyskusję zupełnie nową tezę: Polski nie stać, by w dziedzinie tradycyjnego potencjału strategicznego mogła być mocarstwem zdolnym do samodzielnego – w razie ewentualnej takiej konieczności – lub przynajmniej w miarę samodzielnego odstraszania nuklearnej Rosji. Ale sądzę, że mogłaby mieć taką szansę, gdyby zdecydowała się na strategię przeskoku pokoleniowego, generacyjnego i maksymalnie zainwestowała w to, by zostać równorzędnym dla innych... cybermocarstwem. Cyberzdolności, sztuczna inteligencja, perspektywiczne przełomowe technologie postrzegane są coraz bardziej jako decydujące czynniki siły w przyszłości, konkurencyjne dla obecnych jej wektorów, w tym też nuklearnego. Myślę więc, że szansa na „polską cybermocarstwowość" jest problemem wartym szerzej analizy pod kątem przyszłościowych warunków bezpieczeństwa oraz polskich potrzeb i możliwości w tym względzie.

* * *

Obecna wojna w Ukrainie niezależnie od tego, jak się zakończy, z pewnością zmieni strategiczne środowisko bezpieczeństwa euroatlantyckiego, zwłaszcza w regionie Europy Środkowej i Wschodniej. Nic już nie będzie tak, jak było przed nią. Po okresie pozimnowojennego odprężenia pozostaną już tylko dawne, a nawet bardzo dawne wspomnienia. Nowa, druga zimna wojna między Rosją a Zachodem stanie się twardą rzeczywistością. Jaki będzie jej charakter, jak silne będą rosyjskie zagrożenia w Europie, w tym dla Polski, w decydującym stopniu zależy od przebiegu i rezultatu wojny w Ukrainie. Są szanse, by Ukraina swojej wojny obronnej nie przegrała i obroniła swoją polityczną przyszłość. Możliwe pozytywne scenariusze w dużym stopniu zależą jednak od rodzaju i skali zaangażowania Zachodu w jej wspieranie. Aby tak się stało, Zachód musi mieć pełną świadomość, że wspieranie Ukrainy to nie jest działalność „charytatywna", to bardzo praktyczne działanie we własnym interesie bezpieczeństwa.

Rozdział 4

Bezpieczeństwo Polski po agresji Rosji na Ukrainę. Aspekt sojuszniczy

Robert Kupiecki

Zbrojna agresja Rosji przeciwko Ukrainie z 24 lutego 2022 r. przekształciła konflikt trwający od przełomu 2013 i 2014 r. (aneksja Krymu i wsparcie dla separatyzmu w Donbasie) w otwartą wojnę międzypaństwową. Pierwszą po II wojnie światowej, rozgrywającą się u granic NATO, Unii Europejskiej i Polski oraz angażującą bezpośrednio atomowe supermocarstwo. Wydarzenia wojenne i prawo międzynarodowe jednoznacznie rozpisało w niej role agresora i zbrodniarza (Rosja) oraz ofiary (Ukraina). Przebieg i rozstrzygnięcie konfliktu będą długofalowo oddziaływały na bezpieczeństwo naszego państwa. Skuteczny opór narodu ukraińskiego w obronie własnej niepodległości i straty zadawane agresorowi na dłuższy czas ograniczą potencjał ofensywny Moskwy. Choć wynik wojny jest jeszcze nieznany[1], to sukces Ukrainy – wspartej przez Zachód – nie jest wykluczony. Jego miarą będzie obronienie integralności terytorialnej państwa i trwałe osłabienie Rosji[2]. W warunkach „wojny u bram" testowi poddawane są też działania zachodniego systemu współpracy gospodarczej i obronnej. W zgodnych ocenach strategicznych NATO i Unii Europejskiej tocząca się wojna jest największym zagrożeniem bezpieczeństwa w Europie od 1989 r.

Heroizm Ukraińców, kompetentnie kierowanych przez prezydenta Władimira Zełenskiego i jego ludzi, daje Polsce i wspólnocie Zachodu czas na korektę polityk obronnych. Wnioski płynące z tego konfliktu nie mogą być jeszcze pełne, ale kilka można już wstępnie sformułować.

---

[1] Wstępna analiza przyczyn i przebiegu konfliktu, zob. „Agresja Rosji na Ukrainę. Raport specjalny", *Rocznik Strategiczny* 2021/22, s. 29–65.

[2] Rozważania nt. pojęcia zwycięstwa (sukcesu) wojennego zob. R. Kupiecki, „Wars of the West. Conflicts with no victory", w: M. Madej (red.), *Western Military Interventions After the Cold War. Evaluating Wars of the West*, Roultedge, London 2019, s. 169–187.

1. Wiarygodne demokratyczne przywództwo państwa ma zdolność mobilizowania społeczeństwa oraz wzmacniania woli oporu i walki. Siła przykładu dawanego w konkretnych sytuacjach utrwala zaufanie do rządzących.
2. Przywódcy zdolni do poprawnego odczytania rzeczywistości, wyciągania wniosków z porażek oraz wdrożenia stosownych środków zaradczych są w stanie we względnie krótkim czasie jakościowo poprawić zdolności obronne państwa. Ukraińskie wojsko w 2014 r. praktycznie bez walki oddało część suwerennego terytorium, nie mając faktycznej zdolności do obrony kraju. Jego korpus oficerski w wielu wypadkach nie przeszedł próby lojalności. W ciągu ośmiu kolejnych lat armia stała się siłą, która postawiła skuteczny opór najeźdźcy, a godna podkreślenia jest wysoka operacyjna i taktyczna kompetencja dowódców oraz wyszkolenie i morale żołnierzy.
3. Nikt nie wystąpi w obronie państwa, które nie ma woli samoobrony. Zachodnia pomoc wojskowa, finansowa i materialna wynika wprost ze skuteczności ukraińskiego oporu, obok zasad i interesów, na których opiera się wsparcie „wolnego świata" dla Ukrainy.
4. Długotrwała obrona przed silniejszym agresorem wymaga zewnętrznego wsparcia dla ofiary agresji. Sprzyja jej jakość relacji wypracowanych z potencjalnymi dawcami pomocy. Przypomina to, iż polityka zagraniczna i bezpieczeństwa polega nie na gestach i symbolach, lecz na kompetentnym (ludzie, środki i dobrze zorganizowane działania), a w ostatecznym rozrachunku weryfikowalnym przez efekty (zatem realistycznie planowanym i wykonywanym) rozgrywaniu własnych interesów.

Wszystkie te lekcje mają zastosowanie także jako materiał do refleksji dla sąsiadów Ukrainy, zwłaszcza tych, których przywódcy nie doceniają wagi szerokiej legitymizacji społecznej czy dobrych relacji ze wspólnotą, z której wyrasta ich rzeczywista siła. Polska polityka bezpieczeństwa od ponad dwóch dekad jest silnie osadzona w potędze wspólnoty zachodniej. W warunkach wojny u granic niesie to państwu tak potrzebne gwarancje i solidarność, lokując jego wsparcie dla Ukrainy w szerszym spektrum polityki Zachodu. Stwarza też władzom warunki dla poprawnego odczytania sytuacji, zdefiniowania interesu narodowego oraz umiejętnych działań dla jego realizacji w kraju i zagranicą. Członkostwo w NATO i Unii Europejskiej zwiększa bezpieczeństwo Polski proporcjonalnie do politycznej solidarności i synergii wysiłków państw członkowskich. Słabłoby jednak bez zasadniczej wspólnoty wartości (demokracja, praworządność, partnerstwo niewykluczające różnic oraz doceniające kompromisy), wykazywanej w praktyce ich polityk zagranicznych.

Rosyjska agresja w Ukrainie i reakcja Zachodu

Szok wywołany agresją został spotęgowany odrażająco niehumanitarnym sposobem jej prowadzenia przez Rosję. Odmierzają go zbrodnie na ludności cywilnej, grabieże mienia, gwałty na kobietach i dzieciach, okrutne traktowanie jeńców, użycie artylerii i rakiet przeciwko oznakowanym celom cywilnym oraz infrastrukturze ukraińskich miast i miasteczek, a także szantaż nuklearny. Wojna i zbrodnie w Ukrainie oraz zabory suwerennych terytoriów tego państwa[3] powiązane zostały z szeregiem wrogich działań Moskwy skierowanych przeciwko Zachodowi, politycznie, gospodarczo i wojskowo wspierającemu rząd w Kijowie. Przybrały formę agresji dezinformacyjnej[4], aktywizacji własnej agentury, rzesz „pożytecznych idiotów" i agentury wpływu w środowiskach opiniotwórczych, decydenckich i kręgach gospodarczych państw zachodnich[5]. Moskwa posunęła się także do szantażu gospodarczego, w tym odmowy dostaw węglowodorów. W warunkach uzależnienia od nich wielu państw zachodnich i nadchodzącej zimy spowodowało to braki surowców energetycznych. Weaponizacja przesyłu ropy, węgla i gazu ziemnego stanowi rosyjską grę na pogłębienie kryzysu gospodarczego i wywołanie niepokojów w społeczeństwach przyzwyczajonych do pełnego zaspokojenia potrzeb energetycznych. Wszystko to ma na celu zmiękczenie rządów zachodnich, osłabienie solidarności i wywołanie podziałów skutkujących odmową wsparcia Ukrainy lub usankcjonowaniem rosyjskich zdobyczy terytorialnych za cenę zawieszenia walk, odwieszenia dostaw (i w domniemaniu – powrotu do polityczno-gospodarczego *business as usual*).

Takie działania mają swój doraźny wojenny kontekst, ale trzeba pamiętać o ciągłości rosyjskich wysiłków, prowadzonych od dekad celem osłabienia spójności UE i NATO oraz wypchnięcia wojsk USA z Europy. Wymagało to dzielenia sojuszników, unikania przez Rosję rozwiązań wielostronnych, bilateralizacji kontaktów z państwami zachodnimi oraz oddziaływanie na ich procesy decyzyjne[6]. Osłabianie zachodniego multilateralizmu gospodarczego i obronnego wyrażało się także w forsowaniu przez Moskwę planów nowej architektury bezpieczeństwa międzynarodowego. Ich kolejne mutacje zawsze jednak zawierały dwa postulaty o strategicznej doniosłości: rozwiązania NATO (lub neutralizacji militarnej sojuszu)[7]

---

[3] Częściowo odbitych wskutek sierpniowo-wrześniowej sprawnej kontrofensywy sił ukraińskich.

[4] Zob. R. Kupiecki, F. Bryjka, T. Chłoń, *Dezinformacja międzynarodowa. Pojęcie, rozpoznanie, przeciwdziałanie*, Wydawnictwo Naukowe Scholar, Warszawa 2022.

[5] Z braku lepszego terminu można to zobrazować pojęciem operacji hybrydowej jako kumulacji zespołu wielodomenowych niemilitarnych środków oddziaływania i gróźb o charakterze wojskowym.

[6] R. Kupiecki, „Western betrayal. The Founding myth of Russian foreign policy", w: A. Legucka, R. Kupiecki (red.), *Disinformation, Narratives and Memory Politics in Russia and Belarus*, Routledge, London 2022, s. 43–58.

[7] Czego Rosja domagała się do ostatniej chwili przed agresją przeciw Ukrainie. Jej żądania traktatowych gwarancji wysunięte w grudniu 2021 r. zob. www.mid.ru/ru/foreign_policy/rso/nato/1790818/?lang=en (dostęp: 8.06.2022). Odpowiedzi NATO i USA zob. www.elpais.com/infografias/2022/02/respuesta_otan/respuesta_otan_eeuu.pdf (dostęp: 8.06.2022).

i powołania nowych instytucji pozycjonujących Rosję jako decydenta i gwaranta bezpieczeństwa europejskiego[8]. Nigdy nie zostały one zrealizowane. Niemniej jednak Zachód poświęcił wiele ze swojego realnego potencjału, by poprzez samoograniczenia polityczne i wojskowe (nieskutecznie) zbudować przekonanie, iż nie stanowi zagrożenia dla Rosji[9]. Sprawa ta w ostatnich dwóch dekadach polaryzowała stanowiska państw NATO, gdzie zwłaszcza ze strony nowych sojuszników pojawiały się wielokrotnie ostrzeżenia przed rzeczywistymi intencjami Rosji oraz krytyka nieadekwatności sojuszniczej polityki odstraszania, *de facto* nierównoprawnego statusu wojskowego różnych części obszaru północnoatlantyckiego.

Dla Polski niebagatelne znaczenie ma fakt, iż pomimo zróżnicowanej skali wsparcia dla broniącej się Ukrainy[10], w tym niewystarczającego w tej mierze wysiłku Niemiec[11], a także spektakularnych prób prezydenta Francji podtrzymania dialogu z Putinem, nowa sytuacja na Zachodzie została zinterpretowana poprawnie. Uznano ją za poważne i złożone zagrożenie stanowiące wezwanie do wzmocnienia (politycznej, społecznej, gospodarczej i wojskowej) odporności systemu zachodniego. Na poziomie systemowym, w tym aksjologiczno-normatywnym, trafnie dostrzeżono naruszenie przez Rosję (lub instrumentalizację interpretacji) norm prawnych oraz podstaw pokoju i ładu międzynarodowego. Cynizm rosyjskiej propagandy, pogardliwe dla innych państw zachowania rosyjskich polityków i dyplomatów oraz uprawiana dezinformacja pokazywały też skalę koordynacji polityki zagranicznej

---

[8] A.D. Rotfeld, „Russia – strategic dilemmas. Her political and historical identities", w: A. Legucka, R. Kupiecki (red.), *Disinformation, Narratives and Memory Politics in Russia and Belarus*, Routledge, London 2022, s. 7–21.

[9] Najważniejszym była celowa decyzja o faktycznym wojskowym odsłonięciu wschodniej flanki NATO (powstrzymanie się od budowy tam sojuszniczej obecności wojskowej, co zostało wdrożone przed pierwszym pozimnowojennym rozszerzeniem organizacji w 1999 r.). Miał być to sygnał poważnego potraktowania obaw Rosji o zbliżanie się NATO do jej granic oraz oczekiwania na jej wzajemność. Dialog dotyczący tych zagadnień miał być prowadzony wspólnie przez utworzoną w 1997 r. Stałą Wspólną Radę NATO–Rosja, którą w 2002 r. przekształcono w Radę NATO–Rosja. Zob. R. Kupiecki, *NATO w polskiej perspektywie 1989–2019*, Polski Instytut Spraw Międzynarodowych, Warszawa 2019, s. 95–97 i 194–207.

[10] Szerzej zob.: A. Ortega, *The Humiliation of Russia, a Factor of Western Division*, www.realinstitutoelcano.org/en/the-humiliation-of-russia-a-factor-of-western-division (dostęp: 1.09.2022). Część państw Europy Zachodniej formułowała pod adresem Ukrainy wezwania do negocjacji z Rosją i koncesji terytorialnych. Brak jednak klarownej strategii dla Zachodu (jak wygrać wojnę?) sygnalizuje trwanie przy percepcji problemów światowych sprzed konfliktu, z dominującą wizją zagrożenia chińskiego (czyli *de facto* zmianę tematu), Z. Karabell, „Russia or China? The U.S. has a choice to make", *New York Times*, 30 maja 2022 r., www.nytimes.com/2022/05/30/opinion/china-us-russia-strategy.html (dostęp: 7.09.2022).

[11] Zob. dramatyczne wezwanie b. przewodniczącego Rady Europejskiej skierowane we wrześniu 2022 r. do kanclerza Niemiec, D. Tusk, *Wiadomo, kto jest katem, a kto ofiarą*, www.instytutobywatelski.pl/opinie/399-wiadomo-kto-jest-katem-a-kto-ofiara (dostęp: 15.09.2022). Zob. także: wywiad z niemieckim planistą wojskowym gen. Klausem Wittmanem, *Niemiecki generał pytał kanclerza Olafa Scholza, czy dał się zastraszyć Putinowi*, www.dw.com/pl/niemiecki-genera%C5%82-pyta%C5%82-kanclerza-czy-da%C5%82-si%C4%99-zastraszy%C4%87-putinowi/a-63119146 (dostęp: 15.09.2022); M. Ziener, *Missing in Action in Ukraine: German Leadership*, www.gmfus.org/download/article/21235 (dostęp: 7.08.2022).

Kremla. Publicznie manifestowana postawa rzesz rosyjskich obywateli popierających agresję skutecznie obaliła też obecną w zachodnich analizach koncepcję, iż jest to „wojna Putina", a nie Rosji/Rosjan. Argument ten miał służyć uzasadnieniom powściągliwości w nakładaniu sankcji na to państwo i jego obywateli.

Znaczenie rosyjskiej agresji militarnej właściwie, choć z opóźnieniem, zrozumiano na Zachodzie jako krok w stronę rewizji zasad organizujących międzynarodową współpracę. Od ponad 30 lat bowiem rosyjscy przywódcy publicznie komunikowali interesy państwa[12], oparte na poczuciu jego wyjątkowości i formułowane w opozycji do uniwersalnych zasad. Byli konsekwentni w promowaniu własnego zmitologizowanego obrazu rzeczywistości, pełnego krzywd doznanych jakoby od Zachodu[13] i przekonania o przejściowości porządku międzynarodowego. Rosyjskie dokumenty państwowe powstałe po 1989 r.[14] nazywają go niesprawiedliwym, bezprawnym oraz pozbawiającym Moskwę bezpieczeństwa i należnego jej miejsca w świecie. W efekcie, jako mocarstwo ma jakoby prawo do stref buforowych w najbliższym sąsiedztwie wolnych od ingerencji państw NATO i UE. Jego realizacja wymusza zaś podejmowanie interwencji zbrojnych w obronie własnych interesów i ludności rosyjskojęzycznej zamieszkałej na tych obszarach.

Nowy ład pożądany przez Kreml opierałby się nie na wykonywaniu prawa międzynarodowego, lecz dyktacie mocarstw i uznaniu ich wyłącznych uprawnień w świecie podzielonym na strefy wpływów[15]. Działania Moskwy cechowała faktyczna „weaponizacja wszystkiego", co w warstwie realnych oddziaływań politycznych służyło jej celom (np. dezinformacja, własna interpretacja prawa i historii, tożsamości i kultury innych państw[16], wykorzystanie presji gospodarczej i energetycznej, interwencje wojskowe i presja militarna na sąsiadów)[17]. Po 24 lutego 2022 r. skompromitowała się jednak wizja świata z prominentnym miejscem Moskwy wśród mocarstw-decydentów, jej pomysł na politykę regionalną (*russkij mir*), jak również archaiczne mrzonki o strefach wpływów i odebraniu narodom praw suwerennego decydowania o własnym losie. Jeśli wierzyć przeciekom, myśl

---

[12] Ich istotę stanowi ciągłość celów imperialnych, odrzucenie liberalnych wzorców jako osłabiających siłę Rosji oraz ciągłość działań uderzających w słabości przeciwników. Znajdowały one wyraz w agresywnych działaniach państwa: wojnach w Gruzji i Ukrainie połączonych z zaborem terytoriów i zbrodniami wojennymi, brutalnej pacyfikacji Czeczenii, interwencji zbrojnej w Syrii, zabójstwach przeciwników politycznych Kremla poza terytorium Rosji czy osłabianiu zachodnich demokracji za pomocą dezinformacji, cyberataków, presji gospodarczej i korupcji politycznej.

[13] R. Kupiecki, „Mit założycielski polityki zagranicznej Rosji", *Sprawy Międzynarodowe* 2019, nr 4, s. 77–105.

[14] Zob. R. Kupiecki, M. Menkiszak (red.), *Documents Talk. NATO–Russia Relations after the Cold War*, PISM, Warsaw 2020.

[15] S. Hast, *Spheres of Influence in International Relations. History, Theory, Politics*, Routledge, London 2016.

[16] Szerzej zob. A. Legucka, R. Kupiecki (red.), *Disinformation, Narratives and Memory Politics...*, dz. cyt.

[17] M. Galeotti, *The Weaponisation of Everything. A Field Guide to a New Way of War*, Yale University Press, New Heaven–London 2022.

taką szef rosyjskiej dyplomacji wyartykułował w styczniu 2022 r., tuż przed atakiem na Ukrainę, podczas genewskich rozmów z amerykańskim odpowiednikiem Anthonym Blinkenem[18].

Na poziomie polityczno-wojskowym rosyjskie przygotowania, fakt agresji i zbrodnie wojenne w Ukrainie zburzyły poczucie stabilności i trwałości pokoju na kontynencie. Na tym tle należy odnotować niezwykłe ożywienie aktywności dyplomatycznej USA w miesiącach poprzedzających konflikt[19] i niekwestionowane strategiczne przywództwo po jego wybuchu. Przed agresją koncentrowało się ono na dyplomacji prewencyjnej wobec Moskwy, ostrzeganiu Ukrainy i zachodnich sojuszników przed rosyjskimi zamiarami, a po 24 lutego 2022 r. na jednoznacznym zaangażowaniu we wsparcie materiałowe, sprzętowe oraz informacyjne ukraińskiego wysiłku wojennego i mobilizowanie sojuszników do pomocy. W ciągu pierwszego półrocza wojny wartość amerykańskich dostaw sięgnęła 16 mld dolarów, a w sensie jakościowym tysięcy sztuk nowoczesnego uzbrojenia i miliony sztuk amunicji. Biały Dom ma dla swoich działań poparcie większości społeczeństwa, choć w samym Kongresie napotyka zróżnicowaną reakcję, zwłaszcza ze strony części republikanów (choć i wśród demokratów nie brakuje zwolenników szybkich rozmów pokojowych). Wyborcze sondaże w USA sygnalizują rosnącą radykalizację kandydatów do objęcia od 2023 r. wielu urzędów publicznych, co zapowiada długotrwałą nieprzewidywalność sytuacji politycznej[20].

Wydaje się jednak, że Waszyngton widzi swoje zaangażowanie w Ukrainie jako trwałe i zdecydowane, a w planie polityki zagranicznej Joe Bidena realizujące dwa cele. Po pierwsze, zatrzymanie i osłabienie rosyjskiego imperializmu jako trwałego źródła destabilizacji w Europie oraz postawienie Rosji przed groźbą wydatnego obniżenia jej prestiżu i pozycji międzynarodowej. Po drugie, reakcja Waszyngtonu stanowi klarowną komunikację strategiczną także wobec Chin, uważnie obserwujących zachowanie swoich systemowych rywali. Można ją rozumieć jako składnik globalnego odstraszania. W perspektywie państw europejskich nie jest jednak bezzasadne analizowanie sytuacji w kategoriach ryzyka wybuchu konfliktu

---

[18] Żądania Rosji wobec USA i NATO zob.: www.mid.ru/ru/foreign_policy/rso/nato/1790818/?lang=en (dostęp: 10.09.2022). Odpowiedź USA i NATO zob.: www.englisk.elpais.com/usa/2022-02-02/us-offers-disarmament-measures-to-russia-in-exchange-for-a-deescalation-of-military-threat-in-ukraine.html (dostęp: 10.09.2022).

[19] W kwestii rosyjskiej zaś absolutne otrzeźwienie po deklaracjach prezydenta George W. Busha z 2001 r., który „patrząc w oczy Putina widział nich człowieka godnego zaufania", czy Baracka Obamy przez blisko dwie kadencje wikłającego Amerykę w politykę „resetu" i publicznie komunikującego, iż „Ukraina to istotny interes Rosji, a nie USA, a więc Rosja zawsze będzie w stanie utrzymać tam zdolność eskalacyjnej dominacji", zob.: J. Goldberg, „The Obama doctrine", *The Atlantic*, kwiecień 2016, www.theatlantic.com/magazine/archive/2016/04/the-obama-doctrine/471525/ (dostęp: 17.08.2022). Donald Trump więcej krytyki kierował pod adresem swoich sojuszników niż Kremla, a gotowość do pragmatycznego dialogu deklarował na początku swojej kadencji także prezydent Joe Biden.

[20] Zob. F. Zakaria, „America is now the tyranny of the minority", *Washington Post*, 27 października 2022 r., www.washingtonpost.com/opinions/2022/10/27/america-primaries-driving-polarization-radicalization/ (dostęp: 30.10.2022).

amerykańsko-chińskiego. Gdyby do niego doszło, to w Azji skoncentrowałyby się główne zasoby militarne USA. Europa powinna być na tę sytuację przygotowana, zwłaszcza pod kątem zdolności zapewnienia bezpieczeństwa na kontynencie, przede wszystkim za pomocą własnych środków. Osłabienie Rosji w toczącej się wojnie także w tej perspektywie nie jest bez znaczenia.

Zachód – świadom, iż agresorem jest mocarstwo nuklearne – działa bardzo rozważnie. Z jednej strony jasno komunikuje wartości, po stronie których się opowiada, i cele wsparcia udzielanego Ukrainie, z drugiej unika eskalowania sytuacji. Siły zbrojne państw zachodnich nie uczestniczą w walkach w Ukrainie. Amerykański potencjał nuklearny nie jest stawiany w stan podwyższonej gotowości. Waszyngton spokojnie reaguje na rosyjski szantaż, a charakter dostaw sprzętu wojskowego (abstrahując od danych liczbowych i kwestii wystarczalności) jest dobrze skorelowany z ukraińskimi potrzebami odpowiedzi na rosyjską taktykę i niwelowanie przewagi w sile ognia. Pozostaje jednak pytanie: **czy jest to wystarczająca gwarancja powstrzymania ewentualnego taktycznego uderzenia jądrowego ze strony Rosji i jakie będzie postępowanie USA, gdyby się to stało?**

Scenariusz taki nie może zostać wykluczony, niezależnie od oceny prawdopodobieństwa jego zaistnienia. Czynnikami podnoszącymi je są letnio-jesienne porażki Rosji na Charkowszczyźnie w 2022 r., potężne straty w ludziach i sprzęcie zadanie jej przez Ukraińców od początku wojny, brak realizacji minimalnych celów operacyjnych, ryzyko kompromitacji politycznej i przetrwania reżimu Putina (lub próba odejścia „z hukiem"), wymuszenie negocjacji w formie ratującej twarz Kremla[21]. Każdy przypadek użycia taktycznej broni jądrowej w celach demonstracji polityczno-wojskowej lub przeciwko celom żywym, a także sposób odpowiedzi na nie stanowiłby zasadniczą zmianę środowiska strategicznego o skutkach ponadregionalnych. Dlatego też jakkolwiek postępowanie USA i NATO można uznać za uzasadnione, pytaniem pozostaje potrzeba twardego i konkretnego i ciągłego komunikowania Moskwie konsekwencji ewentualnego przekroczenia przez nią granic eskalacji. Interesem Polski jest uniknięcie za wszelką cenę scenariuszy nuklearnych, a na wypadek najgorszego, ograniczanie ich konsekwencji. Wiąże się to również z prewencyjnym wpływaniem na stanowisko USA i NATO w kwestii wzmocnienia odstraszania i ewentualnej deeskalacyjnej odpowiedzi na czarne scenariusze.

Na poziomie gospodarczym oczywista dla Zachodu stała się rosyjska gotowość weaponizacji pozycji głównego dostawcy surowców energetycznych na rynkach europejskich[22]. Postawa Moskwy bezpośrednio uderzyła w bezpieczeństwo eko-

---

[21] K. Kroening, *How to Deter Russian Nuclear Use in Ukraine and Respond If Deterrence Fails*, www.atlanticcouncil.org/wp-content/uploads/2022/09/Memo-Ukraine.pdf (dostęp: 19.09.2022).

[22] Rosja sprzedała w ciągu 100 dni wojny węglowodory za blisko 100 mld USD. Największymi odbiorcami surowców rosyjskich były Francja, Chiny, Niemcy, Holandia i Belgia, zob. *Financing Putin's War: Fossil Fuel Imports from Russia in the First 100 Days of the Invasion*, www.energyandcleanair.org/wp/wp-content/uploads/2022/06/Financing-Putins-war-100-days_20220613.pdf (dostęp: 18.06.2022).

nomiczne i ład społeczny wielu państw. Wprowadziła także podziały na „ofiary" (wspierające Ukrainę) oraz „beneficjentów" korzystających z rosyjskich dostaw, zysków tranzytowych za cenę opozycji wobec polityki sankcyjnej, czy odmowę wsparcia Ukrainy. Co nie mniej istotne, dobrze skalkulowane działania rosyjskie ukazały również dobitnie skalę uzależnienia (i wrażliwości) Europy od surowców ze Wschodu, a także społeczne, finansowe i gospodarcze koszty przestawienia się na inne źródła dostaw i sposoby produkcji energii. Wieloletnia polityka surowcowa Zachodu polegająca na uzależnianiu się od rosyjskich surowców energetycznych okazała się kosztowną pułapką o doraźnych implikacjach związanych z zaspokojeniem bieżących potrzeb, a długofalowo z tempem i kształtem transformacji energetycznej Europy.

Polityka celowego wzmacniania współzależności gospodarczej, a w wymiarze obronnym, świadomego unikania wzmacniania wschodniej flanki NATO, wyeksponowała jedynie słabości Zachodu. W Moskwie (błędnie, jak się okazało) zinterpretowano je jako zachętę do bardziej asertywnej polityki[23]. Rosja przekonana, iż w relacjach z Zachodem pozostaje stroną mniej uzależnioną, więc może dyktować warunki lub skutecznie niszczyć solidarność zachodnich demokracji[24]. Współzależność gospodarcza okazała ostatecznie swoje ograniczenia jako czynnik polityczny: nie powstrzymała wojny, choć jasno uzmysłowiła dodatkowe koszty, jakie spowodowała. Opisana sytuacja wywołała bowiem działania zaradcze, prowadzące nawet w krótkim czasie do poważnego zmniejszenia udziału rosyjskich dostaw w zachodnim „miksie energetycznym"[25]. Obok poprawy ich bezpieczeństwa uderza to również w dochody rosyjskiej gospodarki, co potęgują dodatkowo zachodnie sankcje[26].

Co Zachód zrozumiał z rosyjskiej agresji w Ukrainie?

Bilans tej analizy doprowadził Zachód do czterech istotnych konstatacji, ważnych dla jego przyszłej strategii wobec Rosji[27] oraz kluczowych z punktu widzenia bezpieczeństwa Polski.

---

[23] Szerzej zob. T. Kleine-Brockhoff, *How Wrong Was Angela Merkel's Foreign Policy?*, www.gmfus.org/download/article/21270 (dostęp: 4.07.2022).

[24] I.H. Daalder, J.M. Lindsay, „Why Putin underestimated the West", *Foreign Affairs*, 7 kwietnia 2022 r., www.foreignaffairs.com/articles/russian-federation/2022-04-07/why-putin-underestimated-west (dostęp: 27.05.2022).

[25] Szerzej zob. *Rynkowe skutki rosyjskiej inwazji na Ukrainę. Reakcja UE*, wrzesień 2022 r., https://www.consilium.europa.eu/pl/policies/eu-response-ukraine-invasion/impact-of-russia-s-invasion-of--ukraine-on-the-markets-eu-response (dostęp: 10.09.2022).

[26] Obok sankcji narodowych Unia Europejska wprowadziła dotąd przeciw Rosji siedem pakietów sanacyjnych, dotykających obok rosyjskich podmiotów gospodarczych i samego Putina, także rosyjskich oligarchów, zamrażanie zasobów rosyjskich zagranicą i zakazy oraz ograniczenia wizowe.

[27] Interesujące wnioski zob. J.S. Nye, *Eight Lessons from the Ukraine War*, 15 czerwca 2022 r., www.project-syndicate.org/commentary/russia-war-in-ukraine-eight-lessons-by-joseph-s-nye-2022-06 (dostęp: 1.09.2022).

Po pierwsze, upadły złudzenia[28] (podbudowywane oportunizmem przywódców i partykularyzmami interesów grup polityczno-biznesowych), na których opierała się polityka instytucji zachodnich wobec Moskwy. Błyskotliwie napisane brytyjskie studium poświęcone błędom zachodniej strategii wobec Rosji wskazuje listę 16 – dziecięcych w istocie iluzji, na których była oparta, w rodzaju: Rosja i Zachód są takie same; Rosja nie jest w konflikcie z Zachodem i należy poprawić relacje, nawet jeśli ona tego nie chce; Rosja ma prawo do własnej przestrzeni bezpieczeństwa; Rosjanie, Ukraińcy i Białorusini to jeden naród; sankcje nie są dobrym pomysłem na politykę wobec Rosji; Rosja ma prawo do Krymu; problemem jest Putin, a po nim będzie łatwiej; relacje z Rosją muszą ulec poprawie z uwagi na zagrożenie ze strony Chin[29]. W przytoczonej zbitce nie są one odległe od tonacji rosyjskich operacji dezinformacyjnych prowadzonych wobec zachodnich elit. Polityczne iluzje wspierające partykularne interesy państw i grup biznesowych bywają jednak trwalsze niż racjonalny ogląd rzeczywistości. Dlatego warto przypomnieć głos stratega, iż „przygotowanie do obrony zaczyna się od rozpoznania własnych słabości"[30].

Po drugie, zrozumiano, że polityka nieodwzajemnionych samoograniczeń i ustępstw prowadzi donikąd. Nie tworzy podstaw partnerstwa ani trwałego bezpieczeństwa, lecz jest rozumiana przez Moskwę jako objaw słabości, co zachęca do żądań. Najważniejsze – o czym wspomniano wcześniej – dotyczyły jednostronnych ograniczeń dotyczących działalności wojskowej na wschodniej flance. W latach 1996–1997 NATO ogłosiło, że nie zamierza umieszczać tam broni nuklearnej, konwencjonalnej ani infrastruktury wojskowej. Była to deklaracja polityczna, która oznaczała słabość w regionie sąsiadującym z Rosją. Powtórzono ją w *Akcie stanowiącym o wzajemnych stosunkach, współpracy i bezpieczeństwie między NATO a Federacją Rosyjską* z 1997 r., który podpisano przed szczytem w Madrycie i pierwszymi wiążącymi decyzjami dotyczącymi przyjęcia nowych członków. NATO zadeklarowało także niezaskakiwanie Rosji decyzjami o rozszerzeniu sojuszu, co zapisano w *Studium o rozszerzeniu NATO* z 1995 r. przedstawiającym przejrzyste mechanizmy tego procesu. Zaoferowało Rosji ekskluzywne formy współpracy i program wykraczający poza propozycje dla innych państw partnerskich. NATO chętnie widziało Rosję jako uczestnika operacji pokojowych i stabilizacyjnych, z respektem dla odrębnego łańcucha dowodzenia. Chętnie inicjowało współpracę z Rosją, otwierając swoje instytucje i budżety. Nawet zawieszając

[28] W istocie lepiej niż o złudzeniach, mówi to o paradoksie. Nie brakowało bowiem na Zachodzie ugruntowanej wiedzy i poprawnych wniosków nt. rosyjskich intencji, ale jego polityka formułowana była nie tylko nieadekwatnie do natury problemu, ale również natury protagonisty (który koncesje odbierał jako wyraz słabości i zachętę do dalszych żądań). Zob. E. Rumer, R. Sokolsky, *Grand Illusions. The Impact of Misperceptions About Russia on US Policy*, Carnegie Endowment for International Peace, Washington 2021.

[29] *Myths and Misperceptions in the Debate on Russia. How They Affect Western Policy and What Can Be Done*, Chatham House, London 2021.

[30] R. Kuźniar, „Szczepionka przeciw Rosji", *Rzeczpospolita*, 25 kwietnia 2022 r.

współpracę po nielegalnej aneksji Krymu przez Rosję, NATO pozostało zainteresowane utrzymaniem ścieżki dialogu dyplomatycznego w ramach NRC.

Nie powstrzymało to jednak niektórych zachodnich intelektualistów przed obciążaniem Zachodu odpowiedzialnością za obecny stan relacji z Rosją. Istotą argumentacji jest założenie, że uznanie imperialnych praw w Europie Środkowo-Wschodniej i rezygnacja z rozszerzenia NATO uczyniłyby z niej konstruktywnego partnera pozbawionego poczucia odrzucenia po zakończeniu zimnej wojny[31]. Pomimo tej pokrętnej argumentacji trudno jednak uznać, iż Rosja nie odpowiada za skutki swojej polityki[32]. Nie ma też przesłanek, by sądzić, że pozostawienie Polski i innych państw regionu w rosyjskiej strefie wpływów uczyniłoby z Moskwy kooperatywnego partnera Zachodu. Jest więcej powodów, by uważać, iż byłby to katastrofalny błąd skutkujący petryfikacją podziałów w Europie, trwałą destabilizacją państw środkowoeuropejskich lub wprost – odbudową rosyjskiego „imperium zewnętrznego".

Po trzecie, agresja musi spotkać się z karą: doraźnie z sankcjami utrudniającymi Rosji subsydiowanie działań wojskowych, a w przyszłości z odpowiedzialnością przed trybunałami międzynarodowymi. W ocenie prezydenta USA, „jeśli Rosja nie zapłaci wysokiej ceny za agresję, stanie się to sygnałem dla innych potencjalnych agresorów, że mogą oni także podbijać terytoria i podporządkowywać sobie inne państwa. Będzie to oznaczało koniec liberalnego porządku międzynarodowego"[33]. Jakkolwiek ułoży się przyszłość, to trudno wyobrazić sobie po wojnie demokratycznych przywódców szukających wzmocnienia swego wizerunku zdjęciami z Putinem, skądinąd mającym w widomej pogardzie takie zamiary i ich wykonawców. Niezależnie, czy on sam, czy jego generałowie i dyplomaci staną przed międzynarodowymi sądami, życie z piętnem zbrodniarza wojennego i międzynarodowym aktem oskarżenia uczynić powinno z nich raczej pariasów niż pożądanych rozmówców.

Po czwarte, Ukraina powinna otrzymać pomoc finansową i wojskową umożliwiającą jej obronę niepodległości, a po wojnie uzyskać pomoc społeczności międzynarodowej w odbudowie zniszczeń i wzmocnieniu swych powiązań gospodarczych i obronnych z Zachodem. W tej ostatniej kwestii rozpoczęto wspólną refleksję ekspercką, która 13 września 2022 r. przybrała formę rekomendacji dotyczących przyszłych gwarancji bezpieczeństwa dla Ukrainy[34]. Otrzymały nazwę *security*

---

[31] Zob. J.J. Mearsheimer, „Why the Ukraine crisis is the West's fault. The Liberal delusions that provoked Putin", *Foreign Affairs*, wrzesień/październik 2014 r., s. 1–12; tenże, „Playing with fire in Ukraine the underappreciated risks of catastrophic escalation", *Foreign Affairs* online, 17 sierpnia 2022 r., https://www.foreignaffairs.com/ukraine/playing-fire-ukraine (dostęp: 6.09.2022).

[32] P.A. Goble, *The West Didn't Betray Russia. Russia Betrayed Its Best Self*, www.euromaidanpress.com/2016/12/28/the_west_didn't_betray_russia_russia_betrayed_its_best_self (dostęp: 20.08.2022).

[33] President Biden: „What America will and will not do in Ukraine", *New York Times*, 31 maja 2022 r., www.nytimes.com/2022/05/31/opinion/biden-ukraine-strategy.html (dostęp: 1.09.2022).

[34] Firmują ją b. sekretarz generalny NATO Anders Fogh Rasmussen i szef administracji prezydenta Ukrainy Adrij Jermak. Szczegóły zob. *The Kyiv Security Compact. International Security Guarantees for Ukraine. Recommendations*, www.president.gov.ua/storage/j-files-storage/01/15/89/41fd0ec2d72259a-561313370cee1be6e_1663050954.pdf (dostęp: 14.09.2022).

compact, co stanowi interesujące słowotwórstwo, pozwalające w toku wojny na uniknięcie mówienia wprost o członkostwie Ukrainy w NATO (z którego państwo to nie rezygnuje)[35] czy sojuszu z Zachodem. Zawarte tam propozycje, przedstawione prezydentowi Zełenskiemu i państwom wspierającym Ukrainę, zapewne będą przedmiotem dalszych prac. Dokument zakłada zawarcie porozumienia w sprawie bezpieczeństwa między Kijowem a państwami udzielającymi mu prawnie wiążących gwarancji. Pośród nich wymieniono: USA, Wielką Brytanię, Francję, Kanadę, Niemcy, Polskę, Włochy, Australię, Turcję, państwa nordyckie, bałtyckie oraz środkowoeuropejskie oraz wspierające je (Koreę Południową i Japonię). Projektowane działania obejmowałyby wzmocnienie sił zbrojnych Ukrainy, wsparcie przemysłu obronnego, transfery nowoczesnego uzbrojenia, wsparcie wywiadowcze, wspólne szkolenia i ćwiczenia wojskowe. Zobowiązania gwarancyjne miałyby obejmować zarówno działania prewencyjne, jak i środki podejmowane w obliczu bezpośredniej agresji. Sprawność tego mechanizmu zapewniałyby bieżące konsultacje oraz wspólna ocena zagrożeń.

Z punktu widzenia Polski ścisła i wiarygodna współpraca obronna Ukrainy z Zachodem oparta na „twardych" gwarancjach i materialnym wsparciu dla sektora wojskowego stanowiłaby kontynuację projektu Europy wolnej i demokratycznej, której Warszawa stała się beneficjentem po 1989 r. W sensie jej bezpieczeństwa tocząca się wojna dobitnie dowodzi znaczenia istnienia niepodległej Ukrainy, zdolnej do skutecznej samoobrony i pozostającej w orbicie świata zachodniego. Kwestie polityczno-formalne dotyczące wspomnianych związków powinny zostać rozstrzygnięte po wojnie (gdzie główne opcje to: pełnoprawne członkostwo NATO, *security compact* według głównych założeń zawartych w omówionym dokumencie, zimnowojenny model współpracy Szwecji z NATO).

W dorocznej informacji dla Parlamentu Europejskiego przewodnicząca Komisji Europejskiej Ursula von der Leyen trafnie wskazała we wrześniu 2022 r. zarówno wysoką stawkę tej wojny, jak i błędy popełnione w poprzednich latach przez Zachód wobec Rosji: „Czeka nas trudna próba. Próba, na którą wystawiają nas wszyscy ci, którzy chcą wykorzystać wszelkie podziały między nami. To nie tylko wojna rozpętana przez Rosję przeciwko Ukrainie. To wojna o naszą energię, naszą gospodarkę, nasze wartości, to walka o naszą przyszłość. Walka autokracji z demokracją [...] **powinniśmy byli słuchać tych, którzy znają Putina** [...] **powinniśmy byli posłuchać głosów podnoszonych wewnątrz naszej Unii, w Polsce, w państwach bałtyckich oraz w państwach Europy Środkowo-Wschodniej. Głosy te mówiły, że Putin się nie zatrzyma** [podk. w oryginale]"[36].

---

[35] Projekt dokumentu natychmiast skrytykowała rzeczniczka MSZ Rosji, *Kiev Security Compact Meant to Enslave EU*, www.tass.com/politics/1507151 (dostęp: 14.09.2022).

[36] *2022 State of the Union Address by President von der Leyen*, Strasbourg, 14 września 2022 r., www.europa.eu/commission/presscorner/detail/pl/SPEECH_22_5493 (dostęp: 14.09.2022). Zob. także zapisy dot. rosyjskiej agresji zawarte w: *A Strategic Compass for Security and Defence*, przyjęty przez

Słowa te, współbrzmiące z wypowiadanymi na innych forach politycznych, należy przyjąć w Polsce nie tylko z gorzką satysfakcją uznania po niewczasie jej racji formułowanych od chwili wejścia do NATO. Przede wszystkim jednak należałoby je rozumieć jako szansę na współkształtowanie nowej polityki Unii Europejskiej i sojuszu północnoatlantyckiego wobec Rosji. Tytułem do tego nie będzie jednak wspomniana wyżej racja czy nawet trafność analiz polityki Moskwy, lecz zdolność docierania z własną argumentacją do decydentów w Europie i USA. Polska i Polacy wypracowali sobie u partnerów pozycję dzięki wsparciu Ukrainy, pomocy humanitarnej świadczonej ukraińskim uchodźcom oraz kluczowej roli w tranzycie zachodniego zaopatrzenia dla Kijowa. Siła przykładu (wiążącego słowa i czyny) w obliczu skali tego kryzysu ma olbrzymie znaczenie. Odrębną kwestią jednak jest polityczna wiarygodność, której składnik stanowi przestrzeganie wspólnych zasad oraz konstruktywna postawa (nieoznaczająca rezygnacji z własnych interesów) w sporach z partnerami.

Przyszłość kolektywnej obrony NATO

O nadrzędności kolektywnej obrony ponad innymi zadaniami NATO przekonane były wszystkie polskie rządy po 1999 r. Z różnym powodzeniem podejmowały one wysiłki na rzecz wzmocnienia wojskowej obecności NATO na wschodniej flance czy unikania w polityce organizacji nieodwzajemnionych koncesji politycznych na rzecz Rosji, w efekcie obniżających bezpieczeństwo państw członkowskich. Przekonanie Polski o priorytetowym znaczeniu kolektywnej obrony przenosiło się w ostatnim ćwierćwieczu na jej stanowisko co do pozostałych funkcji NATO rozwiniętych przez organizację po zakończeniu zimnej wojny (kooperatywne bezpieczeństwo i zarządzanie kryzysowe) postrzeganych jako zależne od zdolności do realizacji kluczowej misji sojuszniczej[37]. Niepokój Polski budziło jednak nie tyle dostosowywanie zdolności wojskowych sojuszu do zagrożeń typu konflikty etniczne czy zwalczanie terroryzmu, ile dokonywanie tego kosztem zdolności do obrony obszaru północnoatlantyckiego. Problem pogłębiały postępujące redukcje budżetów obronnych większości państw członkowskich[38].

---

liderów UE w połowie 2022 r., www.eeas.europa.eu/eeas/strategic-compass-security-and-defence-0_en (dostęp: 20.07.2022).

[37] Zacieraniu ostrości priorytetu kolektywnej obrony w działaniach sojuszniczych z ostatnich dekad sprzyjała presja doraźnych kontekstów kryzysowych nakazujących poszukiwać skutecznych rozwiązań i pod tym kątem – kosztem misji tradycyjnej – adaptować sojusznicze zdolności cywilne i wojskowe. Po zakończeniu zimnej wojny NATO miało też wiele innych powodów, by nie eksponować ekskluzywnej (państwa członkowskie) funkcji obronnej, lecz otwartość na partnerskie kontakty z otoczeniem.

[38] Skutkowało to m.in. obniżeniem narodowego poziomu ambicji, jeśli idzie o siły i środki deklarowane na potrzeby sojusznicze oraz pogłębiającą się luką między potrzebami wojskowymi NATO, deklaracjami państw oraz ich ostatecznym wykonaniem w kolejnych cyklach sojuszniczego planowania obronnego. W połowie drugiej dekady XX w. sięgała ona ok. 50%.

Działaniom Warszawy przez lata nie sprzyjały okoliczności eksponujące, bardziej niż obronę obszaru traktatowego, działania operacyjne poza obszarem traktatowym (misje stabilizacyjne i działania antyterrorystyczne) czy relacje NATO–Rosja oparte na wspomnianych wcześniej jednostronnych ograniczeniach wojskowych. Odbierały one uwagę argumentom o potrzebie rozwinięcia infrastruktury i obecności wojsk na wschodniej flance, a także przygotowania sojuszu na konsekwencje nietradycyjnych zagrożeń, mogących tworzyć przesłanki dla kolektywnej obrony. Z polskiego punktu widzenia porządek doktrynalny i planowanie na wypadek nieprzewidzianych sytuacji[39] były tak samo ważne, jak solidarność będąca warunkiem brzegowym wiarygodnej kolektywnej obrony. Zabiegi Polski o właściwą równowagę misji NATO toczyły się także w klimacie postrzegania na Zachodzie jej stanowiska jako motywowanego rzekomo antyrosyjskimi uprzedzeniami.

Radykalna zmiana klimatu wokół kolektywnej obrony nastąpiła dopiero w 2014 r. wskutek rosyjskiej aneksji Krymu i agresywnych oddziaływań politycznych na społeczeństwa i kręgi opiniotwórcze państw zachodnich oraz setek wojskowych prowokacji czynionych w sąsiedztwie sojuszniczej przestrzeni powietrznej i morskiej, powiązanych z serią ruchów wojsk przedstawianych jako ćwiczenia. Przywróciła ona sojuszniczą uwagę temu zagadnieniu (bez odwracania się od szerszego spektrum zagrożeń pochodzących z regionu Bliskiego Wschodu i Afryki Północnej czy Chin)[40]. Efektem tego był pakiet decyzji wypracowanych na kolejnych szczytach NATO: od Newport (2014 r.)[41] przez Warszawę (2016 r.)[42], Bruksele (2018 r.)[43] po Madryt (2022 r.). Szczyt w Madrycie jest jak dotąd ostatnim słowem NATO w kwestiach wojskowej adaptacji organizacji. Jego decyzje[44] znalazły też podbudowę w przyjętej tam nowej Koncepcji strategicznej[45]. Skumulowany

[39] NATO, redukując od 1990 r. swój potencjał obronny, nie było skłonne rozwijać takich planów dla nowych państw członkowskich. Zabiegi Polski trwające całą pierwszą dekadę jej członkostwa w NATO zakończyły się powodzeniem. Komentarze i dokumenty dotyczące tej problematyki zob. www.natowatch.org/newsbriefs/2010/wikileaks-reveal-article-5-contingency-plans-defend-baltics-and-poland (dostęp: 24.08.2022). Źródła te są cytowane w obiegu naukowym i publicystyce, choć ich autentyczność nie została potwierdzona (ani zanegowana) przez USA.

[40] Szerzej zob. *NATO 2030. United for a New Era. Analysis and Recommendations of the Reflection Group Appointed by the NATO Secretary General, 25 November 2020*, www.nato.int/nato_static_fl2014/assets/pdf/2020/12/pdf/201201-Reflection-Group-Final-Report-Uni.pdf (dostęp: 20.09.2020).

[41] *Wales Summit Declaration Issued by the Heads of State and Government Participating in the Meeting of the North Atlantic Council in Wales, 5 September 2014*, https://www.nato.int/cps/en/natohq/official_texts_112964.htm (dostęp: 19.09.2020).

[42] *Warsaw Summit Communiqué Issued by the Heads of State and Government Participating in the Meeting of the North Atlantic Council in Warsaw 8–9 July 2016*, https://www.nato.int/cps/en/natohq/official_texts_133169.htm (dostęp: 19.09.2022).

[43] *Brussels Summit Key Decisions, 11–12 July 2018*, www.nato.int/.../20118105_factsheet_key_decisions_summit_en.pdf (dostęp: 2.09.2022).

[44] *Madrid Summit Declaration Issued by NATO Heads of State and Government Participating in the Meeting of the North Atlantic Council in Madrid, 29 June 2022*, https://www.nato.int/cps/en/natohq/official_texts_196951.htm (dostęp: 19.09.2022).

[45] *NATO 2022 Strategic Concept*, www.nato.int/strategic-concept/ (dostęp: 19.09.2022).

efekt postanowień NATO z lat 2014–2022 w sprawie odstraszania i obrony należy rozumieć na kilku poziomach, o których poniżej.

1. W warstwie polityczno-deklaratoryjnej dokumenty sojusznicze otwarcie wskazały na Rosję jako źródło zagrożenia, zapewniając klarowny punkt odniesienia dla procesów decyzyjnych i planowania.
2. Priorytety obronne organizacji przestały być zakładnikiem nadziei na samonaprawę postępowania Rosji i sporów wewnętrznych o właściwe postępowanie sojusznicze. Różnice polityczne nie zniknęły, ale zostały silnie stłumione presją związaną z pomocą dla Ukrainy i odpowiedzią na rosyjski imperializm. Dla państw wschodniej flanki NATO tworzy to okno możliwości przyspieszenia prac nad realizacją wytycznych dotyczących kolektywnej obrony.
3. Postępuje wyrównywanie statusu wojskowego państw położonych na wschodniej flance NATO z resztą obszaru sojuszniczego i odwracanie skutków wspomnianych wcześniej samoograniczeń z lat 1996–1997. Następuje zatem realne wzmocnienie państw granicznych wskutek własnych działań modernizacyjnych, ale także zwiększenia tam obecności sił sojuszniczych czy rozbudowy infrastruktury umożliwiającej przyjęcie i ruchy wojsk przysyłanych z innych części obszaru północnoatlantyckiego. Działania te obejmują rozłożenie nowych struktur dowodzenia NATO oraz sił sojuszniczego reagowania wzdłuż granic wschodnich NATO wraz z towarzyszącą im infrastrukturą, intensyfikację ćwiczeń wojskowych na tym obszarze. W powiązaniu z zapowiedziami zwiększenia liczby sił wysokiej gotowości (w ramach tzw. *New Force Model* zakładającego ośmiokrotny wzrost podporządkowanych dowódcom NATO takich wojsk) tworzy to najważniejsze przesłanki dla kontynuacji korzystnych zmian podnoszących bezpieczeństwo sojuszu. Działania te wspiera rosnąca rotacyjna obecność żołnierzy amerykańskich (głównie wszelako logistyków, a nie jednostek operacyjnych).
4. Rzecz wiąże się także w skali całego terytorium NATO z przyjęciem regulacji prawnych umożliwiających sprawniejsze przemieszczanie się wojsk oraz zmniejszenie obciążenia biurokratycznego dotyczącego ich wejścia i działania na obszarach państw obcych. W czasach pokoju regulacje takie służą ochronie suwerenności, ale w czasach kryzysu i wojny nie pomagają w operacjach sojuszniczych.

Suma sojuszniczych decyzji podjętych po 2014 r. oznacza istotną zmianę polityki obronnej NATO ukształtowanej w dobie optymizmu dotyczącą trwałości zaniku zagrożeń wojskowych ze Wschodu. Realne wzmocnienie bezpieczeństwa państw członkowskich nie może być jedynie skutkiem skrupulatnego wdrażania decyzji sojuszniczych szczytów, lecz ciągłym procesem, gdzie oczekiwania, że organizacja zrobi więcej w sferze kolektywnej obrony, są budowane na fundamencie narodowych wysiłków (budżety, modernizacja sił zbrojnych i wola wspierania innych sojuszników). Jest to nie tylko potrzeba chwili, lecz także mechanizm sojuszniczy zapisany w Traktacie waszyngtońskim (art. 3).

Równie istotna dla kolektywnej obrony i wiarygodnego odstraszania będzie determinacja państw członkowskich, tyleż w kwestii kontynuacji wzmacniania zdolności wojskowych, co komunikowania siły NATO potencjalnym przeciwnikom. Bez wątpienia posiadane zdolności konwencjonalne i nuklearne oraz wola działania są wystarczające, by każdy agresywny zamiar skierowany z zewnątrz rysował się jako wysoce nieopłacalny. Polityczny realizm Zachodu powinien się ściśle wiązać z jasnym opowiedzeniem się po stronie prawa międzynarodowego. Na tym gruncie i po rozliczeniu się Rosji ze zbrodni agresji w Ukrainie możliwe stanie się sformułowanie racjonalnego i pryncypialnego programu współpracy z Rosją.

Priorytety NATO

Priorytetowo w działaniach sojuszu rysuje się kilka spraw.

1. Niezbędne jest hierarchiczne uporządkowanie zagrożeń osadzone we wspólnej analizie sojuszniczej. Ma to dawać podstawy do kształtowania priorytetów operacyjnych organizacji. Realizacji tego zadania nie będzie ułatwiała skala wyzwań oraz ich rozpiętość, sięgająca zagrożenia rosyjskiego na wschodzie i polityczno-religijnego ekstremizmu na południu. W tym kontekście pojawi się także presja wyzwań i problemów globalnych (Iran, Chiny, Korea Północna) oraz hybrydowych i sektorowych (bezpieczeństwo obszarów morskich, bezpieczeństwo ekonomiczne, dezinformacja, nowe technologie, zwalczanie zagrożeń w cyberprzestrzeni) na polityki narodowe państw członkowskich oraz rolę sojuszu w ich rozwiązywaniu. Z uwagi na efekty rozwoju technologii wojskowych oraz ewolucję sposobów prowadzenia konfliktów NATO musi widzieć dziś problem możliwej agresji szerzej aniżeli tylko jako groźbę konwencjonalnej ofensywy lądowej, powietrznej i morskiej z bronią jądrową w tle. Dochodzą do niej bowiem zagrożenia związane z cyberagresją, transgraniczne, dotyczące np. tranzytu surowców o kluczowym znaczeniu gospodarczym (którego zakłócenie mogłoby osłabiać systemy obronne państw i zdolności sił sojuszniczych), czy złożone instrumentarium wojny hybrydowej, rozmywające ostrość oceny sytuacji w kategoriach art. 5 Traktatu waszyngtońskiego.
2. Konieczne jest zachowanie elastyczności strategii NATO, odpowiadającej specyfice zagrożeń pochodzących z różnych kierunków geograficznych. Agresywne zachowanie Rosji, dysponującej znaczącym potencjałem konwencjonalnym i będącej nuklearnym mocarstwem, stanowi problem o żywotnym znaczeniu dla całej organizacji. Nie zmniejsza to jednak potrzeby działań prewencyjnych i antykryzysowych, wynikających z bardziej złożonego kontekstu

geograficznego kolektywnej obrony. Sojusz powinien tu blisko współpracować z Unią Europejską.

3. Siła militarna i polityczna determinacja członków NATO stanowi fundament wiarygodnej polityki odstraszania. Konieczne jest także powiązanie narodowych wysiłków obronnych z działaniami na forum NATO polegającymi na doskonaleniu wspólnie finansowanych zdolności wojskowych (takich jak szeroko pojęte systemy dowodzenia czy obrona przeciwrakietowa).
4. W świetle zmian doktrynalnych (kontrola charakteru konfliktu i działania deeskalacyjne) i publicznych deklaracji Rosji w sprawie obniżenia progów użycia broni jądrowej sojusznicza polityka nuklearna wraca na pierwszy plan natowskiego odstraszania. Sojusz w publicznej części swojej doktryny[46] utrzymuje czytelny przekaz na temat otoczenia strategicznego oraz gotowość adekwatnej odpowiedzi na zagrożenia. Przed organizacją stoją jednak kluczowe decyzje w sprawie nuklearnego komponentu odstraszania. Dotyczy to zarówno infrastruktury i systemów przenoszenia tej broni, procesów planowania i konsultacji sojuszniczych, szerszego udziału państw członkowskich w podejmowaniu zadań (konwencjonalnych) związanych z polityką i ćwiczeniami nuklearnymi, jak i zbliżenia polityk państw NATO dysponujących jej zasobami.
5. Skuteczne przygotowania obronne wymagają stosownych zasobów materialnych. Wyzwaniem pozostaje utrzymanie amerykańskiego zaangażowania (w tym finansowego) w NATO, a także rosnąca presja Waszyngtonu na zwiększenie wysiłku budżetowego przez sojuszników europejskich. Zobowiązanie do wydatkowania 2% PKB na cele obronne, przyjęte przez sojuszników na szczycie w Newport (i wielokrotnie powtarzane), pozostaje horyzontem średniookresowym. Wciąż jednak pokaźna grupa członków NATO go nie wypełnia, choć ostatnie lata przyniosły ogólny wzrost budżetów obronnych[47]. Niewykluczona może się okazać potrzeba nadania temu procesowi ściślejszych ram politycznych i planistycznych.

Bezpieczeństwo Polski po wojnie w Ukrainie

Kończąc, nie można uniknąć kwestii bezpieczeństwa Polski po wojnie w Ukrainie[48]. Bo choć jesienią 2022 r. wciąż nie widać jej końca, to niewątpliwie będzie katalizatorem zmian w międzynarodowym porządku bezpieczeństwa oraz czynnikiem

[46] Zob. *NATO Nuclear Deterrence Policy and Forces*, www.nato.int/cps/em/natohq/topics_50068.htm (dostęp: 20.09.2022).

[47] Zob. *Defence Expenditure of NATO Countries (2014–2022)*, www.nato.int/nato_static_fl2014/assets/pdf/2022/6/pdf/220627-def-exp-2022-en.pdf (dostęp: 19.09.2020).

[48] Wiele dobrych pytań w tej kwestii postawili E. Bendyk, P. Buras, *Polska wobec wojny, Polska w świecie po wojnie. Zadania na nowy czas*, Fundacja im. Stefana Batorego, kwiecień 2022, https://www.batory.org.pl/publikacja/polska-wobec-wojny-polska-w-swiecie-po-wojnie-zadania-na-nowy-czas (dostęp: 20.06.2022).

bezpośrednio wpływającym na bezpieczeństwo Polski. Interesem naszego kraju jest trwałe osłabienie rosyjskiego imperializmu oraz roszczeń do własnej strefy wpływów. Zakładając zasadniczą trwałość rosyjskiej kultury strategicznej oraz wykładu o granicach państwa, które wyznacza „odcisk buta rosyjskiego żołnierza", oznacza to dwa możliwe scenariusze:

- minimalny, gdzie osłabienie (sankcjami i reakcjami rynków) rosyjskiego potencjału państwowego oraz straty militarne uniemożliwią Rosji w najbliższej dekadzie, dwóch dekadach powtórzenie w Europie agresji podobnej do tej z 24 lutego 2022 r.;
- maksymalny, gdzie dodatkowo, problemy wewnętrzne, spójność obozu władzy, buntujące się państwa posowieckiego „imperium wewnętrznego", spadek dochodów budżetowych z eksportu węglowodorów, osłabienie pozycji międzynarodowej, względna izolacja przez najlepiej rozwinięte państwa świata oraz presja Chin stworzą potencjał kryzysowy, który na długi czas wymusi koncentrację sukcesorów Putina na odbudowie siły i prestiżu Rosji.

Po wojnie Zachód i Polska zostaną skonfrontowane z mocarstwem „poniżonym" skutkami własnych błędów i strategicznej niekompetencji. Rosyjscy przywódcy będą zapewne nadal poszukiwali winnych tej sytuacji zagranicą. Rosja wyjdzie z wojny osłabiona, ale zachowa wiele ze swojego potencjału szkodzenia. W odniesieniu do Polski i jej sąsiedztwa może to oznaczać kontynuację operacji dezinformacyjnych i stosowanie środków aktywnych rozbijających spójność demokratycznych społeczeństw, szantaż wojskowy – w tym nuklearny, oddziaływania gospodarcze o charakterze korupcyjnym, permanentną destabilizację granic (w tym polsko-białoruskiej: pełzające zagrożenie migracyjne sterowane z Mińska i Moskwy).

Istnieją przesłanki, by sądzić, że trwająca wojna wzmocni Zachód, w tym jego instytucjonalne filary: NATO i UE. Pogłębi się jednocześnie fasadowość innych składników architektury bezpieczeństwa europejskiego (Organizacja Bezpieczeństwa i Współpracy w Europie czy Rada Europy), co *per se* może przyspieszyć międzynarodową debatę w tej kwestii. Polska powinna być na nią przygotowana. Po kilku dekadach „sporów w rodzinie demokratycznej" źródłem optymizmu może być tyleż renesans kolektywnej obrony NATO, świadomość konieczności uwolnienia się od rosyjskich monopoli surowcowych, co autentyczna spójność świata zachodniego w reakcji na wojnę. Tej ogólnej konstatacji nie przeczą – odmienne w sensie jakościowym – przykłady Węgier, części państw południa Europy czy szczególny przypadek Niemiec.

Wojna nieuchronnie przyspiesza zapowiadane rozstrzygnięcia w Niemczech dotyczące kształtu własnej polityki obronnej i rozwoju potencjału wojskowego. Ważne, by rozwój ten był ściśle zakorzeniony w rozwiązaniach europejskich i transatlantyckich oraz budował synergię sojuszniczych rozwiązań operacyjno-strategicznych i technologiczno-sprzętowych. Istotne jest także powiązanie tego procesu z modernizacją wojskową i kooperatywnym rozwojem potencjału obronnego u sąsiadów Niemiec[49].

Dla Polski niezmiennie kluczowy pozostanie charakter amerykańskiego zaangażowania w NATO. Dwie kwestie urastają do rangi strategicznych wyzwań.

1. Ocena Waszyngtonu dotycząca wartości relacji transatlantyckich. W okresie prezydentury Donalda Trumpa uwydatniła się bowiem tendencja do transakcyjnego układania związków sojuszniczych, rezerwa wobec jakoby „przestarzałej" formuły NATO i bezwarunkowości gwarancji bezpieczeństwa USA[50], bezsankcyjnego podejścia do relacji z Rosją, otwarta niechęć wobec Unii Europejskiej oraz obcesowo jasna ekspozycja zasady *America first* podniesiona do rangi doktrynalnej w Narodowej strategii bezpieczeństwa z 2017 r.[51]. Tendencja ta – pomimo korekty amerykańskiej polityki przez Joe Bidena – nadal rezonuje w amerykańskiej debacie strategicznej.
2. Decyzja dotycząca obecności wojskowej USA w naszym kraju, w tym odpowiedź Ameryki na postulat w kwestii stałych baz na wschodniej flance NATO. Pozytywna decyzja w tej sprawie miałaby trzy dobre skutki dla bezpieczeństwa Polski i Europy:

- po pierwsze, kończyłaby z poczuciem tymczasowości rozwiązań wojskowych przyjmowanych pod presją wydarzeń. Wraz z deklaracjami władz amerykańskim o poważnym traktowaniu zobowiązań z art. 5 Traktatu waszyngtońskiego, mają one niemałe znaczenie dla wzmocnienia polityki odstraszania. Niemniej jednak nie tworzą poczucia ciągłości polityki i strategii obrony wschodniej flanki, co dezorientuje w kwestii własnych wysiłków obronnych najbardziej zainteresowane tym państwa;
- po drugie, obecność w Polsce amerykańskich struktur dowodzenia i względnie niedużych, często rotowanych jednostek operacyjnych nie jest substytutem stałej obecności większych związków taktycznych o dużym potencjale bojowym (odpowiednio wyposażonych, chronionych i powiązanych planami obronnymi z NATO oraz siłami państwa-gospodarza);
- po trzecie, ułatwiłoby to Polsce zdefiniowanie własnej roli wojskowej we współpracy z USA (inaczej niż jako logistyka, dostarczyciela terytorium oraz infrastruktury). Pomogłoby to w planowej priorytetyzacji zamówień sprzętu wojskowego, poprowadzonej we właściwym porządku i z zabezpieczonym budżetem. Strategicznie pojmowana polityka zamówień powinna realizować trzy cele państwowe: podniesienie zdolności bojowych Sił Zbrojnych RP,

[49] Interesująco brzmią w tym kontekście zapowiedzi kanclerza Olafa Scholza zawarte w jego sierpniowym wystąpieniu w Pradze, zob. *Speech by Federal Chancellor Olaf Scholz at the Charles University in Prague on Monday, 29 August 2022*, www.bundesregierung.de/breg-en/news/scholz-speech-prague-charles-university-2080752 (dostęp: 1.09.2022).

[50] Zob. „Trump discussed pulling US from NATO, aides say amid new concerns over Russia", *The New York Times*, 14 stycznia 2019 r.

[51] *National Security Strategy of the United States of America*, Washington, December 2017.

utrwalenie strategicznych relacji z dostawca sprzętu oraz zapewnienie szans rozwojowych polskiemu przemysłowi zbrojeniowemu.

Pilnego przeglądu wymagają także zarówno Strategia Bezpieczeństwa Narodowego RP z 2020 r., jak i pochodne jej dokumenty dotyczące planowania militarnych i cywilnych przygotowań obronnych. Warto w niej uwzględnić możliwe implikacje akcesji Szwecji i Finlandii do NATO jako bodźca dla nowego spojrzenia na kwestie regionalnej współpracy obronnej.

Rozdział 5

Kilka uwag o miejscu Unii Europejskiej w polskiej polityce bezpieczeństwa po rosyjskiej inwazji na Ukrainę[1]

Marek Madej

Po 24 lutego 2022 r. przekonywanie, że Europa, a ściślej – Unia Europejska jako platforma współpracy i integracji zdecydowanej większości wysoko rozwiniętych i demokratycznych państw europejskich powinna zajmować jedno z centralnych miejsc w polskiej polityce bezpieczeństwa, wydaje się w dużej mierze stwierdzaniem oczywistości. Z polskiej perspektywy bowiem, w świetle agresji Rosji na Ukrainę, stanowiącej swoiste zwieńczenie konsekwentnego od niemal dwóch dekad narastania agresywności polityki tego państwa wobec jego wielu sąsiadów wchodzących wcześniej w skład ZSRR, a także struktur zachodnich, zwłaszcza przyjętych po zimnej wojnie członków dawniej pozostających w orbicie wpływów Moskwy, potrzeba uczestnictwa w instytucjach międzynarodowych na tyle silnych, by mogły Rosję skutecznie odstraszyć od wrogich działań lub efektywnie przeciwdziałać jej szkodliwym posunięciom, stała się wyjątkowo wyraźna. Polska, przy występującej w relacji z Rosją (niezależnie od ujawnionych podczas agresji słabości rosyjskich sił zbrojnych oraz jej szerzej pojętego potencjału gospodarczego i struktur państwowych), nie jest i nie będzie w takich warunkach zdolna zapewnić sobie bezpieczeństwa dzięki samodzielnym działaniom, a trudno mieć

[1] Tekst powstał na podstawie wystąpienia zaprezentowanego podczas konferencji *Bezpieczeństwo Polski po 24 lutego. Agresja Rosji: łabędzi śpiew upadłego imperium czy salwa zapowiadająca powrót do przeszłości*, zorganizowanej 27 maja 2022 r. w Warszawie przez Katedrę Studiów Strategicznych i Bezpieczeństwa Międzynarodowego Wydziału Nauk Politycznych i Studiów Międzynarodowych UW. Jest zarazem wynikiem prac badawczych prowadzonych w ramach finansowanego przez Narodowe Centrum Nauki projektu *Wojny Rosji: przyczyny, uwarunkowania, przebieg i następstwa działań wojennych Federacji Rosyjskiej w okresie pozimnowojennym*, nr 2020/39/B/HS5/00782 (konkurs OPUS-20, UMO-2020/39/B/HS5/00782), kierownik: Andrzej Szeptycki.

dziś złudzenia co do rosyjskich intencji[2]. Obecnie, w złożonym i zglobalizowanym świecie, w którym rywalizacja między państwami jak chyba nigdy dotąd w historii rozgrywa się na wielu powiązanych ze sobą płaszczyznach stosunków międzynarodowych, nie ograniczając się do wymiaru *stricte* militarnego czy nawet ekonomicznego, potencjał tak wielowymiarowej struktury współpracy jak Unia Europejska jest niebagatelny. Dodatkowo zdecydowana oraz solidarna – nadspodziewanie, zważywszy na mimo wszystko niemałe zróżnicowanie interesów jej państw członkowskich i (dotąd nieuświadamianą zresztą przez większość unijnych społeczeństw w całej swej doniosłości) skalę powiązań, zwłaszcza gospodarczych, z Rosją – reakcja Unii na agresję na Ukrainę daje podstawy, by oczekiwać od Unii Europejskiej przynajmniej w najbliższej przyszłości pełnej gotowości do wspólnego działania na rzecz bezpieczeństwa całej organizacji i jej członków[3].

Niemniej proste wezwanie: „więcej Europy w polskiej polityce bezpieczeństwa", z pewnością byłoby zbyt ogólnikowe, aby stanowić użyteczną wytyczną do projektowania polskiej polityki bezpieczeństwa w najbliższych latach. Istotne jest, w jakich sferach tejże polityki rola Unii Europejskiej zarówno może, jak i powinna być większa, jakie zasoby unijne mogłyby w największym stopniu przyczyniać się do poprawy bezpieczeństwa Polski, nade wszystko zaś w jaki sposób Polska mogłaby stymulować rozwój Unii jako wspólnoty bezpieczeństwa w kierunku pożądanym przez Warszawę, a także jaki wkład mogłaby (lub wręcz musi) w ten proces wnieść, by optymalnie, tzn. z możliwie największą korzyścią nie tylko dla siebie, ale i dla pozostałych członków i Unii jako całości, wykorzystać wynikające z udziału w niej możliwości.

Unia Europejska w polskiej polityce bezpieczeństwa – wartością całościowość

W kontekście określanym przez otwartą rosyjską agresję na Ukrainę dość oczywista i zrozumiała jest tendencja w większości państw europejskich do swoistej (re)militaryzacji myślenia o bezpieczeństwie – po latach rozszerzania jego zakresu o sfery pozawojskowe – a co za tym idzie, także polityk w tym względzie. Oznacza to, że w państwach Europy ponownie zaczęto, choć w różnym stopniu, myśleć o sprawach bezpieczeństwa oraz o sposobach jego zapewniania głównie przez pryzmat zagrożeń wojskowych, zwłaszcza posiadanych możliwości militarnej odpowiedzi. Wydaje się, że w Polsce w ostatnich miesiącach mamy do czynienia ze szczególnym nasileniem się tej tendencji, nade wszystko w odniesieniu do narzędzi reakcji na

[2] Jak wskazał Steven Walt, państwa w polityce bezpieczeństwa równoważą zagrożenia, czyli nie tyle sam większy od posiadanego przez nie potencjał innego podmiotu, ile takowy potencjał w połączeniu z intencją władz jego wrogiego wykorzystania. S. Walt, „Alliance formation and the balance of world power", *International Security* 1985, t. 9, nr 4, s. 9–12.

[3] Por. „Agresja Rosji na Ukrainę – pierwsze dwa tygodnie wojny. Raport specjalny", *Rocznik Strategiczny* 2021/22, s. 46–49.

zagrożenia zewnętrzne, co tylko częściowo tłumaczyć może frontowe położenie naszego państwa, mającego wspólną granicę z Rosją i gwarantującego terytorialną ciągłość (przez tzw. przesmyk suwalski) z pozostałą częścią wschodniej flanki NATO, stanowioną przez państwa bałtyckie.

Takie zmilitaryzowane podejście, choć do pewnego stopnia uzasadnione, powoduje, że można niejako przeoczyć, zbagatelizować podstawową wartość Unii Europejskiej z perspektywy polskiej polityki bezpieczeństwa, jakim jest właśnie jej wyjątkowa wśród struktur współpracy międzynarodowej całościowość, holistyczny zakres współpracy i integracji w jej ramach. Kluczowe bowiem dla Polski (jak i zapewne innych członków w podobnej sytuacji, gdy chodzi o zagrożenie ze strony Rosji) jest właśnie to, że Unia oferuje możliwości oddziaływania i wykorzystania ogromnego potencjału, na który składają się zdolności jej poszczególnych państw członkowskich oraz wspólnie stworzone zasoby w sferach innych niż wojskowa, w tym w sferze gospodarczej. O wadze tego także dla polskiego bezpieczeństwa świadczy niebagatelna rola, jaką Unia odgrywała i odgrywa w reakcji jej członków na wszystkie – a przynajmniej zdecydowaną większość z nich – najpoważniejsze kryzysy i zagrożenia również dla polskiego bezpieczeństwa. Najlepiej ilustruje to odpowiedź na kryzys klimatyczny, bodaj najpoważniejsze, choć zarazem najtrudniej uchwytne w intensywności, powadze i konsekwencjach w sferze bezpieczeństwa wyzwanie dla państw europejskich. Obecnie, wprawdzie wyzwania związane z klimatem przesłaniają bardziej bezpośrednie zagrożenia, jak rosyjska agresja czy związane z nią (ale nie tylko) problemy z zapewnieniem dostępu do odpowiedniej ilości surowców energetycznych w rozsądnej cenie, a w Polsce, w wyniku splotu czynników politycznych (swoisty euro- i ekosceptycyzm obecnych władz), kulturowych (powszechność konserwatywnych postaw w kwestii środowiska) i ekonomicznych (znaczenie węgla w gospodarce), są one dodatkowo bagatelizowane. Niemniej jednak w odniesieniu do kwestii klimatycznych kluczowe znaczenie dla skuteczności reakcji mają właśnie szeroko zakrojone, kompleksowe inicjatywy Unii Europejskiej w rodzaju *green deal* czy *Fit for 55*[4]. Podobnie w wyniku innego poważnego i nagłego, acz także wynikającego z czynników pozawojskowych czy wręcz pozapolitycznych kryzysu wywołanego przez pandemię COVID-19 Unia odegrała, mimo pewnych sporów wewnętrznych i niedoskonałości podejmowanych działań, ważną rolę w ochronie społeczeństw państw członkowskich przed następstwami pandemii, np. dzięki wspólnym zakupom szczepionek, koordynacji działań i pomocy materiałowej czy medycznej w zarządzaniu kryzysowym[5].

---

[4] Tzw. *European Green Deal* to uruchomiony przez Komisję Europejską w grudniu 2019 r. pakiet inicjatyw polityczno-ekonomicznych o wartości ok. 1,8 blm euro, zmierzający do osiągnięcia przez UE neutralności klimatycznej do 2050 r. *Fit for 55* to powiązana z nim inicjatywa służąca redukcji emisji gazów cieplarnianych w UE o 55% do 2030 r. Szerzej: *Europejski Zielony Ład*, www.consilium.europa.eu/pl/policies/green-deal/ (dostęp: 5.09.2022).

[5] M. Madej, M. Terlikowski, „Wspólna Polityka Bezpieczeństwa i Obrony 2020: Ofiara koronawirusa czy »Hamiltonowski moment«?" oraz P. Borkowski, „Unia Europejska: pandemia, pieniądze, populizm i pożegnania", *Rocznik Strategiczny* 2020/21, s. 84–90 i 199–205.

Jednak także w kontekście bardziej tradycyjnego problemu bezpieczeństwa Europy (i poszczególnych państw kontynentu), jakim jest agresja Rosji na Ukrainę, działania Unii z wykorzystaniem jej struktur oraz mechanizmów współpracy stanowią ważny element reakcji. Służą zarówno wywieraniu nacisku na Rosję – przede wszystkim unijne sankcje, niepozbawione co prawda istotnych luk i słabości (przeważnie utrzymywanych z uwagi na koszt tego rodzaju poczynań dla samych państw UE), ale mimo to dotkliwe dla Federacji Rosyjskiej, zwłaszcza w dłuższym terminie[6] – jak i budowy bezpieczeństwa państw-członków przez rozwój ich odporności (*resilience*) na presję, zwłaszcza ekonomiczną i informacyjną, np. w drodze odpowiednich inwestycji infrastrukturalnych czy mechanizmów reakcji w postaci pomocy finansowej, współdzielenia zapasów itd. Poniekąd już fakt istnienia Unii jako wspólnego rynku (bardziej niż formuła sojusznicza w art. 42.7 Traktatu lizbońskiego[7], wciąż niezinternalizowana w dużej mierze przez rządy i społeczeństwa państw członkowskich, a co za tym idzie, niezoperacjonalizowana) ma zapewne wobec wielu państw trzecich walor odstraszający od agresji, przynajmniej zbrojnej. Naruszenie bowiem granic Unii Europejskiej mogłoby prowadzić do poważnego zaburzenia funkcjonowania procesów gospodarczych i społecznych w jej ramach, a w rezultacie wpływałoby na relacje ekonomiczne i polityczne agresora z wszystkimi członkami Unii, także niezaatakowanymi bezpośrednio, ale zmuszonymi w ten sposób do odpowiedzi, w stopniu czyniącym agresję mało opłacalną. Co istotne, jak dotąd (wrzesień 2022 r.) Unii mimo obaw dotyczących rozbieżności interesów państw członkowskich – zwłaszcza w konsekwencji zróżnicowanego (ale generalnie wysokiego) poziomu uzależnienia surowcowego od Rosji czy skali zaangażowania gospodarczego na rosyjskich rynkach – udało się zachować wysoki poziom spoistości stanowisk i prowadzonych polityk, również w kwestii sankcji.

---

[6] Do sierpnia 2022 r. na Rosję nałożono łącznie siedem pakietów sankcji o zróżnicowanym charakterze (indywidualnych – wobec konkretnych osób i organizacji, państwowych, dyplomatycznych, finansowych i restrykcji medialnych). Objęły one m.in. embargo na import części surowców energetycznych i złota, ograniczenia możliwości uczestnictwa w globalnym obrocie finansowym itd. Szerzej: *Sankcje UE wobec Rosji w sprawie Ukrainy (od 2014 r.)*, www.consilium.europa.eu/pl/policies/sanctions/restrictive-measures-against-russia-over-ukraine/ (dostęp: 5.09.2022); I. Wiśniewska, *Rosja: unijne sankcje coraz mniej restrykcyjne*, www.osw.waw.pl/pl/publikacje/analizy/2022-07-26/rosja-unijne-sankcje-coraz-mniej-restrykcyjne (dostęp: 5.09.2022).

[7] Z pewnością jego operacjonalizację utrudnia wewnętrzna sprzeczność zawartych w nim sformułowań oraz zadeklarowany priorytet NATO w kwestiach zbiorowej obrony: Art. 42.7: „W przypadku gdy jakiekolwiek Państwo Członkowskie stanie się **ofiarą zbrojnej agresji na jego terytorium** [*casus foederis* – przyp. aut.], pozostałe Państwa Członkowskie mają w stosunku do niego **obowiązek udzielenia pomocy i wsparcia przy zastosowaniu wszelkich dostępnych im środków** [zobowiązanie sojusznicze – przyp. aut.], zgodnie z artykułem 51 Karty Narodów Zjednoczonych. **Nie ma to wpływu na szczególny charakter polityki bezpieczeństwa i obrony niektórych Państw Członkowskich** [chodzi o neutralnych i niezaangażowanych członków Unii Europejskiej – przyp. aut.]. Zobowiązania i współpraca w tej dziedzinie pozostają zgodne ze zobowiązaniami zaciągniętymi w ramach Organizacji Traktatu Północnoatlantyckiego, która dla państw będących jej członkami pozostaje podstawą ich zbiorowej obrony i forum dla jej wykonywania [wszystkie wyróżnienia dokonane przez autora]”.

Ważne, że tego rodzaju całościowych gwarancji bezpieczeństwa i narzędzi jego budowy wynikających z istnienia Unii Europejskiej nie oferuje żadna inna struktura współpracy międzynarodowej, czyniąc Unię niejako bezkonkurencyjną. Niemniej jednak korzystanie z tego jest tym łatwiejsze, im bardziej jest się włączonym w procesy integracyjne w jej ramach. Nieprzypadkowo wiele mniejszych państw członkowskich – kraje bałtyckie, Słowacja, Słowenia, a ostatnio Chorwacja (przystępuje 1 stycznia 2023 r.) – w reakcji na obecne i wcześniejsze kryzysy (zwłaszcza finansowe) starało się, przeważnie skutecznie, wejść do strefy euro. To bowiem, niezależnie od niewątpliwych kosztów (także społecznych) i ograniczenia swobody władz państwowych w polityce ekonomicznej (choćby przez utratę możliwości sterowania kursem własnej waluty), stanowi solidny stabilizator gospodarczy i źródło odporności (*resilience*). Pełne uczestnictwo także w pozostałych wymiarach unijnej współpracy oraz możliwie najpełniejsza realizacja fundamentalnych wartości Unii Europejskiej, od rządów prawa począwszy po prawa jednostki i mniejszości czy ochronę środowiska naturalnego, sprzyjają maksymalizacji korzyści przez członków, również w sferze bezpieczeństwa.

Wspólna Polityka Bezpieczeństwa i Obronny oraz inne inicjatywy europejskie w sferze obronności – niewykorzystany, ale wciąż znaczący potencjał

Nieco odmiennie wygląda sytuacja, gdy skoncentrować się na analizie obecnej i potencjalnej wagi dla Polski współpracy unijnej w sferze bezpieczeństwa rozumianego bardziej tradycyjnie, z naciskiem na kwestie obronności i militarne, a więc w kontekście wyznaczanym przede wszystkim przez kooperację państw Unii Europejskiej w ramach Wspólnej Polityki Bezpieczeństwa i Obrony (WPBiO). Tu wyłaniający się obraz jest bowiem bardziej złożony, na co składa się wiele różnorodnych czynników, często względem Polski zewnętrznych.

Po pierwsze, dotychczasowy przebieg współpracy w ramach tej polityki Unii (w latach 1999–2010 rozwijanej pod nazwą Europejskiej Polityki Bezpieczeństwa i Obrony) nie przebiegał – eufemistycznie rzecz ujmując – bezproblemowo i przyniósł ograniczone rezultaty. Wiele inicjatyw w tym zakresie, przedstawianych w ciągu ponad dwóch dekad (a trzeba pamiętać, że w jakiejś postaci element współpracy w obronności był uwzględniany w procesach integracyjnych w Europie również wcześniej, w zasadzie – by wspomnieć nieudany projekt europejskiej współpracy obronnej – od samego początku), okazało się niepowodzeniem lub sukcesem w najlepszym wypadku umiarkowanym, mimo nierzadko zaangażowania niemałych środków oraz dużej (przynajmniej w świetle deklaracji) determinacji politycznej uczestników do osiągnięcia zakładanych celów[8]. W konsekwencji

[8] Warto tu przypomnieć o formalnie zrealizowanym, a faktycznie nie (posłużono się wybiegiem w postaci umowy Berlin+, umożliwiającej dostęp UE do potrzebnych zasobów NATO) Europej-

w sferze obronności wyraźny jest deficyt procesów integracyjnych Unii, a współpracę cechuje swoisty niedorozwój, zwłaszcza w relacji do innych płaszczyzn europejskiej kooperacji. Faktycznie bowiem – inna sprawa, czy nie słusznie – wciąż pozostaje ona sferą przede wszystkim współpracy międzyrządowej, do tego polegającej głównie nie na inicjatywach o integracyjnej naturze, lecz co najwyżej koordynacji poczynań poszczególnych państw (i też przeważnie nie wszystkich, nie tylko ze względu na decyzję Danii o wyłączeniu się – *opt out* – z niej od samego początku, od której pod wpływem rosyjskiej agresji na Ukrainę państwo to zresztą odchodzi[9]). Co więcej, największe projekty unijne nie zawsze dotyczyły rozwoju faktycznie kluczowych zasobów wojskowych.

Po drugie, istotny jest kierunek rozwoju WPBiO, generalnie niekorzystny w kontekście polskich interesów bezpieczeństwa. Dla Polski bowiem priorytetowy byłby rozwój zdolności do przeciwdziałania zagrożeniom o relatywnie tradycyjnym charakterze (wojskowym i powodowanym przez podmioty państwowe, jak Rosja) oraz na obszarze Europy, względnie jej najbliższego sąsiedztwa. Tymczasem WPBiO ewoluowała raczej w stronę budowy zasobów do skutecznego reagowania kryzysowego i działań stabilizacyjnych, przeważnie w formie akcji wsparcia pokoju (*peace support*), w tym doradztwa czy misji szkoleniowej, a nie *stricte* bojowej, do tego prowadzonych w obszarach pozaeuropejskich, głównie w Afryce i w mniejszym stopniu na Bliskim Wschodzie, w Europie zaś przeważnie na Bałkanach. Taka aktywność wymaga natomiast często rozwoju innych zdolności, sprzętu czy szkoleń niż te potrzebne do prowadzenia działań odstraszających od agresji na terytorium państw członkowskich Unii lub obronnych, gdy te pierwsze zawiodą.

Po trzecie, co pozostaje w ścisłym związku z poprzednim punktem, a nasiliło się zwłaszcza w ostatnich latach, coraz ważniejsza w ramach WPBiO staje się współpraca przemysłów obronnych i realizacja mniej lub bardziej wspólnych (czy raczej „uwspólnotowionych", czyli prowadzonych przez struktury wspólnotowe) projektów zbrojeniowych. Jest to o tyle zrozumiałe i zasadne, że w świetle zidentyfikowanych słabości potencjałów wojskowych państw Unii Europejskiej, trudnych do pokonania przez poszczególnych członków samodzielnie, a zarazem istotnie wpływających na faktyczne możliwości realizacji przez nich wspólnych

---

skim Celu Naczelnym (*European Headline Goal*) z 1999 r., zakładającym dysponowanie przez Unię w 2003 r. 50–60 tys. sił szybkiego reagowania do samodzielnego realizowania misji stabilizacyjnych. Innym przykładem jest fiasko koncepcji Grup Bojowych, uruchomionych formalnie w 2007 r. i mających stanowić główne narzędzie reagowania kryzysowego, lecz nigdy przez Unię nie wykorzystanych w działaniach operacyjnych. S. Biscop, J. Coelmont, „Military CSDP: The Quest for capability", w: S. Biscop, R.G. Whitman (red.), *The Routledge Handbook of European Security*, London–New York 2013, s. 78–91.

[9] W zorganizowanym 1 czerwca 2022 r. z inicjatywy koalicji rządzącej i wiążącym dla władz referendum za udziałem w WPBiO Danii opowiedziało się 66,9% głosujących (przy 65% frekwencji). J. Gotkowska, J. Tarociński, *Duńskie „tak" dla wspólnej polityki bezpieczeństwa i obrony*, www.osw.waw.pl/pl/publikacje/analizy/2022-06-14/dunskie-tak-dla-wspolnej-polityki-bezpieczenstwa-i-obrony (dostęp: 3.09.2022).

działań wojskowych (wszelkiego rodzaju, nie tylko operacji pokojowych czy stabilizacyjnych), zwiększenie efektywności współpracy powinno przyczynić się do podniesienia zdolności Unii do działania, a w konsekwencji zmniejszenia ryzyka niepowodzeń, względnie częściowych jedynie sukcesów inicjatyw w ramach WPBiO, niestety częstych, począwszy od 1999 r. i niezrealizowanej w pełni, a sztandarowej wówczas zapowiedzi utworzenia 60-tysięcznych sił szybkiego reagowania Unii Europejskiej. Zarazem jednak przeważnie taka koncentracja na współpracy przemysłowej umacnia, zważywszy choćby na duże różnice w możliwościach finansowych i technologicznych, pozycję przedsiębiorstw z największych państw członkowskich na rynkach europejskich. Dla Polski, z jednej strony utrzymującej znaczący potencjał przemysłowy w sferze obronności i chcącej go zachować choćby z uwagi na możliwość zaspokajania w ten sposób przynajmniej części własnych potrzeb, z drugiej strony obiektywnie zapóźnionej technologicznie w sferze wojskowej i dysponującej – zwłaszcza w krótkiej perspektywie – jedynie możliwościami jego punktowego, a nie całościowego rozwoju, tego rodzaju zmiany w ramach WPBiO stanowią poważne wyzwanie.

Co ważne, obecny, dla Polski nieoptymalny kierunek rozwoju WPBiO zdaje się jeszcze umacniać w ostatnim czasie. Przyjęty w marcu 2022 r., więc tuż po rozpoczęciu przez Rosję otwartych działań zbrojnych wobec Ukrainy (przygotowywany jednak oczywiście w znacznej mierze przed agresją) *Kompas Strategiczny* wyznaczający kurs ewolucji WPBiO w najbliższych latach oraz określający główne zadania i cele w rozwoju przez Unię zdolności wojskowych, mimo pewnej zmiany w retoryce i formalnych w gruncie rzeczy zabiegów (takich jak rozpoczęcie dokumentu refleksją o agresji Rosji na Ukrainę jako kluczowym uwarunkowaniu rozwoju sytuacji strategicznej wokół Unii Europejskiej), faktycznie raczej umacnia stare trendy niż je istotnie modyfikuje. Dowodzi tego choćby jedna z najważniejszych i najbardziej konkretnych propozycji sformułowanych w *Kompasie...* – w sferze zdolności wojskowych – mianowicie zapowiedź utworzenia do 2025 r. sił szybkiego reagowania liczących ok. 5000 żołnierzy. Zarówno ich liczebność, jak i oczekiwane możliwości działania odpowiadają potrzebom przede wszystkim misji stabilizacyjnych, a nie obrony terytorium państw członkowskich[10]. Podobnie intensywnie do niedawna dyskutowana idea „strategicznej autonomii" Europy, choć jako wyraz woli rozwinięcia przez Unię Europejską (w ramach WPBiO lub poza nią) możliwości w pełni samodzielnego – tzn. bez konieczności odwoływania się do amerykańskiego potencjału – reagowania na zagrożenia i wyzwania dla jej bezpieczeństwa pozostaje w swych pryncypiach w pełni zasadna, stanowiąc w dużej mierze „dziecko ery Donalda Trumpa" i formę reakcji na jawnie niechętną Unii (i większości jej państw członkowskich, zwłaszcza Niemcom) postawę

---

[10] Szerzej: *A Strategic Compass for Security and Defence*, www.eeas.europa.eu/eeas/strategic-compass-security-and-defence-1_en (dostęp: 5.09.2022).

poprzedniego amerykańskiego prezydenta, stała się bardziej inicjatywą koncentrującą się na budowie „autonomii od USA" i ograniczaniu amerykańskich wpływów na europejskie polityki obronne (w tym rozwój zasobów i decyzje o ich zastosowaniu), a mniej na „autonomii do" i faktycznym rozwoju zdolności europejskich do efektywnego działania w sferze wojskowej. Akcentowanie zaś przede wszystkim wagi „eliminowania uzależnienia od Waszyngtonu" w obecnych warunkach, przy realnej i bezpośredniej groźbie ze strony Rosji już nie tylko dla sąsiadów Unii, ale również jej członków, a zarazem istnieniu NATO jako alternatywnej platformy współpracy transatlantyckiej, wydają się – niezależnie do faktycznego, ale jednak stopniowego i nieoznaczającego rezygnacji z zaangażowania w Europie zwrotu w polityce bezpieczeństwa USA ku wyzwaniom w regionie Pacyfiku (*Pacific pivot*) – nie tylko mniej pilne i korzystne, ale przeciwskuteczne. Większe bowiem szanse na szybką poprawę stanu bezpieczeństwa państw europejskich powinny dawać wysiłki służące swoistej europeizacji NATO, czyli zwiększania w nim wkładu (również w formie zasobów), a co za tym idzie, także wpływu na procesy decyzyjne innych sojuszników niż USA, zwłaszcza że ze strony tych ostatnich jest to wręcz – przynajmniej wedle oficjalnych deklaracji prezydenta Joe Bidena i przedstawicieli jego administracji – oczekiwane[11]. Na swój sposób potwierdza to decyzja o akcesji do Sojuszu Finlandii i Szwecji – do niedawna intensywnie angażujących się we współpracę w Unii w kwestiach bezpieczeństwa (zwłaszcza w operacjach pokojowych), relatywnie sceptycznie odnoszących się natomiast do idei współpracy *stricte* sojuszniczej, z zakresu kolektywnej obrony, w obecnych jednak realiach od tej polityki odchodzących i stawiających na już dostępną „polisę" w tym względzie, jaką jest NATO, a nie na WPBiO, jako dającą być może nadzieję na solidne gwarancje bezpieczeństwa (także wojskowego) w przyszłości, lecz jeszcze nie teraz[12].

Przeszkodą w wykorzystaniu potencjału współpracy w Unii Europejskiej w sprawach bezpieczeństwa do realizacji polskich interesów narodowych jest też postawa, jaką Polska przyjmowała dotąd wobec WPBiO niemal od chwili jej zainicjowania. Nieprzypadkowo będąc powszechnie uważaną za jednego z najzagorzalszych „atlantystów" przyznających priorytet współpracy transatlantyckiej w i poza NATO (co skądinąd przy polskim położeniu geostrategicznym znajduje mimo wszystko uzasadnienie), wykazywała wobec WPBiO (jak i jej poprzedniczek – EPBiO czy ESDI) niemałą rezerwę, właśnie z obawy przed możliwym wpływem jej rozwoju na jedność i współpracę transatlantycką oraz ryzyko duplikacji

---

[11] Por. m.in. *Remarks by President Biden in Press Conference*, Brussels, 14.06.2021, www.whitehouse.gov/briefing-room/speeches-remarks/2021/06/14/remarks-by-president-biden-in-press-conference-3/ (dostęp: 5.09.2022); *Statement by President von der Leyen with US President Biden*, Brussels, 25.03.2022, ec.europa.eu/commission/presscorner/detail/en/STATEMENT_22_2043 (dostęp: 5.09.2022).

[12] W. Lorenz, „Wpływ członkostwa Finlandii i Szwecji w NATO na bezpieczeństwo Sojuszu", *Biuletyn PISM*, 9 czerwca 2022 r., nr 94.

(bardziej jednak kompetencji niż zasobów) z Sojuszem[13]. Dodatkowo okresy, gdy w Warszawie przejawiano nieco większy entuzjazm wobec współpracy europejskiej w sprawach bezpieczeństwa, przypadały przeważnie, jak w latach 2008–2012, na czas, gdy współpraca ta (tak w formule WPBiO, jak i szerzej ujmowanej Unii) znajdowała się z rozmaitych przyczyn w kryzysie. Dlatego zwiększone akurat polskie zaangażowanie przynosiło wówczas ograniczone rezultaty, co w konsekwencji ponownie ograniczało – stopniowo, ale skutecznie – żywione wobec WPBiO nadzieje[14]. Po objęciu władzy przez Zjednoczoną Prawicę rezerwa wobec tego wymiaru współpracy europejskiej jeszcze wzrosła, przekształcając się w mniej lub bardziej skrywaną niechęć do WPBiO jako jednego z narzędzi budowy „francusko-niemieckiej dominacji w UE" i środka podporządkowywania przez nie państw Europy Środkowej (przede wszystkim Polski). To zaś umożliwiałoby mobilizację także polskich zasobów do realizacji interesów narodowych państw, takich jak Francja czy Niemcy, za dowód czego uznawano choćby – nie bez, przyznać trzeba, podstaw, choć kwestii tej nie można oceniać zerojedynkowo – koncentrację aktywności operacyjnej Unii Europejskiej w Afryce, szczególnie w ważnym dla Francji Sahelu. W konsekwencji polski wkład w inicjatywy europejskie po 2015 r. jeszcze mocno się zmniejszył, nie tylko w WPBiO, w ramach której – może z wyjątkiem okresowo istotnej obecności wojskowej w ekspedycyjnych operacjach i misjach UE (np. w Kongo/DRK, Czadzie czy Rep. Środkowoafrykańskiej) – rzadko wykraczał zresztą poza europejską przeciętną i z pewnością nie przyjmował formy przywódczej czy pionierskiej. Szczególnie wyraźnie widać to w wypadku aktywności w ramach PESCO (choć i w wymiarze operacyjnym obecne polskie zaangażowanie jest daleko mniejsze niż wcześniej, zwłaszcza w szczytowym okresie drugiej połowy pierwszej dekady XXI w.). Polska, jedno z większych państw członkowskich ze znaczącym w skali Unii potencjałem wojskowym i przemysłem obronnym, obecnie uczestniczy formalnie w 11 projektach (na 60, co sytuuje nasz kraj raczej poniżej średniej unijnej), ale rolę lidera, a nie szeregowego uczestnika odgrywając w zaledwie jednym, niewielkim w skali i realizowanym wyłącznie z Węgrami (szkoleniowe centrum medyczne dla sił specjalnych – SMTC)[15].

---

[13] Por. K. Longhurst, M. Zaborowski, *The New Atlanticist: Poland's Foreign and Security Policy Priorities*, Blackwell Publishing, London 2007.

[14] Niewątpliwie miało to związek z faktem, iż polskie wzmożenie chęci współpracy w sprawach wojskowych czy bezpieczeństwa w Unii było wówczas w większym stopniu motywowane obawami o sprawność i trwałość NATO i powiązań transatlantyckich (głównie w następstwie mniej lub bardziej uzasadnionego w poszczególnych okresach rozczarowania USA postawą europejskich sojuszników), aniżeli głęboką wiara w potencjał tkwiący w WPBiO czy innych europejskich inicjatywach. Szerzej: M. Madej, „Wpływ udziału we Wspólnej Polityce Bezpieczeństwa i Obrony na polską politykę bezpieczeństwa", w: F. Tereszkiewicz (red.), *Polska w Unii Europejskiej. Bilans dekady*, Kancelaria Prezydenta RP, Warszawa 2013, s. 244–272.

[15] Por. PESCO, www.pesco.europa.eu/#projects (dostęp: 3.09.2022). W większości – z wyjątkiem inicjatywy dotyczącej mobilności wojskowej (*Military Mobility*) – trudno też uznać projekty PESCO, w których Polska uczestniczy, za centralne dla tejże współpracy lub prawdziwie przełomowe w sensie technologicznym czy operacyjnym.

Co jest możliwe już teraz?

Przede wszystkim nie warto przeceniać czy wręcz demonizować aktualnych oraz potencjalnych napięć we współpracy dwóch najbardziej kluczowych dla Polski instytucji bezpieczeństwa europejskiego, czyli NATO i Unii Europejskiej. Owszem, w wąsko rozumianej sferze militarnej, w kontekście możliwości realizowania zadań z zakresu tradycyjnie rozumianej zbiorowej obrony, Sojusz jest strukturą gotową do działania (względnie szybkiego i intensywnego), podczas gdy Unia Europejska to bardziej, by użyć internetowej metafory, „strona w budowie o ograniczonych funkcjonalnościach". Krótkookresowe priorytety Polski, gdy chodzi o współdziałanie w ramach organizacji międzynarodowych, wydają się więc w obecnych realiach oczywiste. Niemniej jednak przy konieczności kompleksowej reakcji na współczesne zagrożenia, także ze strony Rosji, wykorzystywanie i dalsze rozwijanie swego rodzaju komplementarności potencjałów Unii Europejskiej i NATO w interesie bezpieczeństwa ich członków jest tym bardziej możliwe i wskazane, przy czym może odnosić się nie tylko do uzupełniania militarnych możliwości Sojuszu pozawojskowymi zasobami Unii, ale też wymiaru wojskowego *sensu stricto*, gdzie np. sfera cyberbezpieczeństwa czy zwalczania dezinformacji i budowy odporności na ataki (*resilience*) wymaga zasobów w dyspozycji obu organizacji. Zauważalne w ostatnich latach (od 2014 r.) wzmożenie współpracy UE–NATO, nawet jeśli wciąż przynoszące ograniczone efekty, zasługuje na wsparcie i zaangażowanie koncepcyjne oraz materialne Polski[16].

Polska może też (i powinna) starać się zwiększyć zaangażowanie we współpracę przemysłów obronnych w ramach Unii, zarówno z uwagi na jej obecne centralne miejsce w WPBiO, jak i potencjalne korzyści dla polskich sił zbrojnych, ich powiązań z sojusznikami europejskimi, ale też gospodarki. Co prawda po uruchomieniu w stosunkowo krótkim okresie 60 projektów w formule PESCO, a także podjęciu finansowania wielu innych poprzez Europejski Fundusz Obronny (EDF), obecnie zauważalna jest raczej koncentracja na pełnej i terminowej (w miarę możliwości) realizacji dotychczasowych inicjatyw, a nie uzupełnianiu jej o nowe projekty. Niezależnie jednak od wielu obiektywnych ograniczeń polskiej zdolności do włączania się w kooperację przemysłów zbrojeniowych[17], Polska może zwiększyć swój wkład choćby w inicjatywy, w których już uczestniczy, zwłaszcza że takie projekty jak mobilność wojskowa zyskują na znaczeniu w obecnych warunkach i po decyzjach szczytu NATO w Madrycie w czerwcu 2022 r. (nieprowadzących do dużego zwiększenia obecności wojskowej sił Sojuszu na wschodniej flance,

---

[16] Por. A. Papaioannou, „Wzmacnianie relacji pomiędzy Unią Europejską i NATO", *NATO Review*, 16 lipca 2019 r., www.nato.int/docu/review/pl/articles/2019/07/16/wzmacnianie-relacji-pomiedzy-unia-europejska-i-nato/index.html (dostęp: 5.09.2022).

[17] Dogłębnie temat analizuje P. Śledź, *Europejska Współpraca Zbrojeniowa*, Wydawnictwo Naukowe Scholar, Warszawa 2021, zwł. s. 307–333.

lecz zakładających raczej podniesienie poziomu ich gotowości na obszarze całej Europy, co czyni ze zdolności przerzutu wojsk na kontynencie tym istotniejszą kwestię)[18]. Niestety, przeszkodą w większym zaangażowaniu we wspólne europejskie projekty zbrojeniowe jest wyraźna i szybko narastająca koncentracja w polityce zakupowej na potrzeby polskiej obronności na oferentach pozaeuropejskich (przede wszystkim USA, a w 2022 r. także Korei Południowej), tylko w części uzasadniana przez konieczność szybkiego dozbrojenia armii, która zmuszałaby do zawierania umów z oferentami gotowymi dostarczyć produkt „na dziś" (zwłaszcza że część kontraktów z USA oraz Koreą również nie przewiduje szybkich dostaw ostatecznej wersji sprzętu). To bowiem, zważywszy na cykle produkcyjne sprzętu wojskowego oraz długie okresy jego użytkowania, będzie oznaczać – niezależnie od olbrzymich kosztów i wątpliwej użyteczności, a nawet wykonalności części z zawieranych umów – uzależnienie od dostawców spoza Unii nie na lata, lecz dziesięciolecia, stanowiąc tym samym przeszkodę dla włączania się Polski we współpracę w tym względzie wewnątrz Unii[19].

Nie należy też pomijać znaczenia inicjatyw pojawiających się we współpracy europejskiej w sprawach bezpieczeństwa i obrony formalnie poza strukturami WPBiO czy NATO, ale również będących przejawem procesów integracyjnych i współpracy w tej sferze oraz platformami rozwoju zdolności wojskowych państw Europy. Co prawda dystans, jaki Polska zachowuje wobec zainicjowanej przez Francję Europejskiej Inicjatywy Interwencyjnej (*European Intervention Initiastive* – E2I), wydaje się uzasadniony, zważywszy na jej wyraźną orientację na budowę zdolności ekspedycyjnych do reagowania w obszarach pozaeuropejskich, zwłaszcza w Afryce, co wzmacniałoby dotychczasowy, nieszczególnie pożądany kierunek rozwoju integracji europejskiej w sprawach bezpieczeństwa. Zarazem jednak zastanawiająca jest równoczesna nieobecność Polski w uruchomionym przez Wielką Brytanię w 2012 r. programie *Joint Expeditionary Force* (JEF), zarówno z uwagi na członkostwo (obok wskazywanej przez polskie władze jako szczególnie istotny polski sojusznik po brexicie Wielkiej Brytanii skupia ona państwa bałtyckie, skandynawskie oraz Holandię), jak i koncentrację na bezpieczeństwie Bałtyku oraz północnej części obszaru traktatowego NATO. JEF jest oczywiście ściśle powiązana z kooperacją w NATO (stanowiąc wdrożenie modelu „państw ramowych" jako narzędzia budowy zdolności wojskowych w tej organizacji), jednak skupia także członków Unii, w tym dwa kraje właśnie wstępujące do Sojuszu. Mogłaby więc stanowić zarówno płaszczyznę intensyfikacji kontaktów między tymi dwiema strukturami, jak i czynnik sprzyjający podnoszeniu zainteresowania oraz zaangażowania w sprawy bezpieczeństwa rejonu bałtyckiego państw zachodnioeuropejskich, na

[18] Por. J. Gotkowska, J. Turociński, *Co po Madrycie? Szczyt NATO a bezpieczeństwo wschodniej flanki. Komentarze OSW*, 5 lipca 2022 r., nr 462; W. Lorenz, „Szczyt NATO w Madrycie – odpowiedź na agresywną politykę Rosji", *Biuletyn PISM*, 15 lipca 2022 r., nr 114.

[19] Por. m.in. M. Świerczyński, „Parada wydatków", *Polityka*, 10 sierpnia 2022 r.

czym przecież Polsce powinno zależeć. Ułatwiałoby to dodatkowo zwiększanie obecności wojskowej państw europejskich (niezależnie od USA czy Kanady) na wschodniej flance NATO, co nie musi przecież dokonywać się wyłącznie bezpośrednio przez struktury i inicjatywy Sojuszu (w tym *Enhanced Forward Presence*)[20].

Warto na koniec jeszcze zauważyć, że współczesne globalne relacje w sferze bezpieczeństwa, w świecie pełnym rosnących napięć, a zarazem powiązanym trwale mimo wszystko pogłębiającą się siecią globalnych zależności, stają się grą dla „aktorów wagi ciężkiej" (lub za takich – jak Rosja – się uważających i zachowujących się odpowiednio do tego przekonania), zdolnych do mobilizacji znaczących zasobów i prowadzenia wielowymiarowej polityki. Zdecydowania większość członków Unii Europejskiej, w tym oczywiście Polska, samodzielnie do kategorii takich graczy nie należy, lepiej więc na współczesne wyzwania globalne przygotować się w ramach większych, a zarazem wewnętrznie mocno zintegrowanych struktur, takich właśnie jak Unia. Dlatego ślepą uliczką rozwojową w polskiej polityce zagranicznej, w tym bezpieczeństwa, jest trwające ze zmienną intensywnością poszukiwanie przez polskie władze (zresztą głównie z powodów niejako partykularnych i związanych z ich stosunkiem do Unii, a nie geopolitycznych czy strategicznych) alternatyw instytucjonalnych wobec Unii, zwłaszcza subregionalnych, takich jak Grupa Wyszehradzka (V4) czy idea Trójmorza. Co prawda pandemia COVID-19 trochę ten trend osłabiła, ale takie poszukiwania stają się przeciwskuteczne w kontekście wzmacniania polskiego bezpieczeństwa, jeśli są prowadzone niejako w kontrze do Unii Europejskiej i obok NATO. Tego rodzaju struktury nie mają bowiem potencjału rozwojowego pozwalającego liczyć, że da się w ten sposób zbudować możliwości odpowiednie np. do równoważenia rosyjskiego zagrożenia. Innymi słowy, dla Unii i NATO nie ma zamienników i trzeba myśleć o ich rozwoju i budowie realnej synergii między nimi, a nie poszukiwać trzecich dróg. Rozwój współpracy Unii i Sojuszu w sprawach bezpieczeństwa, w tym wojskowych, nie stanowi zaś przeszkody w umacnianiu spoistości i zdolności do działania NATO, może je umacniać, zwłaszcza jeśli przyczyni się do generacji realnych zdolności wojskowych, zwiększenia spójności unijnej polityki na wielu płaszczyznach (ekonomicznej czy energetycznej) wobec zagrożeń zewnętrznych, szczególnie ze strony Rosji, ale też np. Chin, czy budowy odporności w takiej sferze jak cyberbezpieczeństwo. Polska potrzebuje dziś wiarygodnych i silnych sojuszników jak nigdy po 1989 r., jeśli więc nie tylko struktury NATO, ale też Unii Europejskiej mogą w budowie tego rodzaju związków pomóc, to z pewnością nie należy z tego rezygnować, przeciwnie – lepiej starać się te możliwości w jak największym stopniu wykorzystać.

---

[20] S. Monaghan, *The Joint Expeditionary Force: Global Britain in Northern Europe?*, 25 marca 2022 r., www.csis.org/analysis/joint-expeditionary-force-global-britain-northern-europe (dostęp: 5.09.2022); M. Terlikowski, W. Lorenz, „Strengthening European crisis response capabilities: French and British initiatives", *PISM Bulletin*, 29 czerwca 2018 r., nr 85.

Rozdział 6

System ustrojowo-polityczny i normatywny Polski (AD 2022) wobec zagrożenia wojną

Grzegorz Rydlewski

Si vis pacem, para bellum – jeśli chcesz pokoju, przygotuj się do wojny. Sparafrazowane zdanie Flaviusa Wegecjusa Renatusa, historyka rzymskiego z IV w. n.e. z prologu do dzieła *O sztuce wojennej. Zarys wojskowości*[1] zawiera regułę, która jest aktualna zawsze, ale nabiera szczególnej aktualności w sytuacji agresji Rosji na Ukrainę, gdy śmiercionośne pociski spadają w bliskości polskiej granicy oraz w czasie, w którym propagandziści Kremla głoszą, że dobiegł końca pokój w Europie.

Niepodległość i suwerenność państwa należą w każdym przypadku do wartości naczelnych, strzeżenie niepodległości, nienaruszalności terytorialnej, suwerenności oraz bezpieczeństwa państwa i obywateli stanowią zaś trzon interesów narodowych. Bez realizacji tych wartości i interesów nie można mówić o zapewnieniu warunków do trwałego i zrównoważonego rozwoju społecznego i gospodarczego. Niezależnie więc od sytuacji geopolitycznej, systemowe przygotowanie państwa do funkcjonowania w warunkach zagrożenia bezpieczeństwa zewnętrzną agresją i w czasie wojny w każdych warunkach stanowi zadanie naczelne o charakterze strategicznym.

W doktrynalnych i analitycznych ujęciach istoty i cech państwa przez wieki nagromadziło się wiele zróżnicowanych podejść. Współcześnie państwo jest definiowane najczęściej jako, charakteryzująca się wyróżniającymi ją cechami, całościowa, odrębna i wewnętrznie ustrukturalizowana terytorialna struktura społeczna,

[1] Zob. I. Łuć, „Si vis pacem, para bellum – wizja armii rzymskiej w świetle Epitoma rei militaris Wegecjusza", *Vox Patrum*, 2020, nr 75, s. 317–344.

polityczna, prawna, administracyjna, ekonomiczna i kulturowa. W definicjach, w których w różnej konfiguracji przewijają się takie elementy składowe, jak: ludność, terytorium, władza, prawo i administracja, z zasady eksponowana jest też suwerenność i zdolność państwa do obrony swoich granic[2].

W ujęciu funkcjonalnym państwo stanowi, znajdujący się w sytuacji permanentnej aktywności, system równoległej realizacji wielu funkcji i zadań. Może być potraktowane jako wieloelementowy system decyzyjny, który złożony jest z wartości, interesów, celów, zasad, norm, instytucji, procedur, kadr i relacji zachodzących w przestrzeni wyznaczonej przez terytorium, obowiązujący na nim porządek ustrojowy, normatywny, organizacyjny, właścicielski i finansowy oraz przez zamieszkującą dane terytorium ludność. Państwo rozumiane jest w tym ujęciu jako maszyna decyzyjna, w której w ramach wielopasmowych, często przenikających się i nakładających w czasie działań, we wzajemnym powiązaniu i często w uzależnieniu lub konkurencji dochodzi do nielosowych wyborów postępowania. W wyniku tych wyborów – w sytuacji istnienia alternatywy – w sposób celowy i świadomy: określane, legitymizowane i wdrażane do praktyki są cele, kierunki, układy preferencji i strategie oraz odbywa się zarządzanie zasobami i dobrami oraz usługami materialnymi i niematerialnymi, a także wyznaczane są ścieżki realizacyjne. Dotyczy to również kwestii związanych z obroną niepodległości i zagwarantowaniem nienaruszalności granic, a tym sam przygotowania do powstrzymania agresora zmierzającego do naruszenia tych wartości i interesów.

Zdolność zagwarantowania wypełniania na niezbędnym poziomie funkcji zewnętrznych i wewnętrznych stanowi podstawę oceny rozwiązań kształtu instytucjonalnego i funkcjonalnego każdego państwa. W literaturze odnaleźć można różne szczegółowe opisy tych funkcji[3]. Dla potrzeb tego tekstu podkreślić wypada, że w ramach funkcji zewnętrznych kluczowe miejsce zajmują funkcje związane z zagwarantowaniem w ramach polityki zagranicznej i polityki bezpieczeństwa niepodległego i suwerennego bytu państwowego, a także optymalnej pozycji danego państwa w relacjach z innymi państwami oraz z organizacjami międzynarodowymi. Ten cel pojawia się też w różnych aspektach funkcji wewnętrznych państwa, które obejmują zagadnienia prawodawcze, administracyjne, gospodarcze, socjalne, kulturalne i edukacyjne.

Kluczowym elementem organizacji i funkcjonowania każdego państwa jest jego wieloelementowy i wielopoziomowy system bezpieczeństwa, który składa się z licznych, powiązanych ze sobą podsystemów. Można w nim wyodrębnić podsystem: strategiczno-ustrojowy (polityczny, normatywny i instytucjonalny), zintegrowanego zarządzania decyzyjnego, operacyjny (obronny, ochronny, rozwojowy), ochrony prawnej oraz wymiaru i wykonywania sprawiedliwości, informacji

---

[2] Zob. B. Szmulik, M. Żmigrodzki (red.), *Wprowadzenie do nauki o państwie i polityce*, Wydawnictwo Uniwersytetu Marii Curie-Skłodowskiej, Lublin 2007, s. 13 i nast.

[3] Zob. A. Korybski, „Funkcje państwa", w: tamże, s. 101 i nast.

i wiedzy, administrowania siłami oraz środkami i zasobami, wsparcia (społecznego, naukowego i gospodarczego), doskonalenia (ewaluacji i modernizacji)[4].

Intencją niniejszego rozdziału jest dokonanie ewaluacji stanu podsystemu ustrojowo-politycznego, normatywnego oraz instytucjonalnego systemu bezpieczeństwa narodowego w Polsce jesienią 2022 r. w kontekście wyzwań związanych z możliwością agresji z zewnątrz, przy uwzględnieniu zasadniczych zmian ustawowych, które zaszły w tej dziedzinie w wyniku uchwalenia w ekspresowym tempie ustawy o obronie Ojczyzny z dnia 11 marca 2022 r.[5]

Model ustrojowy systemu bezpieczeństwa narodowego w Polsce

W przypadku każdego państwa swoistą płytą główną systemu bezpieczeństwa narodowego jest system ustrojowy. Znaczenie ustroju państwa dla szczegółowego zakresu i treści działania państwa i jego administracji na rzecz zagwarantowania realizacji funkcji zewnętrznych i wewnętrznych, w tym na rzecz bezpieczeństwa, wynika z faktu, że inaczej standardy i granice aktywności państwa przedstawiają się w ustroju totalitarnym, autorytarnym i demokratycznym oraz w przypadku przyjęcia doktryny państwa administracyjnego lub państwa pomocniczego.

Model ustrojowy i wzorzec przedmiotowy funkcji i zadań danego państwa odnaleźć można najczęściej w konstytucji. Obowiązujące aktualnie regulacje konstytucji z 1997 r. sytuują Polskę pod względem rządzenia w grupie demokratycznych państw prawa: o republikańskim i unitarnym charakterze; z podziałem i równowagą władzy ustawodawczej, wykonawczej i sądowniczej; z systemem parlamentarno-gabinetowym; dualistycznym modelem władzy wykonawczej i silnym samorządem terytorialnym usytuowanym w ramach konstytucyjnych gwarancji decentralizacji władzy publicznej. Rzeczpospolita Polska określona została w konstytucji jako dobro wspólne wszystkich obywateli oraz jako demokratyczne państwo prawne, urzeczywistniające sprawiedliwość społeczną, w którym organy władzy publicznej działają na podstawie i w granicach prawa. Konstytucja stanowi, że władza zwierzchnia w państwie należy do Narodu, który sprawuje władzę przez swoich przedstawicieli.

Wzorzec funkcji państwa w sprawach związanych z bezpieczeństwem państwa zawiera art. 5 konstytucji, w którym określono, że „Rzeczpospolita Polska strzeże niepodległości i nienaruszalności swojego terytorium, zapewnia wolności i prawa człowieka i obywatela oraz bezpieczeństwo obywateli, strzeże dziedzictwa narodowego oraz zapewnia ochronę środowiska, kierując się zasadą zrównoważonego rozwoju”[6]. Konstytucja określa też zadania, obowiązki, kompetencje i wzajemne

---

[4] Szerzej zob. G. Rydlewski, *Megasystem bezpieczeństwa narodowego w Polsce. Ujęcie procesowe i funkcjonalno-decyzyjne*, Wydawnictwo Adam Marszałek, Toruń 2017.

[5] Dz.U. z 2020 r., poz. 655 z późn. zm.

[6] Dz.U. z 1997 r., Nr 78, poz. 483 ze zm. Zob. M. Brzeziński, *Bezpieczeństwo jako wartość konstytucyjna*, Dom Wydawniczy Elipsa, Warszawa 2019, s. 256 i nast.

relacje organów władzy publicznej, w tym władzy ustawodawczej, wykonawczej i sądowniczej w sprawach bezpieczeństwa.

Szczegóły precyzowane są w strategicznych i dyrektywnych dokumentach programowych oraz w ramach innych niż konstytucja aktów prawa powszechnie obowiązującego. Kluczowym elementem w systemie obowiązujących aktów normatywnych w sprawach systemu bezpieczeństwa jest ustawa z dnia 11 marca 2022 r. o obronie Ojczyzny[7]. Podstawowe znaczenie w wieloelementowym zbiorze strategii i programów w dziedzinie bezpieczeństwa w Polsce mają aktualnie: na poziomie ogólnych strategii rozwojowych kraju – Strategia na rzecz Odpowiedzialnego Rozwoju do roku 2020 (z perspektywą do 2030 r.)[8]; na poziomie strategii sektorowych – Strategia Bezpieczeństwa Narodowego RP z 12 maja 2020 r.[9]

Szczegółowe referowanie treści tych rozstrzygnięć wykracza poza założenia tego tekstu, wypada jednak wskazać podstawowe ich elementy.

Po pierwsze – podstawową zasadą systemową jest powszechność obowiązków obywateli polskich w sprawie obrony Ojczyzny (art. 85 konstytucji), a także obywatelski obowiązek wierności Rzeczypospolitej Polskiej oraz troski o dobro wspólne (art. 82 konstytucji).

Po drugie – istotne zadania i kompetencje związane z bezpieczeństwem przypisane są do organów władzy ustawodawczej[10]. Dotyczy to szczególnie Sejmu, który wraz z Senatem zajmuje się stanowieniem prawa, a nadto m.in.: sprawuje kontrolę nad działalnością Rady Ministrów w zakresie określonym przepisami konstytucji i ustaw; decyduje w imieniu Rzeczypospolitej Polskiej o stanie wojny i o zawarciu pokoju; wyraża zgodę na przedłużenie na czas oznaczony stanu klęski żywiołowej, gdy Rada Ministrów widzi taką potrzebę po okresie obowiązywania takiego stanu 30 dni.

Po trzecie – kluczowe obowiązki dotyczące bezpieczeństwa konstytucja przypisuje podmiotom władzy wykonawczej w państwie, którymi są Prezydent RP i Rada Ministrów. Silniejszą pozycję ma Rada Ministrów. Relacje między członami władzy wykonawczej określono w sposób wymuszający ich współdziałanie. Ma to ograniczać niebezpieczeństwo uzależnienia biegu najważniejszych spraw publicznych od woli jednego organu. Zasada konstruktywnego wotum nieufności w stosunku do Rady Ministrów wzmacnia pozycję władzy wykonawczej wobec Sejmu. Zwiększa to stabilność całego systemu władzy w państwie.

Prezydent RP czuwa nad przestrzeganiem konstytucji; stoi na straży suwerenności i bezpieczeństwa państwa oraz nienaruszalności i niepodzielności jego

---

[7] Dz.U. z 2022 r., poz. 655 z późn. zm.

[8] Uchwała Nr 8 Rady Ministrów z dnia 14 lutego 2017 r., M.P. z 2017 r., poz. 260.

[9] Załącznik do postanowienia Prezydenta Rzeczypospolitej Polskiej z dnia 12 maja 2020 r. w sprawie zatwierdzenia „Strategii Bezpieczeństwa Narodowego Rzeczypospolitej Polskiej", M.P. z 2020 r., poz. 413.

[10] Zob. M. Karpiuk, „Konstytucyjna właściwość Sejmu w zakresie bezpieczeństwa państwa", *Studia Iuridica Lublinensia* 2017, nr 4.

terytorium. Jest najwyższym zwierzchnikiem Sił Zbrojnych Rzeczypospolitej Polskiej, w czasie pokoju sprawuje zwierzchnictwo nad Siłami Zbrojnymi za pośrednictwem Ministra Obrony Narodowej, mianuje Szefa Sztabu Generalnego i dowódców rodzajów Sił Zbrojnych. Na czas wojny, na wniosek Prezesa Rady Ministrów, mianuje Naczelnego Dowódcę Sił Zbrojnych. W razie bezpośredniego, zewnętrznego zagrożenia państwa, na wniosek Prezesa Rady Ministrów, zarządza powszechną lub częściową mobilizację i użycie Sił Zbrojnych do obrony Rzeczypospolitej Polskiej. Może na wniosek Rady Ministrów wydać rozporządzenie o wprowadzeniu stanu wyjątkowego, a także wprowadzić stan wojenny na części albo na całym terytorium państwa[11].

Katalog zadań i kompetencji Prezydenta RP związanych ze staniem na straży suwerenności i bezpieczeństwa państwa, nienaruszalności i niepodzielności jego terytorium zawarty został w art. 24 ust. 1 ustawy o obronie Ojczyzny. Wskazano w nim, że Prezydent RP:

- przekazuje Radzie Ministrów rekomendacje do strategii bezpieczeństwa narodowego przed rozpoczęciem przez Radę Ministrów prac nad jej projektem;
- zatwierdza, w drodze postanowienia, na wniosek Prezesa Rady Ministrów, strategię bezpieczeństwa narodowego;
- przekazuje Radzie Ministrów rekomendacje do przygotowań obronnych Rzeczypospolitej Polskiej;
- wydaje, na wniosek Prezesa Rady Ministrów, w drodze postanowienia, Polityczno-Strategiczną Dyrektywę Obronną Rzeczypospolitej Polskiej oraz inne dokumenty wykonawcze do strategii bezpieczeństwa narodowego;
- zatwierdza, na wniosek Prezesa Rady Ministrów, plany krajowych ćwiczeń systemu obronnego, które są organizowane cyklicznie, nie rzadziej niż co cztery lata, przy udziale najwyższych władz państwowych, i kieruje ich przebiegiem;
- postanawia, na wniosek Rady Ministrów, o wprowadzeniu albo zmianie określonego stanu gotowości obronnej państwa;
- postanawia, w razie konieczności obrony państwa, na wniosek Rady Ministrów, o dniu, w którym rozpoczyna się czas wojny na terytorium Rzeczypospolitej Polskiej, oraz postanawia w tym samym trybie o dniu, w którym kończy się czas wojny na terytorium Rzeczypospolitej Polskiej;
- kieruje obroną państwa, we współdziałaniu z Radą Ministrów, z chwilą mianowania Naczelnego Dowódcy Sił Zbrojnych i przejęcia przez niego dowodzenia;
- może zwracać się do wszystkich organów władzy publicznej, administracji rządowej i samorządowej, przedsiębiorców, kierowników innych jednostek organizacyjnych oraz organizacji społecznych o informacje mające znaczenie dla bezpieczeństwa i obronności państwa;

[11] Zob. *Kompetencje Prezydenta RP w zakresie bezpieczeństwa i obronności państwa*, bbn.gov.pl (dostęp: 29.08.2022).

- inicjuje i patronuje przedsięwzięciom ukierunkowanym na kształtowanie postaw patriotycznych i obronnych w społeczeństwie.

W art. 25 ust. 1 przywołanej wyżej ustawy wskazano też, że Prezydent RP, sprawując zwierzchnictwo nad Siłami Zbrojnymi, w szczególności:
- określa, na wniosek Ministra Obrony Narodowej, główne kierunki rozwoju Sił Zbrojnych oraz ich przygotowań do obrony państwa;
- zatwierdza, na wniosek Ministra Obrony Narodowej, w drodze postanowienia: narodowe plany użycia Sił Zbrojnych do obrony państwa, organizację i zasady funkcjonowania wojennego systemu dowodzenia Siłami Zbrojnymi;
- wskazuje, na wniosek Prezesa Rady Ministrów, osobę przewidzianą do mianowania na stanowisko Naczelnego Dowódcy Sił Zbrojnych;
- może uczestniczyć w odprawach kierowniczej kadry Ministerstwa Obrony Narodowej i Sił Zbrojnych.

Rada Ministrów na podstawie konstytucji prowadzi politykę wewnętrzną i zagraniczną Rzeczypospolitej Polskiej i kieruje administracją rządową. Zapewnia m.in. bezpieczeństwo wewnętrzne państwa oraz porządek publiczny, a także bezpieczeństwo zewnętrzne państwa; sprawuje ogólne kierownictwo w dziedzinie obronności kraju. Może wprowadzić stan klęski żywiołowej (z własnej inicjatywy lub na wniosek właściwego wojewody). Może też wnioskować do Prezydenta RP o wprowadzenie stanu wyjątkowego oraz stanu wojennego na części albo na całym terytorium państwa.

W art. 27 ust. 1 ustawy o obronie Ojczyzny określono, że zapewnianie bezpieczeństwa zewnętrznego państwa oraz sprawowanie ogólnego kierownictwa w dziedzinie obronności kraju przez Radę Ministrów polega na:
- opracowywaniu projektów strategii bezpieczeństwa narodowego;
- planowaniu i realizacji przygotowań obronnych państwa zapewniających jego funkcjonowanie w razie zewnętrznego zagrożenia bezpieczeństwa i w czasie wojny, w tym planowaniu przedsięwzięć gospodarczo-obronnych oraz zadań wykonywanych na rzecz Sił Zbrojnych i wojsk sojuszniczych;
- przygotowywaniu systemu kierowania bezpieczeństwem narodowym, w tym obroną państwa, i warunków funkcjonowania organów władzy publicznej na stanowiskach kierowania;
- utrzymywaniu stałej gotowości obronnej państwa, wnioskowaniu do Prezydenta Rzeczypospolitej Polskiej o jej podwyższanie w razie zewnętrznego zagrożenia bezpieczeństwa i w czasie wojny oraz o jej obniżanie stosownie do zmniejszania stopnia zagrożenia;
- określaniu obiektów szczególnie ważnych dla bezpieczeństwa lub obronności państwa oraz przygotowywaniu i prowadzeniu ich szczególnej ochrony; przygotowaniu na potrzeby obronne państwa i utrzymywaniu w stałej gotowości jednolitych systemów obserwacji, pomiarów, analiz, prognozowania i powiadamiania;

- przygotowaniu systemu stałych dyżurów na czas zewnętrznego zagrożenia bezpieczeństwa państwa i wojny;
- określaniu zasad wykorzystania zasobów systemu ochrony zdrowia i infrastruktury technicznej państwa na potrzeby obronne, w tym sposobu zabezpieczania przestrzeni powietrznej i wód terytorialnych w razie zewnętrznego zagrożenia bezpieczeństwa i w czasie wojny;
- zapewnianiu funkcjonowania systemu szkolenia obronnego w państwie;
- prowadzeniu kontroli stanu przygotowań obronnych w państwie.

Na podstawie art. 27 ust. 3 ustawo o obronności Ojczyzny do zadań Rady Ministrów wykonywanych w ramach zapewniania zewnętrznego bezpieczeństwa państwa i sprawowania ogólnego kierownictwa w dziedzinie obronności kraju należy również zapewnienie wsparcia przez państwo-gospodarza, polegającego na udzielaniu cywilnej i wojskowej pomocy wojskom sojuszniczym i organizacjom międzynarodowym, które przebywają, wykonują zadania na terytorium Rzeczypospolitej Polskiej lub przemieszczają się przez to terytorium, w ramach wypełniania zobowiązań międzynarodowych.

Znaczne kompetencje Prezesa Rady Ministrów w sprawach związanych z kształtowaniem składu i organizacją Rady Ministrów, kierowaniem pracami rządu, wykonywaniem polityki rządu i koordynowaniem i kontrolowaniem pracy członków Rady Ministrów wzmacniają pozycję szefa gabinetu także w sprawach bezpieczeństwa. Praktyka pokazała jednak, że faktyczna pozycja Prezesa Rady Ministrów jest w znacznym stopniu uwarunkowana przez jego usytuowanie w obozie większości parlamentarnej sprawującej zaplecze rządowe[12].

Po czwarte – istotne zadania i kompetencje związane z bezpieczeństwem, w tym z przygotowaniem do wyzwań agresji militarnej, mają inne niż Sejm i Senat oraz Prezydent RP i Rada Ministrów ograny władzy publicznej, w tym: ministrowie, kierownicy centralnych urzędów administracji rządowej, wojewodowie oraz organy stanowiące i wykonawcze samorządu terytorialnego[13].

Dotyczy to w szczególności:

- ministra obrony narodowej – będącego naczelnym organem administracji rządowej właściwym w czasie pokoju m.in. w sprawach: obrony państwa oraz Sił Zbrojnych RP, ochrony granicy państwowej w przestrzeni powietrznej Rzeczypospolitej Polskiej, udziału Polski w wojskowych przedsięwzięciach organizacji międzynarodowych oraz w zakresie wywiązywania się z zobowiązań militarnych, wynikających z umów międzynarodowych;

---

[12] Zob. A. Sokołowski, *Kompetencje i zadania Prezesa Rady Ministrów i Rady Ministrów w ramach polityki bezpieczeństwa*, https://www.ukw.edu.pl/download/55533 (dostęp: 29.08.2022); A. Trubalski, „Uprawnienia organów władzy wykonawczej w zakresie zapewnienia bezpieczeństwa państwa", *Przegląd Sejmowy* 2017, nr 3.

[13] Zob. Z. Trejnis, J. Adamczewski (red.), *Samorząd terytorialny w systemie obronnym Rzeczypospolitej Polskiej*, Wydawnictwo Adam Marszałek, Toruń 2017.

- ministra właściwego do spraw wewnętrznych – będącego naczelnym organem administracji rządowej właściwym m.in. w sprawach: ochrony bezpieczeństwa i porządku publicznego, ochrony granicy państwowej na lądzie i na morzu oraz kontroli ruchu granicznego i cudzoziemców oraz koordynacji działań związanych z polityką migracyjną państwa, zarządzania kryzysowego, obrony cywilnej, ochrony przeciwpożarowej, nadzoru nad ratownictwem górskim i wodnym, obywatelstwa i ewidencji ludności;
- służb wywiadu i kontrwywiadu wojskowego i cywilnego;
- policji, straży pożarnej i służb ratownictwa medycznego.

Kluczową rolę w systemie odgrywają Siły Zbrojne RP – złożone z Wojsk Lądowych, Sił Powietrznych, Marynarki Wojennej, Wojsk Specjalnych, Wojsk Obrony Terytorialnej, w ramach których, od niedawna, jako specjalistyczny komponent wyodrębnione są Wojska Obrony Cyberprzestrzeni. Siły Zbrojne stoją na straży suwerenności i niepodległości Narodu Polskiego oraz jego bezpieczeństwa i pokoju, a także mogą brać udział w zwalczaniu klęsk żywiołowych i likwidacji ich skutków, w działaniach antyterrorystycznych i z zakresu ochrony mienia, akcjach poszukiwawczych oraz ratowania lub ochrony zdrowia i życia ludzkiego, oczyszczaniu terenów z materiałów wybuchowych i niebezpiecznych pochodzenia wojskowego oraz ich unieszkodliwianiu i realizacji zadań z zakresu zarządzania kryzysowego[14].

Na podstawie art. 30 ustawy o obronności Ojczyzny wojewoda, w ramach wykonywania zadań związanych z kierowaniem sprawami obronności w województwie, w szczególności:
- określa szczegółowe kierunki działania dla kierowników zespolonych służb, inspekcji i straży, organów administracji niezespolonej oraz jednostek samorządu terytorialnego w zakresie realizacji zadań obronnych;
- kieruje realizacją przedsięwzięć związanych z podwyższaniem gotowości obronnej państwa wykonywanych przez marszałków województw, starostów, wójtów (burmistrzów, prezydentów miast), przedsiębiorców oraz inne jednostki organizacyjne i organizacje społeczne mające swoją siedzibę na terenie województwa;
- koordynuje przedsięwzięcia niezbędne dla zabezpieczenia mobilizacji jednostek wojskowych i wykonywania świadczeń na rzecz obrony;
- kieruje realizacją przedsięwzięć związanych z przygotowaniem stanowisk kierowania dla organów terenowych;
- organizuje wykorzystanie miejscowych sił i środków na potrzeby obronności państwa i obszaru województwa, w tym ochrony ludności oraz dóbr materialnych i kultury przed środkami rażenia, jak również niesienia pomocy poszkodowanym;

[14] Zob. B. Balcerowicz, *Siły zbrojne w stanie pokoju, kryzysu i wojny*, Wydawnictwo Naukowe Scholar, Warszawa 2010.

- kontroluje i ocenia wykonywanie zadań obronnych przez organy, podmioty, przedsiębiorców, jednostki organizacyjne i organizacje na terenie województwa;
- organizuje edukację społeczeństwa dotyczącą przygotowania obronnego oraz prowadzi szkolenia i ćwiczenia obronne.

Nawet w tym ogólnym ujęciu modelu instytucjonalnego systemu bezpieczeństwa w Polsce pamiętać trzeba, że w strukturze tego systemu, jeśli potraktujemy bezpieczeństwo szeroko (co jest współcześnie podejściem dominującym)[15], znajdują się segmenty: obronny (dyplomacja, siły militarne, wywiad); ochrony (ochrony bezpieczeństwa i porządku publicznego, kontrwywiadu, ratownictwa i ochrony ludności, ratownictwa medycznego, ochrony przeciwpożarowej, obrony cywilnej kraju); ochrony prawnej, wymiaru sprawiedliwości i penitencjarny; bezpieczeństwa społecznego (m.in. kulturowego, zdrowotnego, edukacyjnego, socjalnego, demograficznego, informacyjnego, w zakresie stosunków pracy); bezpieczeństwa politycznego i sfery publicznej; bezpieczeństwa gospodarczego (finansów publicznych i obrotu finansowego, obrotu gospodarczego, energetycznego, transportowego, środowiska naturalnego); bezpieczeństwa wyodrębnionych zasobów osobowych, materialnych, funkcjonalnych i obszarowych państwa (w tym infrastruktury krytycznej); bezpieczeństwa wyodrębnionych wyzwań i zagrożeń (m.in. zgromadzeń publicznych, imprez masowych, przeciwdziałania przestępczości zorganizowanej); bezpieczeństwa sytuacji kryzysowych (zarządzania kryzysowego) i stanów nadzwyczajnych; oraz transsektorowy (m.in. przeciwdziałania terroryzmowi i zagrożeniom cyberbezpieczeństwa i informacji niejawnych).

Podsystem strategiczno-ustrojowy (polityczny, normatywny i instytucjonalny) bezpieczeństwa w Polsce

Misją narodowego systemu bezpieczeństwa w Polsce jest zapewnienie: pewności przetrwania państwa jako instytucji, narodu jako grupy etnicznej, biologicznego przeżycia ludności; integralności terytorialnej; niezależności politycznej; stabilności wewnętrznej; jakości życia. W ramach tego systemu organizowana jest aktywność obejmująca działania negatywne – polegające na eliminowaniu zagrożeń zewnętrznych i pojawiających się w ramach państwa oraz działania pozytywne – zapewniające przetrwanie, wzmacnianie tożsamości, funkcjonowanie i swobody rozwojowe państwa i narodu (rozumianego w ujęciu etnicznym lub – co ma miejsce współcześnie częściej – wspólnotowo). Prowadzone są działania związane z programowanie, planowaniem[16], prewencją, interwencją w sytuacjach krytycznych, działaniami naprawczymi (likwidacją skutków wystąpienia sytuacji

---

[15] Zob. S. Sulowski, *Tożsamość nauk o bezpieczeństwie*, Wydawnictwo Adam Marszałek, Toruń 2015.

[16] Zob. M. Banasik, *Planowanie strategiczne bezpieczeństwa narodowego. Wybrane problemy*, Wydawnictwo Adam Marszałek, Toruń 2016.

krytycznej), ewaluacją i doskonaleniem rozwiązań systemowych[17]. Z usytuowania wśród strategicznych interesów narodowych niepodległości, nienaruszalności granic i integralności terytorialnej państwa wynikają oczekiwania, że system bezpieczeństwa dysponował będzie potencjałem mającym w każdych warunkach zdolność odstraszania, obrony i ochrony oraz będzie miał zdolność stałego wzmacniania tego potencjału.

Z zasygnalizowanych wyżej oczekiwań wynikają istotne zadania dla podsystemu ustrojowo-politycznego, normatywnego i instytucjonalnego systemu bezpieczeństwa (który zwany jest też nieraz podsystemem kierowania).

Po pierwsze: podsystem ten powinien z założenia być miejscem ustalania w sprawach bezpieczeństwa, w tym w kwestiach przygotowania do agresji zewnętrznej i wojny, ram programowych i normatywnych integrujących wartości, interesy, misję, cele, zadania, zasady oraz rozwiązania strukturalne, instytucjonalne, funkcjonalne i kadrowe całego systemu.

Po drugie: podsystem ten powinien tworzyć odpowiednią przestrzeń dla ustalenia całościowej strategii bezpieczeństwa narodowego w perspektywie długookresowej obejmującej: założenia, interesy narodowe, cele, diagnozy zasobów własnych, prognozy rozwoju wydarzeń, kierunki działań, siatki zadań podstawowych, kryteria i procedury ewaluacji, zasady finansowania, mechanizmy płynnej modernizacji, zasady i mechanizmy komunikacji społecznej.

Po trzecie: podsystem ten powinien gwarantować na wszystkich poziomach funkcjonowania systemu bezpieczeństwa właściwą pod względem treści oraz czasu reakcji interwencję związaną z jakościowymi zmianami zachodzącymi w otoczeniu międzynarodowym.

Podmiotami aktywnymi w podsystemie ustrojowo-politycznym systemu bezpieczeństwa są podmioty artykulacji i agregacji interesu politycznego i społecznego; organy stanowiące i decyzyjne władzy ustrojodawczej, ustawodawczej i wykonawczej w państwie właściwe w sprawach określania interesów narodowych, ustroju państwa, strategicznych kierunków i programów rozwojowych i ich struktury pomocnicze oraz zaplecze doradcze i eksperckie, a także organy kontroli konstytucyjności i legalności.

Formami decyzji w tym podsystemie są akty prawa powszechnie obowiązującego: konstytucja, ratyfikowane prawo międzynarodowe i umowy międzypaństwowe, ustawy, rozporządzenia wykonawcze, prawo lokalne, a także: strategie programowe i rozwojowe państwa, w tym Strategia Bezpieczeństwa Narodowego RP; strategiczne przeglądy diagnostyczne, prognostyczne i programowe; systemowe schematy wariantowe rozwiązań; rozstrzygnięcia w ramach ocen, kontroli i nadzoru oraz systemowe mechanizmy komunikacji społecznej i politycznej w sprawach bezpieczeństwa narodowego.

---

[17] Zob. W. Kitler, *Bezpieczeństwo narodowe RP. Podstawowe kategorie. Uwarunkowania. System*, Wydawnictwo AON, Warszawa 2011.

Punktami krytycznymi i głównymi problemami w analizowanym tu podsystemie są zdolności:

- wyprzedzającego uzyskiwania informacji i wiedzy wysokiej jakości o szansach, zagrożeniach i możliwych działaniach;
- ujmowania interesów państwa, społeczeństwa i jego grup składowych, poszczególnych jednostek oraz podmiotów instytucjonalnych jako funkcjonalnej całości;
- ograniczenia motywacji partykularnych i doraźnych;
- rozwijania orientacji systemowej, całościowej, rozwojowej i innowacyjnej;
- analizy, interpretacji faktów i relacji, prognozowania, hierarchizowania celów, oceny spełniania przez poszczególne rozwiązania kryteriów i wymagań;
- wzmacniania synergii wewnątrzsystemowe;
- aktywizacji i optymalizacji zagospodarowania sił, środków i zasobów oraz wykorzystania potencjału społecznego i międzynarodowego.

Pierwsze wnioski z wojny rosyjsko-ukraińskiej

Kolejne wojny są zwykle inne niż te, które się zakończyły. Pewne jest jednak, że doświadczenia z wojny rosyjsko-ukraińskiej, która w chwili pisania tego tekstu przybrała w dużej mierze znamiona wyniszczającej konfrontacji pozycyjnej, będą miały swoje znaczenie wymagające uwzględniania w polityce strategicznej bezpieczeństwa w przyszłości. Mgła informacyjna towarzysząca tej wojnie powoduje, że mamy jeszcze cząstkowe wiadomości na temat faktycznego przebiegu konfliktu. Interesy stron oraz wspomagających Ukrainę sojuszników powodują, że wiadomości w tych sprawach są niepełne. Można już jednak mówić o pierwszych wnioskach wypływających z doświadczeń konfrontacji militarnej i politycznej związanej z inwazją Rosji na Ukrainę w 2022 r., które powinny być uwzględnione w polityce bezpieczeństwa innych państw.

Po pierwsze – uwidoczniło się znaczenie zdolności pełnej mobilizacji wokół kwestii związanych z obroną państwa wszystkich zasobów. Dotyczy to mobilizacji całego społeczeństwa, wszystkich liczących się uczestników sceny politycznej (którzy odłożyli na bok dzielące ich różnice) oraz wszystkich ogniw władzy publicznej w terenie (w tym, co bardzo ważne, organów terenowych władzy samorządowej, które stanowią ogniwo obrony terytorialnej), a także wykorzystania materialnej i funkcjonalnej infrastruktury obrony ludności i mechanizmów wypracowanych w ramach systemowych przygotowań obronnych i ochronnych, w tym w ramach planowania obronnego. Potwierdzeniu uległo znaczenie w ramach obrony klarownego przywództwa.

Po drugie – uwidoczniły się silne związki, jakie zachodzą między bezpieczeństwem międzynarodowym a bezpieczeństwem wewnętrznym oraz znaczenie umiejętności budowania i wykorzystywania układów sojuszniczych dla wzmocnienia własnych sił i środków obrony.

Po trzecie – przebieg wojny pokazał z wielką siłą powiązania między klasycznymi formami konfrontacji militarnej a nowymi środkami uzyskanymi w następstwie kształtowania się na świecie cywilizacji informacji, cyfryzacji i sztucznej inteligencji. Nie ma już wątpliwości, że cyberprzestrzeń stała się kolejnym obok lądu, akwenów wodnych, przestrzeni powietrznej i kosmosu, teatrem konkurencji i konfrontacji między państwami. Ma miejsce ewolucja pola walki i konfliktów[18]. Rakiety aerobalistyczne i naddźwiękowe samoloty wykorzystujące systemy hipersoniczne; amunicja artyleryjska precyzyjnego rażenia na odległość; drony rozpoznawcze i uderzeniowe (wyposażone w samonaprowadzające się pociski) jako bezzałogowe środki bojowe o znacznej skuteczności, w tym drony obserwacyjne służące ukierunkowaniu precyzyjnych uderzeń artyleryjskich i rakietowych; samodzielne roboty bojowe; środki rozpoznania elektronicznego wykorzystujące zdjęcia satelitarne i zbierające na odległość, ze znaczną precyzją informacje oraz programy pozwalające analizować te informacje w czasie rzeczywistym; sprzęt rozpoznania radioelektronicznego i obrony przed pociskami balistycznymi, w tym mobilne systemy radarowe; samoloty wyposażone w sprzęt elektroniczny do zakłócania komunikacji wroga oraz szybkie inteligentne pociski antyradarowe; wysokoenergetyczny laser zintegrowany z pojazdem bojowym, który zdolny jest niszczyć pociski moździerzowe i drony – to tylko niektóre narzędzia wykorzystywane w konfrontacji. Bez nich klasyczne uzbrojenie okazuje się niewystarczające do osiągania założonych celów.

Po czwarte – potwierdziło się znaczenie wojny informacyjnej w sytuacji konfliktów politycznych i militarnych. Doskonale wywiązujący się z obowiązków interpretacji zachodzących zdarzeń za pomocą komunikatorów internetowych, prezydent Ukrainy Wołodymyr Zełenski potwierdził, jak ważne jest w sprawach konfliktów militarnych narzucenie opinii publicznej swojej narracji medialnej.

Ewaluacja przygotowania w Polsce systemu państwa do funkcjonowania w warunkach zewnętrznego zagrożenia bezpieczeństwa oraz w warunkach wojny

Optymalne wykorzystanie w celu przygotowania systemu państwa do funkcjonowania w warunkach zewnętrznego zagrożenia bezpieczeństwa oraz w warunkach wojny potencjalnie dostępnych zasobów społeczeństwa i państwa stanowi przestrzeń trudnych wyzwań. Wśród nich są wyzwania intelektualne (w obszarze identyfikacji i artykulacji problemów, celów i środków oraz zdolność wartościowania wariantów

[18] K. Liedel, P. Piasecka, „Wojna cybernetyczna – wyzwanie XXI wieku", *Bezpieczeństwo Narodowe* 2011, nr 17.

i tworzenia programów), polityczne (w obszarze zapewnienia przywództwa i poparcia), organizacyjno-logistyczne (w obszarze zabezpieczenia realizacyjnego w czasie rzeczywistym i ewaluacji), finansowe (w obszarze zapewnienia ścieżek finansowania) i komunikacyjno-mobilizacyjne (w obszarze narracji związanej z nadawaniem znaczenia faktom).

Ramy realizacji tych wyzwań systemu bezpieczeństwa w zasadniczym zakresie wyznacza stan podsystemu ustrojowo-politycznego, normatywnego i instytucjonalnego. Podsystem ten ma kluczowe znaczenie w obszarze tworzenia warunków do rozwoju zintegrowanego systemu bezpieczeństwa narodowego, w sposób efektywny i spójny, odpowiadający szansom, wyzwaniom i zagrożeniom, gwarantujący utrzymanie i przygotowanie niezbędnych sił, środków i zasobów.

Zasoby państwa w obszarze bezpieczeństwa mają w każdym przypadku charakter złożony i wieloelementowy oraz są ze sobą powiązane i niejednokrotnie się warunkują. Niektóre z nich mają charakter materialny, inne zaś niematerialny. Część z nich ma charakter bezpośredni, inne mają charakter pośredni. Można w nich wyodrębnić zasoby tradycyjne, innowacyjne, systemowe, instytucjonalne, funkcjonalne, kadrowe, stałe lub sytuacyjne. W układach wewnętrznych szczególne znaczenie mają: równowaga wewnątrzsystemowa w ramach systemu politycznego, potencjał wiarygodności i zaufania społecznego w relacjach władze publiczne – obywatele oraz poziom społecznej identyfikacji z państwem i akceptacji dla polityki prowadzonej przez władze publiczne.

Zasoby państwa stanowią nie tylko możliwość działania, ale i – często trudne – zadanie. Ich uruchomienie wymaga pracy i powinno być przedmiotem zaprogramowanych działań. Charakter tych zasobów stanowi wyzwanie związane z koniecznością ich permanentnego rozpoznawania, zrozumienia ich istoty, wzmacniania oraz aktywizowania. Powstaje zapotrzebowanie na stałe doskonalenie umiejętności mobilizowania tych zasobów. Dotyczy to m.in. możliwości wynikających z zachodzących współcześnie zmian[19], a także tych, które tkwią w: wiedzy, autorytecie, partnerstwie, przywództwie, zaufaniu, samoorganizującej się sieci powiązań publicznych i różnych zasobach jakościowych. Pojawia się w tym przypadku wyraźna potrzeba stałego definiowania możliwości wymagających zagospodarowania i niebezpieczeństw, które potrzebują szczególnie starannego monitorowania i ograniczania (w tym związanych z ich dezintegracją). W odniesieniu do systemu bezpieczeństwa wskazane wyżej potrzeby i wyzwania powinny być obsługiwane na poziomie ustrojowo-politycznym, normatywnym i instytucjonalnym.

Ewaluacja ze swojej istoty obejmuje ocenę danego obszaru lub działań oraz poszukiwanie przesłanek i mechanizmów wzmocnienia bądź osłabiania ich jakości w obrębie ich całości lub w obszarze poszczególnych ich elementów oraz w relacjach zachodzących między tymi elementami. Przedmiotem wartościowania

[19] Zob. G. Rydlewski, *Rządzenie w epoce informacji, cyfryzacji i sztucznej inteligencji*, Dom Wydawniczy Elipsa, Warszawa 2021.

stają się działania związane z: pozyskiwaniem i zarządzaniem informacjami, programowaniem i planowaniem, postępowaniem w sytuacji napięć i zagrożenia stabilności, wyzwalaniem synergicznej koordynacji, implementacją, komunikacją społeczną oraz modernizacją. Istotna jest rekonstrukcja powiązań i współzależności funkcjonalnych, układów wspomagania i napięć, a także obszarów współdziałania, konkurencji i konfrontacji. Analizowane są: celowość, skuteczność, ekonomiczność i trwałość wyniku działań.

Na tle nakreślonego w dotychczasowych uwagach optymalnego wzorca analizowanego tu segmentu systemu bezpieczeństwa widoczne są aktualnie w Polsce silne i słabe strony.

Mocną stroną sytuacji w zakresie przygotowania Polski w kontekście różnych zagrożeń zewnętrznych, w tym militarnych, mogących przybrać wymiar konfliktu wojennego o charakterze lokalnym lub na dużą skalę, są stabilnie zdefiniowane i mające poparcie społeczne wartości i interesy narodowe w dziedzinie bezpieczeństwa.

Ważne jest, że kluczowe kwestie związane z instytucjonalną i funkcjonalną stroną zapewnienia bezpieczeństwa państwa i społeczeństwa umocowane są w ramach systemu konstytucyjnego zgodnego z zasadami demokratycznego państwa prawa. Konstytucja na poziomie regulacji generalnych rozstrzyga w sposób całościowy kwestie zadań, kompetencji i odpowiedzialności poszczególnych organów władzy ustawodawczej, wykonawczej i sądowniczej w sprawach dotyczących bezpieczeństwa. Stanowi też podstawy regulacji stanów nadzwyczajnych (którym poświęcony jest jej rozdział XI). W zamkniętym katalogu (obejmującym stan wojenny, stan wyjątkowy i stan klęski żywiołowej) uregulowane są przesłanki, tryb wprowadzenia poszczególnych stanów nadzwyczajnych, granice ograniczenia wolności i praw jednostki w czasie tych stanów oraz warunki i zasady wydawania przez Prezydenta RP rozporządzeń z mocą ustawy, jeżeli w czasie stanu wojennego Sejm nie może zebrać się na posiedzenie.

Wypracowane, prawnie unormowane i poddawane weryfikacji w ramach ćwiczeń są rozwiązania przygotowania obronnego[20], w tym kwestie przeformatowania realizacji funkcji obronnych, ochronnych oraz stanów alarmowych w sytuacji zagrożeń, w tym zagrożeń zewnętrznych, których charakter lub natężenie wymaga specjalnych schematów działania. Zauważy trzeba, że ostatnie zmiany regulacji ustawowych, obok pozytywnych skutków związanych z kodyfikacją i porządkowaniem prawa wojskowego, wprowadziły w tym obszarze także istotne napięcia, co stanowi przedmiot komentarza w dalszej części tego tekstu.

Ważne jest doświadczenie zebrane w ramach współpracy sojuszniczej oraz możliwość korzystania z zasilania wynikającego z członkostwa w NATO i UE, a także normatywne uregulowanie pobytu obcych wojsk na polskim terytorium.

---

[20] M. Kuliczkowski, *Przygotowanie obronne w Polsce. Uwarunkowania formalnoprawne, dylematy pojęciowe i próba systematyzacji*, Wydawnictwo AON, Warszawa 2013.

W perspektywie politycznej pozytywne jest rosnące zrozumienie znaczenia bezpieczeństwa w realizacji polityk publicznych i wzmacnianiu szans rozwojowych państwa.

Znaczące jest też istnienie ponadpartyjnego, ogólnospołecznego konsensusu w sprawie mobilizacji środków finansowych potrzebnych do przyspieszonego usuwania braków w zakresie sił i środków w dziedzinach decydujących o powodzeniu działań obronnych i ochronnych oraz służących zwiększaniu odporności kraju na różnego rodzaju zagrożenia.

Po stronie pozytywów zapisać trzeba widoczny i znaczny potencjał społeczny możliwy do uruchomienia w sprawach obrony państwa. Mimo początkowych wątpliwości, dotyczących m.in. intencji politycznych towarzyszących powołaniu formacji Wojsk Obrony Terytorialnej, udało się w dużej mierze wykorzystać ten potencjał w przypadku ludzi młodych w ramach tej formacji.

Inwazja Rosji na Ukrainę zwiększyła świadomość społeczeństwa polskiego, że pokój nie jest wartością podarowaną raz na zawsze i wymaga obrony[21].

Do słabych stron sytuacji w sferze przygotowania obronnego i odporności Polski na zagrożenia militarne zaliczyć trzeba w pierwszej kolejności konsekwencje uwikłania spraw obronności w bieżącą grę polityczną oraz deficyt kultury strategicznej i procesowej rządzących.

Odnieść można wrażenie, że w rządzie obowiązują dwie fundamentalne zasady: zero kontynuacji programów poprzedników oraz całkowita blokada współdziałania z opozycją w sprawach obronności. Formalnie obecne w systemie miejsca takiego współdziałania – jak dla przykładu Rada Bezpieczeństwa Narodowego, konstytucyjny organ doradczy Prezydenta RP w zakresie wewnętrznego i zewnętrznego bezpieczeństwa państwa – są w istocie nieobecne w sprawach wypracowywania strategii i projektów podstawowych regulacji normatywnych oraz kierunków polityki bezpieczeństwa. Te projekty powstają w gabinetach aktualnie rządzących, co jest odmienne np. od trybu przygotowania Strategii Bezpieczeństwa Narodowego z 2014 r.[22], którego elementem był przegląd stanu bezpieczeństwa z udziałem licznego grona specjalistów oraz prezentacja głównych problemów dotyczących bezpieczeństwa opinii publicznej[23]. Rządzący od 2015 r., jak się wydaje, wpisali opozycję polityczną na listę wrogów, a nie politycznych konkurentów. Dotyczy to w pierwszej kolejności polityki ugrupowań Zjednoczonej Prawicy z PiS-em na czele, ale jest także widoczne – z małymi odstępstwami – w postępowaniu głowy państwa. W efekcie powstaje sytuacja wewnętrznych podziałów uniemożliwiająca

[21] Znaczny odsetek Polaków uważa, że wojna w Ukrainie zagraża bezpieczeństwu ich kraju. W badaniach CBOS w marcu 2022 r. takie deklaracje przedstawiło 85% pytanych, w maju 2022 r. – 73%, w czerwcu 2022 r. – 77%, *Polacy w obliczu wojny na Ukrainie*, Komunikat z badań CBOS z 2022, nr 86.

[22] *Strategia Bezpieczeństwa Narodowego RP*, www.bbn.gov.pl (dostęp: 29.08.2022).

[23] *Biała Księga Bezpieczeństwa Narodowego RP*, Biuro Bezpieczeństwa Narodowego, Warszawa 2013.

synergiczne wykorzystanie obecnego w Polsce doświadczenia w sprawach obronności. Podobny efekt przynosi polityka kadrowa w obszarze Sił Zbrojnych RP obejmująca eliminację kadry kierowniczej w wojsku budzącej wątpliwości natury politycznej. Rezygnuje się z możliwości wykorzystania wiedzy i doświadczenia specjalistów w zakresie obronności państwa.

Zasygnalizowana wyżej sytuacja, w warunkach silnych i utrwalonych podziałów politycznych w społeczeństwie, ogranicza możliwość aktywizowania i wykorzystywania jednego z ważnych niematerialnych zasobów w sprawach obronności, jakim jest zaufanie w relacjach między obywatelami i władzami publicznymi w sprawach prowadzonej polityki bezpieczeństwa. Ten zasób jest ważny w każdych warunkach, ale nabiera szczególnego znaczenie w sytuacji, gdy w polityce obronnej ma miejsce angażowanie coraz większych środków finansowych, polityka ochrony ludności obejmować zaś musi ograniczenia w zakresie korzystania z praw i wolności.

Obserwując poszczególne działania, w tym również kolejne uroczystości, w czasie których minister obrony narodowej podpisuje umowy na zakup nowego uzbrojenia i sprzętu wojskowego, trudno wyzbyć się przekonania, że są to zdarzenia o dużym ładunku propagandowym, za którymi – jak wynika z opinii ekspertów – nie zawsze stoi myśl strategiczna i procesowa. Te umowy to ogromne zobowiązania finansowe na przyszłe lata, jak się ocenia sięgające ok. 750 mld zł (160 mld dolarów) w ciągu najbliższych siedmiu lat, których źródła finansowe są niejasne. Wydatki te bez wątpienia będą ważyć na sytuacji finansów publicznych w okresie funkcjonowania kolejnych rządów. Braki w zakresie sił i środków w dziedzinach decydujących o powodzeniu działań obronnych i ochronnych potrzebują oczywiście uzupełnienia. Sytuacja wymaga wzmocnienia w tej dziedzinie wysiłku finansowego. Powinna to być jednak okazja do wzmocnienia kontaktów między ośrodkami wiedzy i praktyką w celu wyboru optymalnych kierunków zakupów oraz preferowania rozwiązań modernizacyjnych i innowacyjnych. Powinna to być także okazja do wyłączenia bezpieczeństwa z bieżących sporów politycznych i omówienia koncepcji zakupów sprzętu i uzbrojenia na forum przedstawicieli głównych sił politycznych w Polsce.

Sygnały dotyczące innych państw pokazują, że to automatyzacja i robotyzacja stają się szczególnie ważnym i równocześnie wymagającym pod względem finansowym elementem modernizacji potencjału ofensywnego i obronnego oraz przedmiotem intensyfikowanych prac rozwojowych i wdrożeniowych. Wyciągane są wnioski z sytuacji, że projekty te będą musiały sprostać wymaganiom czasów czwartej rewolucji przemysłowej[24]. Widoczne są zagrożenia związane z prowadzeniem za pomocą środków niemilitarnych wojny sieciowej. Doskonaleniu ulegają instrumenty destrukcyjnego oddziaływania na rozwiązania i zasoby

[24] K. Schwab, *Czwarta rewolucja przemysłowa*, Studio Emka, Warszawa 2018.

teleinformatyczne. Jednym z wniosków wypływających z doświadczeń konfliktu rosyjsko-ukraińskiego, który powinien być uwzględniony w polityce bezpieczeństwa, jest konieczność preferowania w wykorzystywaniu środków finansowych przeznaczonych na obronność nie tyle zakupów tradycyjnego uzbrojenia i sprzętu wojskowego (chociaż niezbędne są oczywiście także zakupy czołgów), ile działań rozwojowych i wdrożeniowych w sferze automatyzacji i robotyzacji środków walki oraz środków pozwalających zachować przewagę w przestrzeni powietrznej. Zdecydowane i aktywne wsparcie Polski dla Ukrainy oraz konfrontacyjne relacje między Polską a Rosją powodują, że w polskiej polityce bezpieczeństwa ze szczególną mocą uwzględnić trzeba uwarunkowania związane z rozwojem nowych technologii. Rosja pokazała już niejednokrotnie, że ma znaczny potencjał oraz praktykę działania w obszarze kombinacji walki informacyjnej, cyberagresji oraz wykorzystania narzędzi sztucznej inteligencji, które może używać w agresywnej polityce wobec państw i sił politycznych uznanych za swoich wrogów. To nie przypadek, że w 2022 r. wzrosła liczba cyberataków na polskie systemy wojskowe. Liczba prób ataków ze strony grupy APT powiązanej z Rosją, która miała miejsce na przestrzeni ostatnich miesięcy, była do końcu maja 2022 r. czterokrotnie większa niż przez cały rok 2021.

Po stronie obciążeń obecnej sytuacji zapisać trzeba luki w koordynacji normatywnej w dziedzinie polityczno-strategicznego kierowania i planowania w systemie bezpieczeństwa w sposób gwarantujący ciągłość regulacji i dający czas na wdrożenie nowych rozwiązań. Dają tu o sobie znać mankamenty systemu tworzenia prawa w Polsce, które stanowią problem bardziej generalny, podnoszony także w ocenach organów Unii Europejskiej.

Jako narzędzie koordynacji normatywnej znacznej liczby problemów, rozwiązań i systemów w obszarze obronności jest prezentowana uchwalona 11 marca 2022 r. ustawa o obronie Ojczyzny. W uzasadnieniu projektu tej ustawy podkreślono, że akt ten zakłada kodyfikację prawa wojskowego znajdującego się w różnych ustawach. To słuszny kierunek, zasługujący na poparcie. Materia tego aktu prawa obejmuje szczególnie kwestie dotyczące: realizowania obowiązku obrony Ojczyzny; procesu rejestracji i kwalifikacji wojskowej, a zwłaszcza procesu rekrutacji do służby wojskowej; służby wojskowej; programowania i finansowania Sił Zbrojnych RP; realizacji przez przedsiębiorców zadań na rzecz Sił Zbrojnych. Merytoryczna analiza treści tego aktu prawnego wykracza poza założenia tego opracowania. Zauważyć jednak trzeba, że ustawa liczy 823 – często bardzo rozbudowanych – artykułów, jej treść zawarta jest na 510 stronach maszynopisu. Według zestawienia w sejmowym systemie informacji o aktach prawnych uchyliła ona 47 ustaw, zmieniła 79 ustaw, spowodowała uznanie za nieobowiązujące lub uchylone 206 aktów prawnych. Ustawa ma 164 delegacji do aktów wykonawczych (w niektórych przypadkach niepodlegających ogłoszeniu), z których na dzień 29 sierpnia 2022 r. z aktów podlegających publikacji wydano 60.

Ustawa o obronie Ojczyzny została uchwalona w trybie ekspresowym. Rządowy projekt wpłynął do Sejmu 28 lutego 2022 r., ustawa została uchwalona przez Sejm 11 marca 2022 r., przekazana Prezydentowi RP do podpisu 17 marca 2022 r. i podpisana przez Prezydenta RP dzień później[25]. Podstawowa część jej przepisów weszła w życie 23 kwietnia 2022 r. Spowodowało to, że z tym dniem wiele ważnych regulacji ustawowych, które nie znalazły się w uchwalonej ustawie, przestało obowiązywać. Wygasły także delegacje ustawowe z uchylonych ustaw, co spowodowało, że pozbawione zostały podstaw prawnych liczne rozporządzenia i akty prawne wydane na podstawie uchylonych ustaw. W końcu sierpnia 2022 r., kiedy jest pisany ten tekst, dotyczy to nadal tak newralgicznych regulacji na temat obronności i przygotowania do sytuacji kryzysowych, jak system obrony cywilnej (regulowany dotychczas ustawą z dnia 21 listopada 1967 r. o powszechnym obowiązku obrony Rzeczypospolitej Polskiej[26]). Wygasły też podstawy prawne takich aktów, jak postanowienia Prezydenta RP: z dnia 12 maja 2020 r. w sprawie zatwierdzenia Strategii Bezpieczeństwa Narodowego Rzeczypospolitej Polskiej, z dnia 20 grudnia 2019 r. w sprawie zatwierdzenia organizacji i zasad funkcjonowania wojennego systemu dowodzenia Siłami Zbrojnymi Rzeczypospolitej Polskiej, z dnia 29 grudnia 2018 r. o wydaniu Polityczno-Strategicznej Dyrektywy Obronnej Rzeczypospolitej Polskiej)[27]. Realizacji wymagać jeszcze będzie przepis art. 27 ust. 2 ustawy o obronności Ojczyzny, zgodnie z którym Rada Ministrów ma określić w drodze rozporządzenia:

- warunki i tryb planowania i finansowania zadań wykonywanych w ramach przygotowań obronnych państwa realizowanych przez organy administracji rządowej i organy samorządu terytorialnego, sposób ich nakładania oraz właściwość organów w tych sprawach, w tym ujętych w planowaniu operacyjnym i programach obronnych;
- organizację i tryb przygotowania systemu kierowania bezpieczeństwem narodowym, w tym obroną państwa, oraz warunki funkcjonowania organów władzy publicznej na stanowiskach kierowania;
- stany gotowości obronnej państwa, ich rodzaje, warunki wprowadzania, zadania związane z podwyższaniem gotowości obronnej państwa i tryb ich realizacji, organizację i zadania w zakresie tworzenia systemu stałych dyżurów na potrzeby podwyższania gotowości obronnej państwa oraz właściwość organów w tych sprawach;
- organizację i warunki przygotowania oraz sposób funkcjonowania systemów obserwacji, pomiarów, analiz, prognozowania i powiadamiania o skażeniach

---

[25] Zob. metryczkę procesu legislacyjnego dotyczącego tej ustawy na stronie Sejmu: druk nr 2052 – Sejm Rzeczypospolitej Polskiej.

[26] T.j. Dz.U. z 2021 r., poz. 376.

[27] Zob. ustawa z dnia 11 marca 2022 r. o obronie Ojczyzny, sejm.gov.pl (dostęp: 29.08.2022).

na terytorium Rzeczypospolitej Polskiej oraz właściwość organów w tych sprawach;
- warunki i sposób przygotowania i wykorzystania transportu morskiego, kolejowego, samochodowego, lotniczego, żeglugi śródlądowej oraz infrastruktury drogowej i kolejowej na potrzeby obronne państwa, a także ich ochrony w czasie wojny oraz właściwość organów w tych sprawach;
- warunki i sposób przygotowania i wykorzystania systemów łączności na potrzeby obronne państwa oraz właściwość organów w tych sprawach;
- warunki i sposób przygotowania i wykorzystania podmiotów leczniczych w rozumieniu przepisów o działalności leczniczej na potrzeby obronne państwa oraz właściwość organów w tych sprawach;
- organizację szkolenia obronnego w państwie, podmioty objęte tym szkoleniem, zadania w zakresie planowania i realizacji szkolenia obronnego oraz właściwość organów w tych sprawach;
- zakres i sposób prowadzenia przez organy administracji rządowej i samorządu terytorialnego kontroli realizacji zadań obronnych wykonywanych przez ich jednostki organizacyjne i przedsiębiorców.

W warunkach wzmożonego zagrożenia bezpieczeństwa zewnętrznego państwa luki w regulacjach normatywnych muszą niepokoić i muszą być też uznane za istotne uchybienie systemu kierowania bezpieczeństwem narodowym, nawet jeśli uwzględni się fakt, że w licznych sprawach można się spodziewać powtórzenia regulacji aktów normatywnych, które straciły podstawy prawne. Zostawiając już z boku kwestie formalne, ocenić trzeba, że sytuacja ta narusza powagę procesu stanowienia prawa. Daje także do myślenia fakt, że zawarte w załączonym do projektu ustawy dokumencie Ocena Skutków Regulacji, pytanie: „W jaki sposób i kiedy nastąpi ewaluacja efektów projektu oraz jakie mierniki zostaną zastosowane?", skwitowane zostało krótką odpowiedzią: „Nie dotyczy"[28].

Niepokoić musi, że w warunkach istotnego zagrożenia bezpieczeństwa przez wydarzenia za polską granicą wschodnią dopuszczono do sytuacji, w której formalnie zlikwidowano system ochrony cywilnej bez płynnego wprowadzenia nowych regulacji. Sytuacji tej nie poprawił, a w istocie ją pogorszył fakt, że w dniu 14 czerwca 2022 r., pełniący jeszcze wówczas funkcję wiceprezesa Rady Ministrów Jarosław Kaczyński oraz minister spraw wewnętrznych i administracji, a także jego zastępca omawiali na konferencji prasowej projekt ustawy o ochronie ludności i zarządzaniu kryzysowym, który był niedostępny w zasobie informacji publicznej. Jak o faktach rozstrzygniętych mówili oni wówczas o nowym systemie ochrony ludności, krytykowali dotychczasowy system zarządzania kryzysowego, w luźnej prezentacji charakteryzowali zarys nowego systemu obejmującego również obszar dotychczasowego krajowego systemu ratowniczo-gaśniczego i ratownictwa

[28] Dokument 529878 OSR, sejm.gov.pl (dostęp: 29.08.2022).

medycznego. Dodatkowo zaprezentowali zarys nowych stanów gotowości państwa, które częściowo nakładają się na stany nadzwyczajne precyzyjnie opisane w konstytucji. Koncepcja integracji mechanizmów dotyczących tych kwestii nie budzi wątpliwości. Dublowanie i nakładanie się kompetencji w tym obszarze było od dawna krytykowane w dokumentach programowych oraz opiniach ekspertów[29]. Na pozytywną ocenę zasługuje też zamysł zbudowania systemu, który ma się płynnie przekształcać między stanem normalnym zagrożeń i sytuacjami wzrostu zagrożeń aż po stan wojenny włącznie. Sytuacja, w której likwiduje się lub demobilizuje istniejące rozwiązania bez wejścia w życie ich nowych schematów, to jednak kwestia trudna do zrozumienia.

Zauważyć trzeba, że projekt ustawy o ochronie ludności oraz o stanie klęski żywiołowej, którego treść zawarto na 105 stronach maszynopisu, opublikowano na stronach ministra właściwego w zakresie spraw wewnętrznych dopiero 31 sierpnia 2022 r. Został on przekazany do Rządowego Centrum Legislacji w dniu 5 września i na początku listopada 2022 r. znajdował się dopiero w fazie uzgodnień i opiniowania w strukturach rządowych. W projekcie ustawy przewidziano wydanie przez różne organy rządowe dwudziestu kilka rozporządzeń, których treści dotyczące niejednokrotnie kwestii fundamentalnych – zgodnie ze złą tradycją – nie opublikowano. Z treści projektu wynika, że wnioskodawcy przewidują wprowadzenie tej ustawy do polskiego porządku prawnego z dniem 1 stycznia 2023 r. To znaczy, że przez okres ponad ośmiu miesięcy przewidziane jest utrzymywanie luki prawnej w istotnych dla bezpieczeństwa sprawach obrony cywilnej. Materia obrony cywilnej, zarządzania kryzysowego i różnych stanów nadzwyczajnych lub zbliżonych do nadzwyczajnych dotyczy bezpośrednio praw i wolności człowieka i obywatela oraz statusu samorządu terytorialnego w Polsce. Lektura projektu ustawy wskazuje, że za sprawą proponowanych rozwiązań bardzo prawdopodobne jest powstanie nowych obszarów konfliktów i dysfunkcji, szczególnie w sprawach pozycji organów samorządu terytorialnego oraz relacji tych organów z wojewodą. Ma bez wątpienie rację znawca prawa administracyjnego prof. Hubert Izdebski, kiedy w opinii dla Fundacji Batorego wskazuje na czające się w tej dziedzinie niebezpieczeństwa[30]. Wspomnianą opinię potwierdza fakt, że na początku listopada 2022 r. w ramach konsultacji, uzgodnień i opiniowania do przedłożonego przez ministra spraw wewnętrznych i administracji zgłoszono ze strony podmiotów uprawnionych w sumie kilkaset uwag i zastrzeżeń[31]. Lektura przedstawionych opinii pokazuje, jak jakościowo słaby pod względem merytorycznym i legislacyjnym jest przedłożony projekt.

---

[29] *Ochrona ludności w ramach zarządzania kryzysowego i obrony cywilnej*, Najwyższa Izba Kontroli, Warszawa 2019.

[30] *Projekt ustawy o ochronie ludności oraz o stanie klęski żywiołowej – uporządkowanie stanu prawnego czy kontynuacja zmiany ustroju bez zmiany Konstytucji?*, https://www.batory.org.pl/wp-content/uploads/2022/05/Projekt_ustawy-o-ochronie-ludnosci.pdf (dostęp: 29.08.2022).

[31] Zob. https://legislacja.rcl.gov.pl/projekt/12363754 (dostęp: 1.11.2022).

Tworzy to niebezpieczeństwo dalszego przedłużania luki prawnej w sprawach obrony cywilnej oraz utrzymywania niepewności w kwestiach organizacji zarządzania kryzysowego w Polsce. Pamiętając, jak ważne okazuje się funkcjonowanie obrony cywilnej w Ukrainie w warunkach wojny, musi to niepokoić.

Analizując plusy i minusy obecnej sytuacji w obszarze ustrojowo-politycznym i normatywnym, sięgnąć trzeba także do Strategii Bezpieczeństwa Narodowego z 2020 r. To kolejny dokument strategiczny okresu po zmianie ustrojowej 1989 r.[32] Generalnie ocenić trzeba, że w sposób poprawny zdiagnozowano w nim środowisko bezpieczeństwa, opisano wartości, interesy narodowe i cele strategiczne w dziedzinie bezpieczeństwa narodowego oraz zawarto wiele ważnych tez uporządkowanych w ramach czterech filarów bezpieczeństwa: bezpieczeństwo państwa i obywateli, usytuowanie Polski w systemie bezpieczeństwa międzynarodowego, tożsamość i dziedzictwo narodowe, rozwój społeczny i gospodarczy oraz ochrona środowiska. Niestety, również w tym dokumencie rządzący w Polsce po 2015 r. nie znaleźli miejsca na odnotowanie zagadnienia współpracy ponadpartyjnej w kreowaniu polityki bezpieczeństwa, a tym samym zabrakło miejsca na projekcję uaktywnienia ważnego zasobu społecznego i politycznego.

Wiele ważnych rekomendacji dokumentu z 2022 r. nie doczekało się w ciągu ponad dwóch ostatnich lat realizacji. W dużej mierze może to być związane z lapidarnym i mało konkretnym określeniem w omawianej strategii ścieżki implementacyjnej. Ograniczono się do przedstawienia zasady, że za realizację postanowień zawartych w strategii odpowiadają ministrowie kierujący działami administracji rządowej, kierownicy urzędów centralnych, wojewodowie, organy samorządu terytorialnego oraz inne podmioty, we właściwościach których pozostają kompetencje w dziedzinie bezpieczeństwa narodowego, oraz że są oni zobowiązani do uwzględnienia interesów narodowych i celów strategicznych ujętych w strategii we wszystkich planowanych do realizacji przedsięwzięciach i działalności bieżącej. Negatywnie trzeba też ocenić, że w sprawach ewaluacji postanowień strategii zawarta została tylko ogólna deklaracja, iż weryfikacja realizacji zadań określonych w tym dokumencie oraz wypracowanie propozycji jej aktualizacji odbywać się może w ramach strategicznych przeglądów w dziedzinie bezpieczeństwa narodowego. Nie określono w tych sprawach kryteriów ocen i kalendarza działań. Nie przedstawiono ścieżek finansowania poszczególnych zamierzeń. Wpisuje się to w złą tradycję traktowania w Polsce strategii jako materiału prezentacyjnego, którego byt kończy się często na konferencji prasowej, na której dany dokument jest przedstawiany[33].

---

[32] Na temat wcześniejszych strategii zob. R. Kupiecki (red.), *Strategia bezpieczeństwa narodowego RP. Pierwsze 25 lat*, Wojskowe Centrum Edukacji Obywatelskiej, Warszawa 2015.

[33] Od tej tradycji odbiegała jak dotychczas w największym stopniu Strategia rozwoju systemu bezpieczeństwa narodowego RP 2012–2022 przyjęta przez Radę Ministrów 9 kwietnia 2013 r., Ministerstwo Obrony Narodowej, Warszawa 2013, www.bbn.gov.pl (dostęp: 29.08.2022).

Rozdział 7

Modernizacja Sił Zbrojnych RP z udziałem polskiego przemysłu obronnego i na podstawie zakupów za granicą

Paweł Soroka

Potencjał i wyposażenie sił zbrojnych będących najważniejszą częścią systemu obronnego państwa nabiera szczególnego znaczenia w warunkach wzrostu zagrożeń militarnych w niepewnym, niestabilnym bliższym i dalszym otoczeniu międzynarodowym. W takiej sytuacji znalazła się m.in. Polska jako państwo leżące na wschodniej flance NATO, graniczące z Ukrainą, na obszarze której trwa wywołana przez Rosję wojna na pełną skalę, grożąca eskalacją. Temu największemu po II wojnie światowej konfliktowi zbrojnemu w Europie towarzyszy przyśpieszenie zmian w światowym układzie sił. Wiele wskazuje na to, że okres stabilizacji, którym świat się cieszył przez ponad dekadę, właśnie się kończy. Nasila się rywalizacja między największymi mocarstwami oraz między mocarstwami regionalnymi w wymiarze polityczno-militarnym i gospodarczym, która może zburzyć istniejącą równowagę sił i prowadzić do powstania nowego porządku międzynarodowego. Zapowiedzią głębokich zmian w tym porządku były wydarzenia w Afganistanie, w konsekwencji których talibowie zdobyli stolicę tego państwa, następnie zajęli kraj i przejęli władzę. Doprowadziło to do wycofania Stanów Zjednoczonych oraz ich sprzymierzeńców z Afganistanu i osłabiło pozycję tego supermocarstwa. Największe znaczenie ma rywalizacja między Stanami Zjednoczonymi – dotychczasowym hegemonem a Chinami pretendującymi do hegemonii w świecie. Przebiega ona na różnych płaszczyznach, szczególnie na polu gospodarczym i w wymiarze polityczno-militarnym. Z punktu widzenia kształtowania globalnego układu sił istotne są także relacje między Chinami a Rosją. Oba państwa przeciwstawiają się liberalnemu porządkowi międzynarodowemu uosabianemu przez Zachód na czele z USA. Ewentualne zacieśnienie współpracy między nimi będzie miało kluczowe znaczenie dla tworzenia nowego ładu międzynarodowego i spowodować może decydujące zmiany w istniejącym układzie sił. Niemniej istotne będzie, jaką pozycję w nasilającej się globalnej rywalizacji zajmą mocarstwa regionalne, takie jak: Indie, Turcja, Brazylia czy Iran[1]. Jednocześnie zaobserwować można niepokojące tendencje kryzysowe w gospodarce światowej będące skutkiem pandemii koronawirusa i wojny w Ukrainie. Te procesy i zjawiska w mniejszym lub większym stopniu wpłyną nie tylko na zakres, ale również tempo modernizacji Sił Zbrojnych RP oraz możliwości jej sfinansowania.

Niniejszy rozdział jest poświęcony kierunkom i sposobom tej modernizacji. Ukazane zostaną rodzaje uzbrojenia wytwarzane przez polski przemysł obronny oraz te, których nie jest w stanie wyprodukować i muszą być zakupione za granicą. Rozważania na ten temat poprzedzone są ukazaniem międzynarodowych uwarunkowań tych procesów, przedstawieniem stanu poszczególnych rodzajów Sił Zbrojnych RP oraz potencjału polskiego przemysłu obronnego i jego zaplecza badawczo-rozwojowego. Ponieważ zmiany o charakterze geopolitycznym zaprezentowali autorzy innych prac zamieszczonych w niniejszej monografii, w moim opracowaniu skoncentrowałem się na omówieniu międzynarodowych uwarunkowań wynikających ze stanu gospodarki światowej.

Zjawiska w gospodarce światowej wpływające na procesy modernizacji Sił Zbrojnych RP, funkcjonowanie polskiego przemysłu obronnego i jego zaplecza badawczo-rozwojowego

W najbliższych latach znaczący wpływ na istniejący porządek międzynarodowy będzie miała również sytuacja gospodarcza, która w większym lub mniejszym stopniu może naruszyć dotychczasową równowagę sił. Możliwy jest bowiem kryzys gospodarczy o zasięgu globalnym, nawet większy niż ten z 2008 r. Pierwsze przejawy są już widoczne. Jedną z przyczyn kryzysu są następstwa pandemii koronawirusa. Wprowadzone przez wiele państw w walce z pandemią koronawirusa lockdowny i obostrzenia wobec większości podmiotów gospodarczych wyzwoliły negatywne dla nich procesy. Dotknęło to głównie firmy usługowe, turystyczne, galerie handlowe, a także instytucje kultury, które musiały zawiesić działalność, jednocześnie kierując pracowników na urlopy lub ich zwalniając. Ponieważ gospodarka jest systemem naczyń połączonych, działania te spotkały również firmy produkcyjne i transportowe zaopatrujące te podmioty. W rezultacie tych zjawisk znacznie spadł popyt na wiele usług i artykułów, który był pogłębiony zmniejszeniem siły

[1] Szerzej zob. R. Kuźniar, *Zmierzch liberalnego porządku międzynarodowego 2011–2021*, Wydawnictwo Naukowe Scholar, Warszawa 2022.

nabywczej społeczeństwa. Poza tym pomoc kierowana do firm zagrożonych skutkami pandemii powodowała rosnące zadłużenie państw – w Unii Europejskiej do 90%, a strefy euro do 100%[2]. Wszystkie te zjawiska u szczytu pandemii w wielu krajach pogorszyły sytuację gospodarczą. Do tego doszła rozwinięta w warunkach globalizacji współzależność między gospodarkami różnych państw będąca rezultatem łańcuchów kooperacyjnych i międzynarodowych relacji handlowych oraz bardzo zliberalizowanych przepływów finansowych. To wszystko spowodowało, że tendencje recesyjne rozprzestrzeniały się ponad granicami państw dotkniętych pandemią koronowirusa.

Kolejnym czynnikiem o charakterze kryzysogennym są skutki sankcji gospodarczych nałożonych na Rosję w odpowiedzi na jej agresję na Ukrainę. Osłabiają one przede wszystkim rosyjską gospodarkę, jednak w perspektywie długofalowej mogą wywołać recesję w innych państwach, zwłaszcza na obszarze Unii Europejskiej. Coraz bardziej oddziałuje też kryzys energetyczny spowodowany zastosowanymi sankcjami – ograniczeniem lub przerwaniem dostaw gazu i ropy naftowej z Rosji do odbiorców w Europie popierających Ukrainę. Przejawem tego są rosnące ceny tych nośników energii, które pobudzają inflację. Nie można również zignorować następstw globalnego kryzysu finansowo-gospodarczego z lat 2008–2011, którego strukturalne przyczyny nie zostały do końca przezwyciężone. Dotąd jego pogłębieniu zapobiegało prowadzone przez Rezerwę Federalną – FED i Europejski Bank Centralny oraz inne banki centralne ilościowe luzowanie polityki pieniężnej, polegające na zwiększaniu w obiegu podaży pieniądza poprzez zakupy różnego rodzaju obligacji[3]. Nie wiadomo jednak, jakie będą tego długofalowe skutki.

Możliwa kolejna odsłona globalnego kryzysu gospodarczego może dotknąć Polskę w większym stopniu aniżeli poprzedni kryzys, który wybuchł w 2008 r. Polska jako państwo usytuowane na wschodniej flance NATO, sąsiadujące z Ukrainą, na której terytorium toczy się pełnoskalowa wojna, zmuszona jest znacznie zwiększyć wydatki na modernizację sił zbrojnych. Nadmierne wydatki na zbrojenia osłabiają gospodarkę i dokonują się kosztem poziomu życia. Jeśli jednak będą rozsądnie wydawane i związane z realizacją, w możliwie największym stopniu, zamówień przez krajowy przemysł obronny oraz w przypadku niezbędnych zakupów uzbrojenia za granicą połączone z transferem nowoczesnych technologii do Polski, w tym technologii podwójnego zastosowania, mogą stać się czynnikiem przezwyciężającym recesję, gdy ta wystąpi.

---

[2] P. Soroka, A. Skrabacz, P.L. Wilczyński, K. Golczak, R. Kołodziejczyk, K. Pająk, A. Mitręga (red.), *Raport zawierający diagnozę i prognozę globalnego kryzysu finansowo-gospodarczego zdeterminowanego przez pandemię koronawirusa w obszarze gospodarczym, społecznym, politycznym i geopolitycznym*, Dom Wydawniczy ELIPSA, Warszawa 2021, s. 17–30, 87–120. Zob. też W. Gadomski, „Sygnały ostrzegawcze: nadciąga kryzys", *Gazeta Wyborcza*, 4 sierpnia 2021 r.

[3] *Jak działa ilościowe luzowanie polityki pieniężnej?*, https://www.ecb.europa.eu/explainers/show-me/html/app_infographic.pl.html (dostęp: 25.08.2022).

Aktualny stan wyposażenia Sił Zbrojnych RP

Procesy modernizacji technicznej Sił Zbrojnych RP na większą skalę zaczęły się dopiero na początku XX w. Z powodu permanentnej redukcji wydatków na obronność w latach 90. następowała nieustanna redukcja stanu liczebnego Sił Zbrojnych RP. Obowiązywało wówczas hasło: armia mniejsza, ale nowocześniejsza. Tak naprawdę nasze siły zbrojne ulegały nieustannej redukcji, lecz nie stawały się nowocześniejsze. Następowało starzenie się będącego na jej wyposażeniu sprzętu, który w zdecydowanej większości był produkcji radzieckiej lub opartymi na licencjach pozyskanymi od Związku Radzieckiego spolonizowanych rodzajach uzbrojenia (np. czołgi T-72, haubice samobieżne Goździk, zestawy przenośnych rakiet przeciwpancernych Malutka i przeciwlotniczych Strzała itd.). W ostatnich latach sprzęt ten coraz szybciej schodzi z uzbrojenia i niezbędne jest jego zastąpienie przez uzbrojenie nowszej generacji. Stanisław Koziej mówi o potrzebie „przeskoku generacyjnego", polegającego na pozyskiwaniu – w przyszłości także z krajowego przemysłu obronnego – sprzętu, który przewyższa obecne uzbrojenie co najmniej o jedną generację[4].

Stan obrony powietrznej

Ocenę stanu Sił Zbrojnych RP należy rozpocząć od charakterystyki systemu obrony powietrznej Polski. Uzasadnione jest to tym, iż większość konfliktów zbrojnych na przestrzeni ostatnich kilkudziesięciu lat rozpoczynało się od uderzeń z powietrza przy użyciu rakiet i samolotów, a ostatnio także przy użyciu dronów na centra dowodzenia oraz najważniejsze cele wojskowe i obiekty będące elementem infrastruktury wojskowej i krytycznej.

Stan systemu obrony powietrznej Polski jest niepokojący. Po wycofaniu z uzbrojenia przestarzałych poradzieckich rakietowych zestawów przeciwlotniczych Wołchow zlikwidowane zostały cztery rakietowe brygady obrony powietrznej odpowiedzialne za obronę największych polskich aglomeracji. Wycofano także zestawy Krug, co doprowadziło do zlikwidowania 61. Skwierzyńskiej Brygady Przeciwlotniczej. Pozostała jedynie 3. Brygada Obrony Rakietowej z siedzibą dowództwa w Sochaczewie, której podlegają dywizjony pozostałe po trzech zlikwidowanych czterech brygadach, wyposażone w zestawy rakietowe produkcji radzieckiej Newa z początku lat 70., zmodernizowane przez polski przemysł obronny z udziałem Wojskowej Akademii Technicznej, oraz pułk nieco nowszych rakiet przeciwlotniczych średniego zasięgu S-200WE Wega. Do obrony wojsk na polu walki na uzbrojeniu wojsk lądowych pozostają zmodernizowane przez Wojskowe Zakłady Uzbrojenia w Grudziądzu zestawy mobilne Kub i Osa, przy czym zestawy

[4] S. Koziej, *Między piekłem a rajem: szare bezpieczeństwo na progu XXI wieku*, Wydawnictwo Adam Marszałek, Toruń 2006, s. 318.

Kub są już bardzo stare. Po raz pierwszy zostały użyte bojowo w czasie wojny Yom Kipur na Bliskim Wschodzie w październiku 1973 r. Ogólnie biorąc, będące na wyposażeniu polskiej obrony powietrznej postradzieckie uzbrojenie może być mało efektywne do zwalczania najnowszych generacji środków napadu powietrznego[5].

Mocną stroną systemu obrony powietrznej Polski są zestawy przeciwlotnicze bardzo krótkiego zasięgu, które stanowi jego najniższą warstwę. Należą do nich produkowane w Polsce rakiety Grom, będące udaną polonizacją radzieckiej Igły oraz będące ich rozwinięciem pociski Piorun, produkowane przez Mesko SA wspólnie ze spółką Mesko Telesystem. Pociski Piorun mają nie tylko większe możliwości aniżeli rakiety Grom, mogą być odpalane nie tylko z ramienia, ale będą zainstalowane na wyrzutniach kołowych, nazywanych Poprad, używanych w Wojskach Lądowych, oraz Pilica, wprowadzanych do jednostek obrony powietrznej Sił Powietrznych. Ten drugi zestaw oprócz rakiet Piorun posiada także działka przeciwlotnicze wytwarzane w Zakładach Mechanicznych Tarnów SA[6].

Uzbrojenie Wojsk Lądowych

Trzonem wojsk lądowych są jednostki pancerne i zmechanizowane. Ich podstawowe wyposażenie to czołgi i transportery opancerzone. Na miejsce stopniowo wycofywanych przestarzałych czołgów T-55 i T-72 produkowanych w Polsce z licencji radzieckiej, wyprowadzono na uzbrojenie dwie wersje niemieckich Leopardów, który zostały wycofane z uzbrojenia Bundeswehry, mianowicie starszą wersję 2A4 i nowszą 2 PL. Ponadto kilkadziesiąt czołgów T-72 w Zakładach Bumar-Łabędy wykorzystując naszą myśl techniczną, gruntownie zmodernizowano do poziomu PT-91 Twardy.

Po wybuchu wojny w Ukrainie Polska przekazała temu państwu ok. 250 przestarzałych już czołgów T-72. W zamian miała dostać niemieckie Leopardy. Niemcy jednak nie wywiązały się z tej obietnicy. Mimo to Polska nadal posiada stosunkowo duży jak na warunki europejskie park czołgów, ponieważ inne europejskie państwa NATO w pierwszej dekadzie znacznie zredukowały ich liczbę na rzecz kołowych pojazdów opancerzonych. Było to spowodowane m.in. realizacją misji w Afganistanie, gdzie na dużą skalę stosowane były tego rodzaju pojazdy. Polska ze względu na położenie na wschodniej flance NATO nie poddała się tej tendencji.

---

[5] „Stanowisko Polskiego Lobby Przemysłowego w sprawie udziału polskiego przemysłu obronnego i jego zaplecza badawczo-rozwojowego w realizacji programu budowy nowego systemu obrony powietrznej Tarcza Polski", w: E. Misterski, H. Potrzebowski, P. Soroka (red.), *Polskie Lobby Przemysłowe im. Eugeniusza Kwiatkowskiego. Materiały programowe i informacyjne, opinie i stanowiska z 2014 i początku 2015 roku*, Ośrodek Wydawniczo-Poligraficzny SIM, Warszawa 2015, s. 107.

[6] „Poprady dostarczone", *Polska Zbrojna*, 20 grudnia 2021 r., http://polska-zbrojna.pl/home/articleshow/36046?t=Poprady-dostarczone (dostęp: 25.08.2022); *System PSR-A Pilica wchodzi do służby, Zespół Badań i Analiz Militarnych*, https://zbiam.pl/artykuly/system-psr-a-pilica-wchodzi-do-sluzby/ (dostęp: 25.08.2022).

W ostatnich latach systematycznie na wyposażenie wojsk lądowych wchodzą kołowe transportery opancerzone Rosomak, które bardzo dobrze sprawdziły się w misji na terenie Afganistanu. Jest to konstrukcja fińskiej firmy Patria, od której pozyskaliśmy licencję na ich produkcję w Polsce. Zadanie to powierzono Wojskowym Zakładom Mechanicznym w Siemianowicach Śląskich, które niedawno przybrały nazwę Rosomak. Godne podkreślenia jest, iż postępuje polonizacja produkcji KTO Rosomak przejawiająca się tym, iż coraz więcej części i elementów tego transportera produkowanych jest przez polskie zakłady przemysłu obronnego kooperujące z zakładami w Siemianowicach Śląskich[7].

Słabą stroną polskich wojsk lądowych jest stan transporterów opancerzonych na gąsienicach. Otóż 70% wynosi odsetek przestarzałych transporterów opancerzonych produkcji radzieckiej BWP1, wyprodukowanych jeszcze w latach 70.

Ważnym komponentem wojsk lądowych jest artyleria samobieżna. W tej dziedzinie dokonał się duży postęp dzięki produkowanym w Hucie Stalowa Wola armatohaubicom samobieżnym dużego kalibru na podwoziu gąsienicowym Krab, produkowanym w Polsce na podstawie konstrukcji brytyjskiej. Wyprodukowano też wersję na podwoziu kołowym tych samobieżnych dział pod nazwą Kryl. Pod koniec 2016 r. zawarto kontrakt na dostawę dla naszych Sił Zbrojnych pięciu dywizjonów Krabów. Trwają także dostawy samobieżnych moździerzy Rak również produkowanych w Hucie Stalowa Wola.

Jeszcze na początku lat 90. XX w. Polska posiadała duży potencjał nowoczesnych wojsk rakietowych zorganizowanych w cztery brygady, złożone zarówno z rakiet operacyjno-taktycznych, jak i taktycznych. Po wycofaniu w 2005 r. zestawów produkcji radzieckiej Toczka i Łuna przestały one praktycznie istnieć[8]. Obecnie Polska dysponuje jedynie artylerią rakietową. Jej podstawą jest zestaw WR-40 Langusta, będący gruntowną modernizacją – realizowaną przez Zakład Produkcji Specjalnej Huty Stalowa Wola SA – wyrzutni radzieckiej BM-21 Grad.

Na wyposażeniu Wojsk Lądowych znajdują się również nowoczesne przenośne rakietowe pociski przeciwpancerne Spike, pozyskane od izraelskiej firmy zbrojeniowej Rafael. Dzięki dobrze wynegocjowanemu offsetowi ich montaż połączony z częściową polonizacją odbywa się w Zakładach MESKO SA w Skarżysku-Kamiennej.

---

[7] *W polskiej armii służy już ponad 800 rosomaków. Ich producent poszukuje nowych rynków eksportowych*, portal Newseria BIZNES, https://biznes.newseria.pl/news/w-polskiej-armii-sluzy,p1072763641 (dostęp: 25.08.2022).

[8] J. Gacek, P. Soroka, R. Woźniak, M. Karwalski (red.), *Odtworzenie wojsk rakietowych w świetle modernizacji sił zbrojnych Rzeczypospolitej Polskiej z udziałem polskiego przemysłu obronnego i jego zaplecza badawczo-rozwojowego*, Wojskowa Akademia Techniczna, Warszawa 2015, s. 8.

Potencjał powietrznych środków walki

W tej chwili główny potencjał naszych Sił Powietrznych stanowi 48 samolotów wielozadaniowych produkcji amerykańskiej F-16 C/D w wersji Block 52+, z których nie wszystkie są sprawne, oraz ok. 30 myśliwców typu Mig-29, które stacjonują w Mińsku Mazowieckim i Malborku. Są to samoloty wyprodukowane w Związku Radzieckim w drugiej połowie lat 80. W ostatnich latach dwa z nich uległy katastrofie. W tej sytuacji, a także z uwagi na kłopoty z uzyskaniem części zamiennych, mówi się o ich wycofaniu. Ponadto stopniowo schodzą z uzbrojenia samoloty uderzeniowe produkcji radzieckiej Su-22, wprowadzone w liczbie ponad 100 na wyposażenie polskiego lotnictwa wojskowego w pierwszej połowie lat 80. W służbie zostało ich zaledwie 18. Polska dysponuje również flotą samolotów transportowych: 16 samolotów średniego zasięgu dwusilnikowych produkcji hiszpańskiej C-95 Casa oraz 5 czterosilnikowych samolotów transportowych dalekiego zasięgu C-130 Hercules. Te ostatnie to samoloty od dawna używane i znacznie już wyeksploatowane, przekazane nam przez Stany Zjednoczone w celu zapewnienia możliwości przerzutu naszych oddziałów na misje zagraniczne. Ponadto Siły Powietrzne dysponują ponad 30 lekkimi samolotami transportowymi Bryza będącymi polonizacją radzieckich samolotów An-28. Na wyposażeniu Sił Powietrznych znajdują się samoloty szkoleniowe. Przez wiele lat polscy piloci wojskowi byli szkoleni na samolotach polskiej produkcji TS-11 Iskra, których produkcje rozpoczęto jeszcze w latach 60. Aktualnie ostatnie Iskry są wycofywane. Obecnie w użytkowaniu znajdują się samoloty szkolne typy Orlik TC-II o napędzie turbośmigłowym wyprodukowane na początku lat 90. w polskiej wytworni PZL „Okęcie". Niedawno zmodernizowano ich silniki i awionikę. Poza tym Polska pozyskała osiem bardzo nowoczesnych odrzutowych samolotów szkoleniowych wyprodukowanych we Włoszech M-346 Master, które przybrały nazwę Bielik. Przewiduje się dostawę jeszcze sześciu takich samolotów[9].

Pogarsza się wyposażenie naszych Sił Powietrznych i Wojsk Lądowych w śmigłowce. Ich znaczenie na współczesnym polu walki jest duże, ponieważ z jednej strony zwiększają mobilność wojsk w trudnym terenie, z drugiej będąc odpowiednio uzbrojone, mogą z niskich wysokości atakować cele naziemne. W złym stanie znajdują się zwłaszcza śmigłowce uderzeniowe Mi-24, których większość brała udział w misjach w Iraku i Afganistanie. Ich resursy dobiegają końca, poza tym użycie ich w misjach mocno je zużyło. W przyszłości mają zostać zastąpione śmigłowcami wyprodukowanymi za granicą w ramach programu „Kruk".

Po zerwaniu zawartego z firmą Airbus kontraktu na wielozadaniowe śmigłowce Caracal, który przewidywał pozyskanie 50 helikopterów, MON zakupił cztery

---

[9] K. Michaluk, „Ile samolotów ma Polska? Możliwości bojowe polskiego lotnictwa", Gazeta.pl, https://wiadomosci.gazeta.pl/wiadomosci/7,168571,28196285,ile-samolotow-ma-polska-mozliwosci-bojowe-polskiego-lotnictwa.html (dostęp: 24.08.2022).

montowane w PZL Mielec SA amerykańskie śmigłowce Black Hawk dla Wojsk Specjalnych. Zakupiono też cztery śmigłowce AW101 do zwalczania okrętów podwodnych i działań poszukiwawczo-ratowniczych. Mają być dostarczone Marynarce Wojennej do końca 2022 r. przez włoską grupę Leonardo. Problemem jest także stan śmigłowców W-3 Sokół wyprodukowanych przez PZL Świdnik SA. Ponad 60 z nich znajduje się na wyposażeniu różnych rodzajów sił zbrojnych. Od wielu lat nie były modernizowane.

Konflikt zbrojny między Armenią a Ażerbejdzanem w 2020 r., a przede wszystkim przebieg walk w Ukrainie w pełni potwierdził potrzebę posiadania różnego rodzaju dronów. Są one już na wyposażeniu Sił Zbrojnych RP. W 2017 r. przekazane zostały naszym Wojskom Specjalnym i Wojskom Obrony Terytorialnej wielozadaniowe drony typu Warmate, wyprodukowane przez największą prywatną polską firmę zbrojeniową WB Electronics SA. Mają lekką konstrukcję oraz zdolność do wykonywania różnego rodzaju misji. Posiadają głowicę w trzech wariantach: odłamkowo-burzącym, kumulacyjnym i rozpoznawczym. Mogą wykonywać misje rozpoznawcze oraz ukierunkowane na zniszczenie celu[10].

Kondycja sił morskich

Marynarka Wojenna jest najbardziej zaniedbanym rodzajem Sił Zbrojnych RP. Wiek okrętów służących w polskiej Marynarce Wojennej to średnio 35 lata. Sukcesywnie są wycofywane z uzbrojenia. Po wycofaniu okrętów klasy Kobben na wyposażeniu Marynarki Wojennej RP pozostał tylko jeden okręt podwodny ORP Orzeł, który jest niesprawny i ulega ciągłym awariom[11]. Jak dotąd nie zrealizowano rozwiązania pomostowego, które miało polegać na pozyskaniu co najmniej dwóch używanych okrętów podwodnych, by zachować podstawowy potencjał kadrowy. Stąd uzasadnione jest stwierdzenie, iż polska flota podwodna przestała istnieć.

W dywizjonie Okrętów Bojowych znajdują się dwie fregaty rakietowe typu Oliver Hazard Perry – Kościuszko i Pułaski, wycofane z użytkowania przez Stany Zjednoczone, których wiek zbliża się do 40 lat i dlatego niebawem będą wycofane. A także korweta Kaszub do zwalczania okrętów podwodnych, pływająca już 35 lat. Ponadto Marynarka Wojenna RP posiada sześć okrętów desantowo-minowych oraz trzy okręty rakietowe projektu Orkan, skupione w Dywizjonie Okrętów Rakietowych 3. Flotylli Okrętów w Gdyni. Zostały one zmodernizowane poprzez wprowadzenie na ich wyposażenie nowych rakiet przeciwokrętowych RBS-15 Mk3 klasy woda-woda produkcji szwedzkiej.

---

[10] *Warmate w Ukrainie. Polskie drony kamikaze uderzyły w rosyjski obóz wojskowy*, https://tech.wp.pl/warmate-w-ukrainie-polskie-drony-kamikaze-uderzyly-w-rosyjski-oboz-wojskowy,6793619258702720ay (dostęp: 25.08.2022).

[11] Ł. Michalik, *Polska wycofuje ze służby okręty podwodne. Został już tylko stary ORP Orzeł, portal WP tech*, https://tech.wp.pl/polska-wycofuje-ze-sluzby-okrety-podwodne-zostal-juz-tylko-stary-orp-orzel,6715836388916064a (dostęp: 25.08.2022).

Jeśli chodzi o nowe okręty, to po wielu latach budowy w Stoczni Wojennej trzy lata temu wreszcie wszedł do służby okręt ORP Ślązak. Początkowo zakładano, że będzie to okręt klasy korweta. Ostatecznie jednak po zredukowaniu jego uzbrojenia spełniać będzie funkcję patrolowca[12]. Marynarka Wojenna RP otrzymała również wybudowane w Polsce nowoczesne dwa niszczyciele min typu Kormoran II.

Na wyposażeniu Marynarki Wojennej znajdują się nie tylko okręty, ale także inne środki walki. Należą do nich dwa Nadbrzeżne Dywizjony Rakietowe, wyprodukowane przez norweską firmę Kongsberg. Uzbrojone są w rakiety klasy ziemia-woda o zasięgu 200 km do obrony wybrzeża. Część ich wyposażenia, mianowicie kontenerowe wyrzutnie, stacje radiolokacyjne oraz pojazdy i sprzęt elektroniczny zostały wyprodukowane w polskich firmach[13].

Posiadamy także jednostki lotnictwa morskiego funkcjonujące w ramach Brygady Lotnictwa Marynarki Wojennej w Gdyni. Po wycofaniu w końcu 2003 r. samolotów odrzutowych Mig-21 bis i TS-11 Iskra na jego wyposażeniu pozostały samoloty patrolowe i rozpoznawcze Bryza oraz różnego rodzaju śmigłowce, w tym służące wykrywaniu i zwalczaniu okrętów podwodnych oraz ratownicze. W najbliższym czasie ze względu na wiek wycofane zostaną śmigłowce wykrywania i zwalczania okrętów podwodnych produkcji radzieckiej Mi-14. Zastąpią je cztery śmigłowce AW101 do zwalczania okrętów podwodnych i działań poszukiwawczo-ratowniczych.

Wojska Specjalne

Polska posiada Wojska Specjalne, które są bardzo wysoko oceniane i należą do najlepszych w NATO. Utworzenie Jednostki Wojskowej AGAT zakończyło proces formowania oddziałów wojsk specjalnych, które obecnie składają się z czterech jednostek operacyjnych o różnym charakterze (JW Komandosów, GROM, FORMOZA, AGAT oraz jednostki wsparcia dowodzenia i zabezpieczenia NIL). Łącznie służy w nich ok. 3 tys. żołnierzy doskonale wyszkolonych i o dużym doświadczeniu bojowym nabytym w trakcie misji w Afganistanie i w Iraku[14]. Dysponują bogatym indywidualnym uzbrojeniem i wyposażeniem. Ponadto na uzbrojeniu tych wojsk znajdują się granatniki, działa bezodrzutowe, rakiety przeciwpancerne Spike i przeciwlotnicze bardzo krótkiego zasięgu Grom oraz różne wersje pojazdów do pokonywania trudnego terenu. W składzie Wojsk Specjalnych

---

[12] *Pełnoletni ORP Ślązak wszedł do służby*, https://www.nadmorski24.pl/aktualnosci/42197-pelnoletni-orp-slazak-wszedl-do-sluzby (dostęp: 25.08.2022).

[13] Z. Lentowicz, *Morskie rakiety NSM Konsberga przyniosą offset*, RP Ekonomia/Biznes, 10 czerwca 2015 r., https://www.rp.pl/biznes/art11686561-morskie-rakiety-nsm-kongsberga-przyniosa-offset (dostęp: 5.05.2022).

[14] M. Gryga, *Polskie Wojska Specjalne we współczesnym świecie. Studium wyzwań i zagrożeń*, Wydawnictwo Defence24, Warszawa 2021.

znajduje się służąca do przerzutu żołnierzy wraz z uzbrojeniem 7. Eskadra Zadań Specjalnych wyposażona w śmigłowce Mi-17 i Black Hawk.

Obrona cyberprzestrzeni

W lutym 2022 r. w Siłach Zbrojnych RP powstał nowy komponent – Wojska Obrony Cyberprzestrzeni. Współpracują one z Narodową Agencją Cyberbezpieczeństwa. Pełną zdolność operacyjną powinny osiągnąć do 2024 r.[15] Posiadać będą zdolności obronne oraz służące rozpoznaniu, a także zdolności ofensywne. Podstawą ich potencjału są wysoko wykwalifikowani informatycy, których wojsko pozyskało z czołowych firm informatycznych i technologicznych, dysponujący nowoczesnymi programami informatycznymi. Szczególnie istotne jest dysponowanie programami, które mogą zabezpieczać centra dowodzenia i obiekty infrastruktury krytycznej oraz obronnej i kluczowe usługi[16].

Wojska Obrony Terytorialnej

Wojna w Ukrainie potwierdziła potrzebę posiadania obrony terytorialnej. Jej oddziały skutecznie prowadzą działania opóźniające przemieszczanie się wojsk rosyjskich[17]. W Polsce Wojska Obrony Terytorialnej (WOT) powstały w 2017 r. i są formacją ochotniczą zorganizowaną w brygady istniejące we wszystkich województwach. Liczą obecnie ok. 30 tys. żołnierzy, a docelowo 53 tys. Celem WOT jest obrona i wspieranie lokalnych społeczności. W czasie pokoju to zadanie realizowane jest m.in. w formie przeciwdziałania i zwalczania skutków klęsk żywiołowych oraz prowadzenia działań ratowniczych w sytuacjach kryzysowych. W wypadku wojny WOT mają stanowić wsparcie dla wojsk operacyjnych i prowadzić działania o charakterze partyzanckim. Wyposażone są w broń lekką, m.in. w karabinki automatyczne Grot, granatniki i moździerze. Żołnierze WOT są także szkoleni w obsłudze przenośnych przeciwpancernych i przeciwlotniczych pocisków rakietowych, m.in. na ich uzbrojenie weszły, choć w niewielkiej liczbie, amerykańskie zestawy przeciwpancerne Javelin. Ponadto w 2017 r. na wyposażenie WOT wprowadzono się pierwsze drony typu Warmate, wyprodukowane w naszym kraju przez firmę WB Electronics[18].

---

[15] „Powołano Wojska Obrony Cyberprzestrzeni", *Dziennik Gazeta Prawna*, 8 lutego 2022 r., https://www.gazetaprawna.pl/wiadomosci/kraj/artykuly/8352296,wojska-obrony-cyberprzestrzeni-mon-blaszczak.html (dostęp: 25.08.2022).

[16] Zob. też I. Albrycht, „Globalna cyberwojna", *Rzeczpospolita*, 2 marca 2022 r.

[17] M. Kozubal, „Obrona terytorialna walczy", *Rzeczpospolita*, 1 marca 2022 r.

[18] W. Piech, *Jakim sprzętem dysponują Wojska Obrony Terytorialnej?*, portal „Geekweek", https://geekweek.interia.pl/militaria/news-jakim-sprzetem-dysponuja-wojska-obrony-terytorialnej,nId,6166383 (dostęp: 25.08.2022).

Potencjał polskiego przemysłu obronnego

Obecny potencjał polskiego przemysłu obronnego stanowi kilkadziesiąt państwowych przedsiębiorstw obronnych skupionych – po przeprowadzeniu konsolidacji branży – w Polskiej Grupie Zbrojeniowej SA (PGZ SA). W jej skład weszły państwowe przedsiębiorstwa produkujące uzbrojenie dla różnych rodzajów Sił Zbrojnych, wojskowe przedsiębiorstwa remontowo-produkcyjne i niektóre ośrodki badawczo-rozwojowe. Łącznie PGZ SA skupia 50 spółek. Do największych z nich należą: Huta Stalowa Wola SA, Mesko SA w Skarżysku-Kamiennej, PIT-Radwar SA w Warszawie i PGZ Stocznia Wojenna Sp. z o.o. w Gdyni[19]. Zatrudnienie w Polskiej Grupie Zbrojeniowej wynosi ok. 25 tys. osób. Celem konsolidacji było stworzenie warunków do efektywnego wykorzystanie potencjału polskiego przemysłu obronnego, jak również skorelowanie działań inwestycyjnych i badawczo-rozwojowych, w tym skoncentrowanie środków finansowych na prowadzone badania. Część przedsiębiorstw obronnych jest miejscem produkcji finalnej we współpracy z kooperantami, inne produkują elementy lub komponenty do produktu finalnego.

Należy podkreślić, że wszystkie przedsiębiorstwa lotnicze, które w PRL-u stanowiły ważną, opartą na nowoczesnych technologiach część polskiego potencjału przemysłowego o znacznych zdolnościach eksportowych, zostały sprzedane przez Agencję Rozwoju Przemysłu kapitałowi zagranicznemu i stały się filiami firm zachodnich, głównie amerykańskich (m.in. WSK Rzeszów, PZL Mielec, PZL Okęcie, WSK Świdnik i PZL Hydral)[20].

Na potencjał polskiego przemysłu obronnego składa się także kilkadziesiąt firm prywatnych, w większości małych, w znacznym stopniu o charakterze innowacyjnym, kooperujących z firmami państwowymi lub będących ich poddostawcami. Największą z nich, mającą duże osiągnięcia, jest WB Electronics SA które kilka lat temu dokonało fuzji ze znaną państwową firmą elektroniczną Radmor SA. WB Electronics produkuje m.in. systemy kierowania ogniem artylerii lufowej i rakietowej oraz drony.

Oprócz przedsiębiorstw produkcyjnych funkcjonuje kilkanaście cywilnych i wojskowych jednostek badawczo-rozwojowych i instytutów (kilka z nich włączono do PGZ), podejmujących prace naukowo-badawcze i rozwojowe, których wyniki wykorzystywane są na potrzeby wojska. W Polsce przykładem przedsiębiorstw obronnych, które posiadają własne biura konstrukcyjne, jest WSK Świdnik SA i PIT-Radwar SA, natomiast ośrodkiem badawczo-rozwojowym świadczącym

---

[19] Szerzej zob. R. Kołodziejczyk, „Polska Grupa Zbrojeniowa – historia i stan obecny", w: P. Soroka, K. Wątorek, A. Zagórska (red.), *Przemysł obronny głównym podmiotem polityki gospodarczo-obronnej Polski*, Dom Wydawniczy ELIPSA, Warszawa 2020, s. 109–120.

[20] Szerzej zob. P. Soroka, P.L.. Wilczyński, „Potencjał polskiego przemysłu zbrojeniowego", *Przegląd Geopolityczny*, 2018, t. 22, s. 55–71.

usługi na rzecz przedsiębiorstwa produkującego broń pancerną Bumaru Łabędy SA w Gliwicach jest OBRUM, mieszczący się także w Gliwicach. Z kolei w Gdańsku znajduje się Centrum Techniki Morskiej SA prowadzące prace badawczo-rozwojowe dla stoczni budujących okręty i inne uzbrojenie dla Marynarki Wojennej RP. Ponadto istnieją instytuty podległe ministrowi obrony narodowej. Do najważniejszych należą Wojskowy Instytut Techniczny Uzbrojenia oraz Instytut Techniczny Wojsk Lotniczych. Ważną rolę w pracach badawczo-rozwojowych na rzecz wojska odgrywa również Wojskowa Akademia Techniczna w Warszawie. W przypadku polskiego przemysłu obronnego umocnienie zaplecza badawczo-rozwojowego jest niezbędne, gdyż polskie siły zbrojne wchodzą w decydującą fazę modernizacji. Zaplecze to nie tylko uczestniczy w projektowaniu i wdrażaniu nowego uzbrojenia produkowanego w Polsce, lecz także w polonizacji elementów uzbrojenia kupowanego za granicą, głównie na podstawie umów offsetowych.

Kierunki i sposoby modernizacji technicznej Sił Zbrojnych RP. Rodzaje modernizacji technicznej i związane z nią procedury

Na kierunki modernizacji powinny wpłynąć m.in. wnioski z walk w Ukrainie. Konflikty wojenne są bowiem najlepszym sprawdzianem dla uzbrojenia i sprzętu wojskowego znajdującego się na wyposażeniu wojska. Skuteczność i przydatność używanego w walkach w Ukrainie uzbrojenia i sprzętu wojskowego, zarówno najnowszej, jak i starszej generacji, powinna zostać oceniana przez specjalistów wojskowych – znawców sztuki wojennej i odpowiedzialnych za zakup uzbrojenia, współpracujących z przemysłem zbrojeniowym i jego zapleczem badawczo-rozwojowym. Na podstawie dokonanej przez nich analizy należy sformułować wymagania dla zamawianego w naszym przemyśle obronnym uzbrojenia i sprzętu wojskowego lub pozyskiwanego za granicą. Na bazie tych wymagań można produkować lub nabywać za granicą nowsze bądź najnowszej generacji uzbrojenie, a także modernizować sprzęt będący od dłuższego czasu na wyposażeniu sił zbrojnych. Przy czym modernizacja może była głębsza i polegać na wymianie starszych elementów i części na nowocześniejsze, jakościowo nowe (np. w przypadku czołgu zainstalowanie nowego systemu kierowania ogniem lub działa o lepszych parametrach). Albo płytka – w tym przypadku możemy jedynie mówić o doskonaleniu posiadanego uzbrojenia, eliminowaniu ujawnionych w trakcie działań bojowych lub w trakcie ćwiczeń poligonowych oczywistych słabości lub niedoróbek.

Proces pozyskania nowego uzbrojenia lub sprzętu rozpoczyna faza analityczno-koncepcyjna. W jej ramach opracowywane są wymagania operacyjno-techniczne, a następnie przeprowadzany jest dialog techniczny z potencjalnymi oferentami. Wymagania taktyczno-operacyjne uzbrojenia dotyczą pożądanych właściwości uzbrojenia w warunkach bojowych. W Polsce zajmuje się tym niedawno powołana

Agencja Uzbrojenia. Pożądane jest, aby przy wyborze dostawcy nowego uzbrojenia lub realizatora modernizacji posiadanego już sprzętu brać pod uwagę kilku oferentów. Organizowane jest wówczas postępowanie przetargowe, w trakcie którego powinno się zapewnić warunki uczciwej konkurencji i równe traktowanie. Następnie następują badanie i ocena ofert. W efekcie wybierany jest producent, który zaoferuje uzbrojenie lub sprzęt wojskowy najlepiej spełniający wymagania taktyczno-operacyjne, a także korzystny cenowo. Cały proces kończy się podpisaniem finalnej umowy zakupu lub modernizacji danego zestawu uzbrojenia. W przypadku gdy zakupowi uzbrojenia za granicą może towarzyszyć oferta offsetowo-przemysłowa, wówczas podpisanie finalnej umowy zakupu poprzedzone jest wynegocjowaniem i podpisaniem umowy offsetowej[21]. Jej przedmiotem jest kwestia transferu technologii do państwa kupującego uzbrojenia od producentów zagranicznych.

Tocząca się za naszą wschodnią granicą wojna wywołuje konieczność szybkiego wzmocnienia naszych Sił Zbrojnych. Rodzi to pokusę dokonywania zakupów głównie za granicą bez przeprowadzania procedury przetargowej. W takim postępowaniu nie muszą być uwzględniane i rzetelnie porównywane konkurencyjne oferty. Nie sprzyja to podejmowaniu efektywnych decyzji związanych z pozyskiwaniem uzbrojenia. Dlatego taka procedura nie powinna być nadużywana, a z taką tendencją ostatnio mamy w Polsce do czynienia. W ostatnim okresie MON realizuje większość zakupów w Stanach Zjednoczonych w ramach procedury FMS (*Foreign Military Sales*). Jest to pozyskanie uzbrojenia od amerykańskich firm zbrojeniowych przez zawarcie umowy międzyrządowej, której podpisanie poprzedzone jest zapytaniem ofertowym o cenę, parametry danego uzbrojenia i dostępność. Konieczne też jest uzyskanie zgody Kongresu Stanów Zjednoczonych. Na podstawie tej procedury Polska zakupiła dwie baterie systemu Patriot oraz 32 samoloty F-35[22]. Procedury przetargowej nie uwzględniają także zakupy realizowane w ramach pilnej potrzeby operacyjnej, którą MON ostatnio coraz częściej stosuje.

W przypadku zakupów za granicą uzbrojenia i sprzętu wojskowego nieprodukowanego przez polski przemysł obronny należy dążyć, aby towarzyszyły temu umowy offsetowe, dzięki którym będzie miał miejsce transfer do Polski nowoczesnych technologii wojskowych i podwójnego zastosowania. W wariancie minimalnym chodzi o pozyskanie technologii co najmniej umożliwiających eksploatację, naprawy i remont w kraju kupionego za granicą uzbrojenia, co jest niezwykle ważne w sytuacji konfliktu wojennego. W wariancie bardziej ambitnym transfer technologii umożliwia w kraju kupującego uruchomienie produkcji niektórych

---

[21] P. Soroka, „Formułowanie wymagań taktyczno-operacyjnych i innych kryteriów pozyskania uzbrojenia i sprzętu wojskowego na potrzeby różnych rodzajów wojsk", w: R. Białoskórski, P. Górny (red.), *Metrologia nauk o bezpieczeństwie i obronności. Wybrane zagadnienia*, Uniwersytet Przyrodniczo-Humanistyczny w Siedlcach, Siedlce 2018, s. 286.

[22] M. Miłosz, „Zakupy pierwszej potrzeby", *Dziennik Gazeta Prawna*, 6–8 maja 2022 r.

części pozyskanego uzbrojenia, a w maksymalnym – całkowite przeniesienie produkcji do rodzimego przemysłu zbrojeniowego, inaczej mówiąc, jego polonizację.

Programy modernizacji Wojska Polskiego realizowane przez polski przemysł obronny i jego zaplecza badawczo-rozwojowe

W zakresie obrony powietrznej

W ramach trójwarstwowego systemu obrony powietrznej, który w najbliższych latach powinna zbudować Polska, istnieje środkowa warstwa, na poziomie której niszczone będą cele na wysokości do kilkunastu kilometrów i odległościach do 25 km. Przy czym odpowiadające tej warstwie środki będą przewidziane do ochrony ważnych obiektów o charakterze punktowym oraz zgrupowania wojsk, w tym na polu walki. Zestawy przeciwlotnicze, które mają zwalczać cele na tym poziomie, mają zostać wyprodukowane w ramach programu NAREW. Głównym realizatorem i integratorem programu budowy i produkcji systemu obrony przeciwlotniczej bliskiego zasięgu NAREW jest konsorcjum 11 polskich firm zbrojeniowych skupionych w Polskiej Grupie Zbrojeniowej SA, które powstało już w 2014 r. W jego skład wchodzą producenci radarów, pocisków rakietowych, systemów dowodzenia, łączności i pojazdów. Większość z nich ma wieloletnie doświadczenie w tym zakresie. Część z nich remontowała i serwisowała sprzęt przeciwlotniczy produkcji radzieckiej[23]. Efektorem w programie NAREW, czyli elementem wykonawczym będą pociski rakietowe krótkiego zasięgu CAMM (*Common Anti-Air Modular Missile*) brytyjskiej produkcji wystrzeliwane z wyrzutni iLanucher. W Polsce stały się niedawno szerzej znane dzięki przebazowaniu przez Wielką Brytanię do Polski – w ramach sojuszniczej pomocy – systemu przeciwlotniczego Sky Sabre, w skład którego wchodzą właśnie pociski CAMM[24].

W wojnie w Ukrainie po stronie ukraińskiej bardzo skuteczne okazały się przenośne przeciwlotnicze zestawy rakietowe bardzo krótkiego zasięgu Piorun dostarczone przez Polskę. Produkuje je nasz przemysł obronny, a konkretnie zakłady Mesko SA wspólnie ze spółką Centrum Rozwojowo-Wdrożeniowe Mesko-Telesystem. Rzecz w tym, aby utrzymać ciągłość produkcji tych zestawów, a następnie zwiększyć ich produkcję dla Sił Zbrojnych RP, w tym dla Wojsk Specjalnych i Wojsk Obrony Terytorialnej. Jednocześnie należy dokonać analizy ich użycia i stopnia skuteczności w starciach w Ukrainie w celu dalszej ich modernizacji. Poza

---

[23] M. Borejko, „Rola i miejsce PGZ w realizacji programu «Modernizacja obrony powietrznej». Udział PGZ w programie budowy zestawów rakiet przeciwlotniczych i przeciwrakietowych", w: A. Radomyski, D. Żyłka, W. Materak (red.), *Obrona powietrzna w systemie bezpieczeństwa państwa*, Akademia Obrony Narodowej, Warszawa 2016, s. 184–195.

[24] Ł. Michalik, *Ruszył program Narew. Przeciwlotniczy parasol nad Polską*, Tech.wp.pl, https://tech.wp.pl/ruszyl-program-narew-przeciwlotniczy-parasol-nad-polska-jeszcze-w-tym-roku,6758550780988000a (dostęp: 25.08.2022).

tym potrzebne jest wyprodukowanie w Polsce systemów antydronowych. Jest to wniosek wyciągnięty nie tylko z wojny w Ukrainie, ale także wcześniejszego konfliktu między Armenią a Azerbejdżanem, w czasie którego Armenia straciła ponad 200 czołgów w pierwszych dniach konfliktu przede wszystkim z powodu zastosowania przeciwko broni pancernej nowoczesnych tureckich dronów Bayraktar[25].

Trójwarstwowa obrona powietrzna powinna zostać odpowiednio zintegrowana. Stąd pożądane jest stworzenie sieciocentrycznego systemu dowodzenia obroną powietrzną, w który wmontowane zostałyby systemy przeciwlotnicze, w tym stacje radiolokacyjne, drony, a także w przyszłości samoloty F-35. Polskie przedsiębiorstwo PIT-Radwar SA, które posiada duże doświadczenie w produkcji różnego rodzaju radarów i wozów dowodzenia jest w stanie aktywnie uczestniczyć w budowie tego systemu.

W zakresie lądowych środków walki

W Wojskach Lądowych palącą kwestią staje się zastąpienie przestarzałych transporterów na podwoziu gąsienicowych BWP1 nową generacją pojazdów tego rodzaju. Stąd niezbędne jest szybkie wdrożenie do produkcji seryjnej zaprojektowanego w Hucie Stalowa Wola SA nowego pływającego bojowego wozu piechoty Borsuk na podwoziu gąsienicowym. Transporter ten ma być wyposażony m.in. w zdalnie sterowane systemy wieżowe ZSSW-30. Cechuje go wysoka mobilność i zdolność do pokonywania trudnych przeszkód terenowych, w tym przeszkód wodnych. Potrzeba ich co najmniej 1000 sztuk[26]. Aktualnie Borsuk znajduje się w fazie badań kwalifikacyjnych przeprowadzanych przez Agencję Uzbrojenia.

Walki w Ukrainie potwierdziły, iż czołgi nadal odgrywają dużą rolę na współczesnym polu walki, zwłaszcza na terenach równinnych, a takie ukształtowanie ma terytorium Polski. Dlatego w przypadku broni pancernej będącej na wyposażeniu naszych Wojsk Lądowych należy przyśpieszyć modernizację przez polski przemysł starszej wersji czołgów Leopard 2A4 do standardu 2PL, który ma mieć lepsze systemy stabilizacji strzału oraz łączności. Poza tym należy pozyskać nowe czołgi na miejsce czołgów T-72 przekazanych Ukrainie.

W Ukrainie duże straty rosyjskim siłom pancernym zadały nowoczesne przenośne rakietowe zestawy przeciwpancerne, zwłaszcza pociski produkcji amerykańskiej Javelin. Przemawia to za tym, aby zwiększyć liczbę będących już na wyposażeniu naszego wojska nowoczesnych zestawów rakiet przeciwpancernych Spike konstrukcji izraelskiej, których produkcję przeniesiono do Polski w zakładach Mesko SA w Skarżysku-Kamiennej. Poza tym niedawno PGZ SA zawarł porozumienie z brytyjską firmą MBDA UK dotyczące współpracy w procesie projektowania oraz produkcji bateryjnego modułu samobieżnych niszczycieli

[25] M. Miłosz, „Zmarnowany czas", *Dziennik Gazeta Prawna*, 25–27 lutego 2022 r.

[26] Tenże, „Zbrojeniówka wystrzeli w górę", *Dziennik Gazeta Prawna,* 23 maja 2022.

czołgów uzbrojonych w brytyjskie pociski przeciwpancerne Brimstone. Program nosi nazwę Ottokar-Brzoza. Będzie realizowany przez konsorcjum polskich firm na czele z Hutą Stalowa Wola SA. Przewiduje się, iż w przyszłości produkcja rakiet Brimstone będzie przeniesiona do Polski[27].

Przebieg wojny w Ukrainie ukazał, jak ważną rolę na współczesnym polu walki odgrywa artyleria, w tym rakietowa. Ukraińska artyleria zadała znaczne straty wojskom rosyjskim, zarówno w sprzęcie, jak i w ludziach, w tym zniszczyła część śmigłowców stacjonujących na lotniskach. Duże sukcesy odnotowała zwłaszcza artyleria rakietowa w postaci wieloprowadnicowych zestawów rakietowych. Broń tego rodzaju na dużą skalę używała również strona rosyjska, mająca znaczną przewagę liczebną w tej dziedzinie nad Ukraińcami. Szczególnie w walkach w Donbasie Rosja zastosowała bardzo dużo zestawów artyleryjskich, w tym artylerii rakietowej, zadając właśnie tą bronią duże straty siłom zbrojnym Ukrainy. Jakościowo nową sytuację stworzyło otrzymanie przez Ukrainę od Stanów Zjednoczonych zestawów rakietowych M142 Himars, które pozwoliły siłom ukraińskim zniszczyć wiele rosyjskich celów, zwłaszcza systemów dowodzenia i składów amunicji oraz paliwa, a także lotniska i mosty. Należy podkreślić, iż wystrzeliwane przez wyrzutnie Himars precyzyjnie kierowane pociski M30 i M31 GMRLS umożliwiły ataki daleko za linią frontu[28].

Uwzględniając doświadczenia z zastosowania bojowego artylerii rakietowej w Ukrainie, należy zwiększyć produkcję tego rodzaju uzbrojenia w postaci zestawów WR-40 Langusta produkowanych w Hucie Stalowa Wola SA. Wprowadzone na uzbrojenie Wojska Polskiego w 2008 r. są gruntownie zmodernizowaną wersją wieloprowadnicowych wyrzutni rakiet niekierowanych produkcji radzieckiej BM-21 Grad. W porównaniu do Gradów zestawy Langusta dysponują nowocześniejszymi pociskami rakietowymi Fenix produkowanymi w Mesko SA w Skarżysku-Kamiennej[29]. Jest jeszcze czas na kolejną ich modernizację, wykorzystując wnioski z zastosowania w Ukrainie wyrzutni Grad. Modernizacja może polegać na włączeniu wyrzutni zestawu Langusta w system kierowania ogniem Topaz, co spowoduje, że każdej wyrzutni można przydzielić różne cele do wykonania uderzeń[30].

W wojnie w Ukrainie niezwykle skuteczną bronią okazały się przekazane przez Polskę naszym wschodnim sąsiadom produkowane przez Hutę Stalowa Wola SA

---

[27] Ł. Michalik, *Polska kupuje niszczyciele czołgów. Wyjaśniamy, czym jest ten sprzęt*, portal WP tech, 27.07.2022, https://tech.wp.pl/ottokar-brzoza-polska-kupuje-niszczyciele-czolgow-wyjasniamy-czym-jest-ten-sprzet,6792423954787168a (dostęp: 25.08.2022).

[28] M. Czarnecki, „Ile znaczą Himars-y w Ukrainie", *Gazeta Wyborcza*, 25 lipca 2022 r.

[29] *Wyrzutnia rakietowa WR-40 „Langusta"*, https://www.wojsko-polskie.pl/wyrzutnia-rakietowa-wr-40-langusta/ (dostęp: 25.08.2022).

[30] „Wnioski z Ogólnopolskiej Konferencji pt. *Odtworzenie Wojsk Rakietowych w świetle modernizacji Sił Zbrojnych Rzeczpospolitej Polskiej z udziałem polskiego przemysłu obronnego i jego zaplecza badawczo-rozwojowego*", w: E. Misterski, H. Potrzebowski, P. Soroka (red.), *Polskie Lobby Przemysłowe im. Eugeniusza Kwiatkowskiego. Materiały programowe i informacyjne, opinie i stanowiska z 2015 i początku 2016 roku*, Ośrodek Wydawniczo-Poligraficzny SIM, Warszawa 2016, s. 150–151.

samobieżne, na podwoziu gąsienicowym armatohaubice Krab. Znaczna ich liczba już znajduje się na wyposażeniu polskich Wojsk Lądowych. 155-milimetrowa armatohaubica Krab ma masę ok. 48 t i może razić cele oddalone o 40 km nawet sześcioma pociskami na minutę[31]. Ich produkcja na pewno będzie kontynuowana i zostanie zwiększona.

W końcowej fazie realizacji znajduje się program Tytan – zaawansowanego indywidualnego wyposażenia i uzbrojenia żołnierza. Realizuje go konsorcjum polskich firm zbrojeniowych, którego liderem jest Przemysłowe Centrum Optyki SA. Chodzi o wyposażenie i uzbrojenie umożliwiające walkę w trudnych warunkach, również w nocy. Jego elementami obok nowoczesnej broni strzeleckiej będą kamizelki kuloodporne, celowniki, a zwłaszcza najnowsze środki obserwacji i łączności. Tego rodzaju uzbrojenie jest szczególnie potrzebne żołnierzom Wojsk Specjalnych[32]. Elementem tego programu są karabinki automatyczne Grot produkowane przez Fabrykę Broni „Łucznik" w Radomiu, które okazały się skuteczne w wojnie w Ukrainie. W Polsce dysponują nimi przede wszystkim żołnierze Wojsk Obrony Terytorialnej. Warto je doskonalić mając na uwadze wnioski z wykorzystania ich przez żołnierzy ukraińskich.

Udział polskiego przemysłu w zakresie produkcji powietrznych środków walki

Modernizacji wymaga 60 wyprodukowanych w Polsce śmigłowców W-3 Sokół będących na wyposażeniu różnych rodzajów Sił Zbrojnych. Ich modernizacja powinna objąć elementy, które są najstarsze, czyli napęd, łopaty wirnika, przekładni awioniki i opancerzenie. Niedawno w PZL Świdnik SA rozpoczęto pierwsze takie prace polegające na wymianie łopat wirnika nośnego na nowsze, które zwiększą jego udźwig. Chodzi o to, aby przedłużyć żywot tych śmigłowców do 2035 r.

Potencjał Sił Zbrojnych RP niewątpliwie wzmocni niedawno zawarte zamówienie na 32 średnie śmigłowce nowej generacji AW149, skonstruowane przez Grupę Leonardo, które mają być produkowane w PZL Świdnik SA, należącym teraz do Leonardo. Mają one być uzbrojone i przystosowane – w zależności od wyposażenia – do misji transportowych, desantowo-szturmowych i wsparcia pola walki. Podpisany kontrakt przewiduje zbudowanie potencjału przemysłowego dla seryjnej ich produkcji w Polsce, a także przygotowanie zaplecza technicznego do testów i prób w locie[33].

---

[31] K. Wilewski, *Miliardowy kontrakt na kraby*, https://www.polska-zbrojna.pl/home/articleshow/21352?t=Miliardowy-kontrakt-na-Kraby (dostęp: 25.08.2022).

[32] M. Szopa, *Wszystkie elementy Tytana gotowe*, DEFENCE24, https://defence24.pl/przemysl/wszystkie-elementy-tytana-gotowe (dostęp: 25.08.2022).

[33] „Śmigłowce ze Świdnika przed wielkim skokiem" – wywiad z Jackiem Libuchą – prezesem PZL Świdnik SA, *Rzeczpospolita, Ekonomia & Rynek*, 20 lipca 2022 r.

Polski przemysł obronny jest już zaangażowany w produkcję różnego rodzaju dronów. Wcześniej była mowa o dronach Warmate. 6 maja 2022 r. MON podpisał kontrakt z firmą WB Electronics SA na dostawę najnowszego systemu Gladius. Dotyczy on kilkaset dronów, których część pełnić będzie funkcje obserwacyjne, a pozostałe, uderzeniowe, będą działać w trybie kamikadze[34].

W grudniu 2021 r. minister obrony narodowej Mariusz Błaszczak podpisał umowę na dostawę bezzałogowych systemów powietrznych klasy mini pod kryptonimem Wizjer. Przewiduje ona dostawę 25 zestawów bezzałogowych systemów powietrznych zawierających 100 dronów rozpoznawczych wraz z pakietem logistycznym i szkoleniowym. Wejdą one na wyposażenie Wojsk Lądowych i Wojsk Specjalnych. Drony te zostały zaprojektowane przez Instytut Techniczny Wojsk Lotniczych, a wyprodukuje je konsorcjum zawiązane przez PGZ oraz Wojskowe Zakłady Lotnicze Nr 1 w Łodzi i WZL Nr 2 w Bydgoszczy[35].

W dziedzinie potencjału morskiego

Marynarka Wojenna, która dotąd była najbardziej zaniedbanym rodzajem Sił Zbrojnych, niedawno została wzmocniona nowoczesnymi niszczycielami min klasy Kormoran II, wyprodukowanymi w Polsce przez konsorcjum złożone z trzech podmiotów: prywatnej stoczni Remontowa Shipbuilding SA (dawna Stocznia Północna), PGZ Stoczni Wojennej Sp. o.o. oraz Ośrodka Badawczo-Rozwojowego Centrum Techniki Morskiej SA. Po prototypowym Kormoranie niedawno wszedł do służby drugi okręt tej klasy pn. Albatros, a niebawem oddany do użytku zostanie trzeci niszczyciel min Mewa. W czerwcu 2022 r. podpisana została umowa na wybudowanie dla naszej Marynarki Wojennej trzech kolejnych niszczycieli min typu Kormoran II[36].

Dla przyszłości Marynarki Wojennej RP kluczowa jest realizacja programu Miecznik, celem którego jest zbudowanie przez polskie stocznie we współpracy z brytyjskim partnerem zagranicznym Babcock trzech wielozadaniowych fregat najnowszej generacji. W budowie fregat uczestniczą dwie polskie stocznie: Remontowa Shipbuilding SA i PGZ Stocznia Wojenna Sp. z o.o., które z udziałem Polskiej Grupy Zbrojeniowej SA utworzyły konsorcjum Miecznik.

Celem budowanych fregat jest zapewnienie nie tylko obrony wybrzeża i odstraszania na akwenie Bałtyku, lecz także stworzenie możliwości realizacji interesów morskich poprzez ochronę portów, konwojowanie statków przewożących do kraju importowane towary, w tym gaz skroplony do Gazoportu oraz ropę naftową do

---

[34] M. Miłosz, „Zbrojeniówka wystrzeli w górę", dz. cyt.

[35] *Bezzałogowce Wizjer*, Ministerstwo Obrony Narodowej, https://www.gov.pl/web/obrona-narodowa/bezzalogowce-wizjer (dostęp: 25.08.2022).

[36] *Marynarka Wojenna zamawia trzy kolejne niszczyciele min typu Kormoran II*, portal internetowy „Radar", 27 czerwca 2022 r., https://radar.rp.pl/modernizacja-sil-zbrojnych/art36580531-marynarka-wojenna-zamawia-trzy-kolejne-niszczyciele-min-typu-kormoran-ii (dostęp: 28.08.2022).

Naftoportu. Fregaty w przypadku konfliktu będą odpowiedzialne także za zapewnienie bezpieczeństwa morskim transportom przywożącym uzbrojenie i sprzęt wojskowy sił sojuszniczych do Polski.

Dzięki uzbrojeniu fregat w najnowsze rakietowe systemy przeciwlotnicze będą one tworzyć bardzo ważne ogniwo systemu obrony powietrznej Polski, uzupełniając środki obrony powietrznej na lądzie (systemy Wisła i Narew) i zwiększając zasięg ich oddziaływania daleko od polskiego wybrzeża. W optymistycznym wariancie mogłyby nawet odpowiadać za zablokowanie części sił morskich wroga w bazach morskich. Poza tym dzięki bogatemu wyposażeniu w środki informatyczne i walki elektronicznej fregaty wzmocnią odporność Sił Zbrojnych RP na oddziaływanie przeciwnika w infosferze[37].

Modernizacja na podstawie uzbrojenia zakupionego za granicą

Zakup Patriotów

Polski przemysł obronny nie dysponuje zdolnościami budowy rakiet przeciwlotniczych średniego zasięgu. W trójwarstwowym systemie obrony powietrznej stanowią one w naszych warunkach najwyższą warstwę. Dlatego niezbędne było pozyskanie tego rodzaju uzbrojenia za granicą. W ramach programu Wisła zdecydowano się na zakup dwóch baterii amerykańskich rakiet średniego zasięgu Patriot najnowszej wersji PAC-3, MSE które są zdolne zestrzeliwać nie tylko samoloty i drony, lecz również rakiety. Mają być zintegrowane z nowym, opracowywanym dla amerykańskich wojsk lądowych systemem zarządzania polem walki IBCS firmy Northrop Grumman. W związku z tym zakupem zawarto także umowę offsetową. Przewidywany offset jest raczej skromny, zapewnia jednak udział polskiego przemysłu w wyprodukowaniu niektórych elementów do Patriotów[38]. Dwie baterie to jednak za mało, aby zapewnić osłonę najważniejszych obiektów cywilnych i wojskowych w naszym kraju. Z tego powodu przewiduje się drugi etap pozyskania Patriotów w liczbie sześciu baterii. W tej sprawie skierowano już zapytanie ofertowe do producenta.

Uzbrojenie dla Wojsk Lądowych

W lutym 2019 r. MON zawarł umowę na zakup dwóch dywizjonów amerykańskich samobieżnych wyrzutni rakiet kierowanych klasy ziemia-ziemia Himars

[37] *Wnioski z Ogólnopolskiej Konferencji nt. programu budowy polskich fregat Miecznik*, Portal-mundurowy.pl, 14 lipca 2022 r., https://portal-mundurowy.pl/index.php/component/k2/item/15828-wnioski-z-ogolnopolskiej-konferencji-nt-programu-budowy-polskich-fregat-miecznik (dostęp: 28.08.2022).

[38] R. Lesiecki, *Kontrakt podpisany. Wisła i Patrioty za 4,75 mld dolarów*, 28 marca 2018 r., DEFENCE24, https://defence24.pl/polityka-obronna/wisla-i-patrioty-za-475-mld-dolarow-kontrakt-podpisany (dostęp: 25.08.2022).

do wykonywania głębokich uderzeń ogniowych. Niestety, zawartej bez przetargu umowie nie towarzyszył offset. Do Polski dostarczone zatem będą gotowe zestawy w całości wyprodukowane przez amerykański przemysł zbrojeniowy, bez jakiegokolwiek udziału polskiego. Stało się to niezrozumiałe w sytuacji, gdy kilka lat wcześniej w ramach Polskiej Grupy Zbrojeniowej powstał program Homar, którego celem było pozyskanie rakiet kierowanych klasy ziemia-ziemia, które miały zastąpić wycofane zestawy produkcji radzieckiej Toczka i Łuna. W tym celu powstało konsorcjum na czele z Hutą Stalowa Wola SA, które miało zapewnić znaczny udział polskiego przemysłu obronnego w realizacji tego programu.

Jak już wspomniano, w walkach w Ukrainie rakiety Himars na mobilnych wyrzutniach okazały się bardzo skuteczne i zadały duże straty wojskom rosyjskim. Nic więc dziwnego, iż wicepremier, minister obrony narodowej Mariusz Błaszczak w maju 2022 r. ogłosił zamiar zakupu przez Polskę dodatkowo aż 500 wyrzutni M142 Himars na potrzeby 80 baterii. W odróżnieniu od pierwszego zakupu 2019 r. dwóch dywizjonów całkowicie wyprodukowanych w USA, pozyskanie tak znacznej liczby kolejnych ma być powiązane z maksymalną możliwą polonizacją tego systemu. W tym celu należy wykorzystać program Homar i dotychczasowe prace konsorcjum powołanego w Polskiej Grupie Zbrojeniowej dla realizacji tego programu. Wojskowa Akademia Techniczna i Polskie Lobby Przemysłowe, wspólnie z Akademią Obrony Narodowej, Akademią Marynarki Wojennej, Wyższą Szkołą Oficerską Sił Powietrznych, Wyższą Szkołą Oficerską Wojsk Lądowych, Zarządem Wojsk Rakietowych i Artylerii Dowództwa Generalnego Rodzajów Sił Zbrojnych oraz Wojskowym Instytutem Technicznym Uzbrojenia zorganizowali 18 listopada 2015 r. ogólnopolską konferencję naukową pt. *Odtworzenie Wojsk Rakietowych w świetle modernizacji Sił Zbrojnych Rzeczypospolitej Polskiej z udziałem polskiego przemysłu obronnego i jego zaplecza badawczo-rozwojowego*. Omówiono wówczas m.in. kwestię realizacji programu Homar. We wnioskach z konferencji znalazło się stwierdzenie, że „należy dążyć do tego, aby znaczna część produkcji tych zestawów była realizowana w Polsce, dzięki czemu polski przemysł stałby się istotnym uczestnikiem w globalnym łańcuchu dostaw komponentów pozyskiwanego systemu. Możliwość rozwoju technologicznego i dokonanie jakościowego przeskoku zagwarantuje udział krajowego naukowo-przemysłowego potencjału obronnego w dalszych pracach nad rozwojem technologicznym pozyskanego sprzętu. Dlatego w ramach programu Homar należy w maksymalnym stopniu zapewnić rozwój rakiet na bazie pozyskiwanych technologii i opracowań własnych”[39].

Za niekorzystne należy uznać podjęcie decyzji przez ministerstwo obrony narodowej o zakupie 648 samobieżnych haubic K-9 posiadających automatyczny sposób ładowania, produkowanych przez przemysł zbrojeniowy Południowej Korei.

---

[39] „Wnioski z Ogólnopolskiej Konferencji pt. *Odtworzenie Wojsk Rakietowych w świetle modernizacji Sił Zbrojnych...*”, dz. cyt., s. 149–150.

Wydaje się, że lepszym rozwiązaniem byłaby – wykorzystując wnioski z ich użycia w Ukrainie – modernizacja przez Hutę Stalowa Wola SA armatohaubic Krab we współpracy z Koreą Południową i ich produkcja w Polsce na podstawie rozbudowanego potencjału produkcyjnego.

Aby wypełnić braki powstałe po czołgach T-72 przekazanych Ukrainie, w kwietniu 2022 r. szef MON Mariusz Błaszczak podpisał umowę międzyrządową na zakup 250 amerykańskich czołgów najnowszej III generacji Abrams M1A2 SEPv3 wraz z wozami wsparcia oraz pakietem logistycznym i szkoleniowym[40]. Kilka miesięcy później podjęto decyzję o zakupie dodatkowo 116 używanych czołgów Abrams. Wszystkie czołgi Abrams będą stacjonować na wschodzie Polski. Potencjał naszych wojsk pancernych ma być ponadto wzmocniony przez pozyskanie czołgów wyprodukowanych w Korei Południowej. Umowa wstępna podpisana 27 lipca 2022 r. przez MON z tym państwem przewiduje pozyskanie 980 czołgów koreańskich K2 w dwóch etapach. Najpierw 180 czołgów wyprodukowanych zostanie w Korei, a pozostałe 800 pod nazwą K-9PL po 2026 r. mają być produkowane w Polsce[41]. Warto zaznaczyć, że czołgi koreańskie należą do najnowocześniejszych na świecie. Jeśli zatem transakcji tej towarzyszyć będzie transfer technologii umożliwiających ich produkcję przez nasz przemysł obronny, to kontrakt ten korzystniejszy będzie aniżeli zakup wyprodukowanych w USA Abramsów.

Zawarte umowy na dostawę czołgów amerykańskich i koreańskich niewątpliwie mogą przyczynić się do znacznego wzmocnienia naszych sił pancernych. Ujemną stroną tego przedsięwzięcia są jego aspekty logistyczne. Mianowicie posiadanie przez nasze Wojska Lądowe wielu typów czołgów: PT-91 Twardy, dwóch wersji Leopardów, starszej i najnowszej wersji Abramsów oraz koreańskich czołgów K-9, stworzy na pewno duże kłopoty w ich eksploatacji, obsłudze i zaopatrzeniu.

Powietrzne środki walki pozyskiwane za granicą

W związku z wycofywaniem samolotów uderzeniowych Su-22, a w dalszej perspektywie samolotów Mig-29, niezbędne było podjęcie decyzji o ich zastąpieniu. Służyło temu podpisanie kontraktu ze Stanami Zjednoczonymi na zakup 32 samolotów najnowszej generacji F-35. Niestety, nie towarzyszy temu umowa offsetowa. F-35 jest bardzo złożoną konstrukcją, dlatego zakup tego samolotu powinien być powiązany z transferem technologii co najmniej w takim stopniu, jaki jest niezbędny do ich samodzielnej eksploatacji, serwisowania i remontowania w Polsce. To zaś

[40] *Polska kupiła Abramsy za 20 miliardów*, DEFENCE24, https://defence24.pl/sily-zbrojne/polska-kupila-abramsy (dostęp: 25.08.2022).

[41] Z. Lentowicz, „Koreańskie skrzydła, czołgi, haubice zamawiane na kredyt", *Rzeczpospolita*, 27 lipca 2022 r. Zob. też M. Perzyński, *Polska armia idzie na zakupy do Korei. Kupimy czołgi, armatohaubice i samoloty bojowe*, Biznes Alert, https://biznesalert.pl/wojsko-polskie-umowa-korea-poludniowa-czolgi-armatohaubice-samoloty-bojowe/ (dostęp: 26.07.2022).

oznacza konieczność przekazania polskim przedsiębiorstwom niezbędnych do tego kompetencji. Jest to szczególnie pożądane w sytuacjach kryzysowych lub w razie konfliktu zbrojnego[42]. Pod koniec lipca 2022 r. wicepremier, minister obrony narodowej Mariusz Błaszczak zatwierdził ramową umowę o zakupie lekkich ponaddźwiękowych koreańskich myśliwców FA-50 Fighting Eagle. Pozyskanie przez Siły Powietrzne RP kilkudziesięciu lekkich myśliwców FA-50 stanowi okazję do odbudowy polskiego przemysłu lotniczego, który po zaprzestaniu produkcji i wycofaniu samolotów szkolno-bojowych I-22 Iryda przestał produkować wojskowe samoloty odrzutowe. Pierwsze dostawy samolotów FA-50 – w liczbie jednej lub dwóch eskadr (12 lub 24 samoloty) – powinny objąć egzemplarze wyprodukowane w Korei Południowej. Powinno się dążyć do zawarcia umowy, aby kolejne samoloty tego typu byłyby montowane w Polsce. Jeśli już wejdziemy w ścisłą współpracę z Koreą Południową, to można zaproponować zaangażowanie polskiego przemysłu we wspólną produkcję najnowszego samolotu koreańskiego KF-21 Boramae, który znajduje się obecnie na etapie prób w locie, a którego pozyskaniem wstępne zainteresowanie wyraził MON. Wiele wskazuje na to, że KF-21 Boramae ma duży potencjał do rozwoju na przyszłość. Został bowiem zaprojektowany jako maszyna pośredniej generacji, określanej jako 4,5[43]. Byłby to najlepszy wariant wypełnienia luki po wycofaniu samolotów Su-22 i Mig-29.

W sytuacji znacznego zużycia śmigłowców uderzeniowych MI-24 pożądana jest realizacja programu Kruk, zakładająca zastąpienie ich nowymi śmigłowcami. Przed wybuchem wojny w Ukrainie realizację tego programu odłożono na później. Obecnie jednak MON ogłosił, iż zamierza pozyskać aż 94 amerykańskie śmigłowce uderzeniowe AH-64 Apache w najnowszej wersji Guardian. W tej sprawie skierowano już do ich producenta zapytanie ofertowe. Śmigłowce te przystosowane są do współdziałania z czołgami Abrams, mają wejść się na wyposażenie 18. dywizji stacjonującej blisko wschodniej granicy[44].

Oprócz dronów produkowanych przez polską firmę WB Electronics SA Polska zakupiła tureckie drony Bayraktar TB2, które będąc na uzbrojeniu armii ukraińskiej zniszczyły wiele rosyjskich pojazdów pancernych. Zawarta z tureckim producentem umowa przewiduje dostarczenie Polsce czterech zestawów zdolnych do wykonywania zadań bojowych i rozpoznawczych. Każdy zestaw obejmuje sześć bezzałogowych aparatów latających oraz wyposażenie umożliwiające ich użycie,

---

[42] *Potrzebny szeroki offset dla F-35. Eksperci: to jedyna szansa zatrzymania pieniędzy w kraju*, DEFENCE24, 5 grudnia 2019 r., https://www.defence24.pl/potrzebny-szeroki-offset-dla-f-35-eksperci--to-jedyna-szansa-zatrzymania-pieniedzy- (dostęp: 25.08.2022).

[43] Ł. Michalik, *KF-21 Boramae – myśliwiec przyszłości z Korei. Polskie wojsko: „Obserwujemy jego rozwój"*, portal WP tech, https://tech.wp.pl/kf-21-boramae-mysliwiec-przyszlosci-z-korei-polskie--wojsko-obserwujemy-jego-rozwoj,6794564393544576a (dostęp: 10.08.2022).

[44] P. Wroński, „Śmigłowce uderzeniowe dla polskiej armii. Polska chce kupić prawie setkę AH--64E Apache", *Gazeta Wyborcza*, 8 września 2022 r., https://wyborcza.pl/7,75398,28886435,smiglowce--uderzeniowe-dla-polskiej-armii-polska-chce-kupic.html (dostęp: 10.09.2022).

m.in. trzy kontenerowe naziemne stacje kierowania i kontroli z trzema stanowiskami operatorskimi oraz kierunkową anteną łączności[45].

Zagraniczne uzbrojenie dla Marynarki Wojennej

Jak wcześniej wspomniano, trzy fregaty, które mają być efektem programu Miecznik, zbudowane zostaną w Polsce przez dwie stocznie: Remontowa Shipbuilding SA i PGZ Stocznię Wojenną Sp. z o.o., które wspólnie z Polską Grupą Zbrojeniową w tym celu utworzyły konsorcjum. Konstrukcja fregat będzie oparta na projekcie Arrowhead 140 firmy brytyjskiej Babcock, która w programie Miecznik jest zagranicznym partnerem tego konsorcjum. Uzbrojenie rakietowe budowanych fregat ma być dostarczone za granicy. Będą to szwedzkie rakiety przeciwokrętowe RBS15 oraz rakiety przeciwlotnicze produkcji brytyjskiej z rodziny CAMM w wersji Strike. A więc takie jak w programie NAREW. Z kolei francuska firma Thales ma zapewnić głównie wyposażenie elektroniczne, w tym system zarządzania walką Tacticos i system walki elektronicznej oraz radary. Firma ta posiada wieloletnie doświadczenie we współpracy z OBR Centrum Techniki Morskiej SA uczestniczącym w programie Miecznik.

W sytuacji gdy na wyposażeniu Marynarki Wojennej RP znajduje się tylko jeden, w dodatku niesprawny okręt podwodny ORP Orzeł istnieje potrzeba odbudowy polskiej floty podwodnej. Polski przemysł stoczniowy nie posiada zdolności zbudowania okrętów podwodnych. Stąd kilka lat temu zapowiedziano realizację programu Orka, mającego na celu zakup za granicą nowych okrętów podwodnych. W ramach przeprowadzonych w MON analiz rozpatrywane były oferty trzech potencjalnych wykonawców:

- okręt typu Scorpene firmy NAVAL Group wraz pociskami manewrującymi typu NCM firmy MBDA (Francja),
- okręt typu 212CD firmy Thyssen Krupp Marine Systems (Niemcy),
- okręt typu A26 firmy Saab Kockums (Szwecja)[46].

Początkowo zakładano, że decyzja w kwestii wyboru okrętu podwodnego w programie Orka zostanie podjęta w styczniu 2018 r., dostawy zaś pierwszego okrętu planowane były na lata 2024–2026. Realizacja programu Orka przesuwa się jednak w czasie i w sprawie wyboru oferty nie zapadły jeszcze ostateczne decyzje[47].

---

[45] *Bezzałogowe Bayraktary TB2 dla Sił Zbrojnych RP*, https://zbiam.pl/artykuly/bezzalogowe-bayraktary-tb2-dla-sil-zbrojnych-rp/ (dostęp: 25.08.2022).

[46] *Stan realizacji programu ORKA*, Ministerstwo Obrony Narodowej, 29 grudnia 2017 r., https://www.gov.pl/web/obrona-narodowa/stan-realizacji-programu-orka- (dostęp: 14.09.2022).

[47] Ł. Pacholski, *Posłowie pytają o przyszłość okrętów podwodnych*, https://zbiam.pl/poslowie-pytaja-o-przyszlosc-okretow-podwodnych/ (dostęp: 25.08.2022).

Podsumowanie

Z uwagi na wzrost zagrożeń militarnych będących konsekwencją wojny w Ukrainie i możliwych zmian w porządku międzynarodowym uległy przyśpieszeniu działania mające na celu zwiększenie potencjału Sił Zbrojnych RP i ich modernizację. Jej kierunki i priorytety w znacznej mierze opierają się na wnioskach z przebiegu walk w Ukrainie. Oprócz wcześniej ogłoszonych i rozpoczętych programów modernizacji, polskie Ministerstwo Obrony Narodowej ogłosiło zamiar realizacji kolejnych programów zbrojeniowych. Rozpoczęte i zamierzone programy obejmują pozyskanie nowoczesnego uzbrojenia i wyposażenia praktycznie dla wszystkich rodzajów sił zbrojnych.

Przyśpieszona modernizacja Sił Zbrojnych RP realizowana będzie na podstawie uzbrojenia i sprzętu wojskowego produkowanego w Polsce przez nasz przemysł obronny lub kupionego za granicą. Na zamówieniach dla Polski za granicą najbardziej skorzystały amerykańskie, brytyjskie i południowokoreańskie koncerny zbrojeniowe. Jedynym dużym kontraktem zawartym przez Polskę z firmą państwa należącego do Unii Europejskiej jest umowa z włoską Grupą Leonardo dotycząca pozyskania 32 wielozadaniowych śmigłowców nowej generacji AW149, których produkcja ma być przeniesiona do PZL Świdnik SA, którego Grupa Leonardo jest właścicielem.

Uzbrojenie z USA ma zostać pozyskane na drodze umów międzyrządowych, tak jak w przypadku rakiet Patriot czy czołgów Abrams. Umowy z Koreą Południową mają charakter wstępny, ich szczegóły zapewne jeszcze będą negocjowane. Część zapowiedzianych przez MON zakupów znajduje się na etapie zapytania ofertowego skierowanego do potencjalnego producenta. W ten sposób rozpoczęto procedurę pozyskania śmigłowców uderzeniowych AH-64 Apache w najnowszej wersji Guardian oraz zakupu kolejnych sześciu baterii Patriotów. Niekorzystne jest to, iż przeważnie zakupy zagraniczne realizowane są bez przetargów lub na podstawie pilnej potrzeby operacyjnej. Oznacza to, że nie są rozpatrywane oferty konkurencyjne. Umowy na zakup samolotów F-35 i pierwszych dwóch dywizjonów amerykańskich samobieżnych wyrzutni rakiet kierowanych klasy ziemia-ziemia Himars oraz czołgów Abrams nie przewidywały offsetu, co spotkało się z krytyką. Według zapowiedzi MON kolejne zakupy połączone będą z transferem technologii do Polski, by umożliwić choćby częściową polonizację pozyskiwanego za granicą uzbrojenia.

Zamówienia w krajowym przemyśle obronnym lokowane będą głównie w spółkach Polskiej Grupy Zbrojeniowej SA i w największej prywatnej polskiej firmie zbrojeniowej WB Electronics SA. Sprostanie zwiększonym zamówieniom będzie wymagało uruchomienia dodatkowych mocy produkcyjnych. Wyzwaniem dla Polskiej Grupy Zbrojeniowej SA będzie terminowe wywiązywanie się z zawartych umów oraz absorpcja technologii pozyskiwanych w ramach offsetu od dostawców zagranicznych.

Zapowiadany przez MON szeroki zakres modernizacji Wojska Polskiego będzie w najbliższych latach wymagał bardzo wysokich nakładów finansowych. Jak dotąd nie zostały przedstawione koszty i źródła wszystkich dokonanych już i zamierzonych zakupów, obejmujące także wydatki na infrastrukturę niezbędną do użytkowania pozyskanego uzbrojenia i sprzętu wojskowego[48]. Choć rozłożone na lata, będą dużym obciążeniem dla zagrożonej poważnym kryzysem polskiej gospodarki. Na ten temat powinna odbyć się debata sejmowa w celu uzyskania akceptacji wszystkich sił politycznych. Bardzo prawdopodobne, iż w zależności od stanu naszej gospodarki w kolejnych latach konieczne będzie dostosowanie zawartych umów do realiów gospodarczych i panującej koniunktury międzynarodowej. Może to wiązać się ze zmianą priorytetów w planach modernizacji Sił Zbrojnych RP, zmniejszeniem wielkości zakupów uzbrojenia i sprzętu wojskowego.

[48] Kwestię tę poruszył m.in. P. Wroński w artykule pt. „Apache i pancerna układanka", *Gazeta Wyborcza*, 13 września 2022 r.

Rozdział 8

Bezpieczeństwo energetyczne Polski po zerwaniu dostaw z Rosji. Kryzys i spór o sektor energii

Łukasz Gajewski

Rozpoczęta przez Rosję wojna na pełną skalę z Ukrainą 24 lutego 2022 r.[1] do dzisiaj wydaje się w pewnym stopniu zjawiskiem nierealnym, ponieważ działania zbrojne z użyciem wszystkich rodzajów wojsk toczą się w państwie, które bezpośrednio graniczy z krajami przynależącymi zarówno do struktur NATO, jak i Unii Europejskiej. Codzienny pakiet informacji przekazywanych przez media krajowe i zagraniczne od rozpoczęcia przez Rosję wojny w Ukrainie kształtują przekonanie o bezprecedensowym charakterze tego wydarzenia. Wspomniana swoistość jest powodowana tym, że wojnę można rozpatrywać na wielu płaszczyznach. Jedną z nich jest gospodarczo-ekonomiczna, która pokazuje, że Rosja stara się maksymalnie utrudnić rozwój Ukrainy poprzez powodowanie strat wojennych w zasobie ludzkim oraz zapleczu industrialnym. Mechanizm obniżenia tempa rozwoju gospodarczego jest kierowany również do państw europejskich, które zostały dotknięte podwyżkami cen paliw węglowodorowych: węgla kamiennego, ropy naftowej i gazu ziemnego. Recesją są zagrożone obszary gospodarki bazujące bezpośrednio na wymienionych nośnikach energii oraz sektor elektroenergetyki.

W świetle danych amerykańskiej Energy Information Administration park maszynowy odpowiada średnio za blisko 10% zużycia energii w produkcji. W niektórych branżach, takich jak tekstylia, tworzywa sztuczne i guma, udział ten może sięgać 25%[2]. Wzrost cen produktów gotowych oraz komponentów jako bezpośredni

---

[1] A.M. Dyner, A. Legucka, M. Piechowska, „Rosyjski atak na Ukrainę", *Biuletyn PISM*, 24 lutego 2022 r., https://pism.pl/publikacje/rosyjski-atak-na-ukraine (dostęp: 16.07.2022).

[2] P. Otis, *Electricity Use by Machine Drives Varies Significantly by Manufacturing Industry*, Energy Information Administration, 18 października 2013 r., https://www.eia.gov/todayinenergy/detail.php?id=13431 (dostęp: 17.07.2022).

skutek rosnących kosztów generowania energii elektrycznej jest zjawiskiem realnym, powodującym rosnące dysproporcje konkurencyjności gospodarek Unii Europejskiej. Nadchodzący okres jesienno-zimowy 2022 r. będzie wyjątkowo trudny dla wszystkich krajów wspólnoty transatlantyckiej. Wskazywał na to m.in. kanadyjski minister zasobów naturalnych Jonathan Wilkinson w rozmowie z sekretarz energii USA Jennifer Granholm, przeprowadzonej w Center for Strategic & International Studies, mówiąc, że ludzie w Kanadzie i USA stoją w obliczu problemów z przystępnością cenową związaną z wysokimi cenami gazu, martwią się o ogrzewanie swoich domów jesienią oraz czy będą mogli zakupić wystarczająco dużo oleju napędowego[3]. To jest zupełnie inna skala kryzysu niż często przytaczane kryzysy naftowe z lat 1973 oraz 1979, ponieważ obecna sytuacja dotyczy wszystkich rodzajów paliw. W bardzo podobnym tonie wypowiedział się Fatih Birol, Dyrektor Wykonawczy Międzynarodowej Agencji Energii (IEA) 19 lipca 2022 r. podczas panelu dyskusyjnego związanego z podpisaniem dokumentu stowarzyszeniowego Ukrainy z Agencją[4]. Stwierdził, że znajdujemy się w samym środku pierwszego globalnego kryzysu energetycznego zarówno pod względem głębi, jak i pod względem jego złożoności[5].

Działania podejmowane przez państwa Europy i Ameryki Północnej w odpowiedzi na obecny kryzys energetyczny, odcinające ich gospodarki od rosyjskich paliw, najprawdopodobniej wprowadzą nową erę geopolityki w sektorze energii.

Konsekwencje dla bezpieczeństwa energetycznego Polski

Natychmiastową konsekwencją dla Polski jest drastyczny wzrost cen paliw węglowodorowych, który będzie wymuszać ograniczenie produkcji w różnych branżach krajowej gospodarki, zarówno na poziomie małych przedsiębiorstw, jak i koncernów. Trudna sytuacja zapanowała w odniesieniu do węgla energetycznego, którego zaczęło brakować na polskim rynku. Sprowadzany węgiel energetyczny na potrzeby odbiorców indywidualnych może tylko w pewnym stopniu zastąpić produkt krajowy oraz import z Rosji. Podstawowy problem stanowi wartość opałowa importowanego surowca, która jest blisko o jedną trzecią mniejsza niż węgla wydobywanego w Polsce[6].

---

[3] J. Majkut, J. Granholm, J. Wilkinson, *U.S.-Canada Energy Cooperation*, Center for Strategic and International Studies, 12 maja 2022 r., https://www.csis.org/analysis/us-canada-energy-cooperation (dostęp: 18.07.2022).

[4] *Ukraine Officially Joins IEA As Association Country*, International Energy Agency, 19 lipca 2022 r., https://www.iea.org/news/ukraine-officially-joins-iea-as-association-country (dostęp: 21.07.2022).

[5] *Energy Security Panel: Impact of the war in Ukraine on the energy sector*, International Energy Agency, 19 lipca 2022 r., https://www.iea.org/events/energy-security-panel-impact-of-the-war-in-ukraine-on-the-energy-sector (dostęp: 21.07.2022).

[6] B. Sawicki, „Węgiel z importu ma potężne wady. Składy boją się go sprzedawać", *Rzeczpospolita*, 23 sierpnia 2022 r., https://energia.rp.pl/wegiel/art36921591-wegiel-z-importu-ma-potezne-wady-sklady-boja-sie-go-sprzedawac (dostęp: 26.08.2022).

Obecna cena gazu również stanowi poważne utrudnienie. W pierwszej kolejności dotyka producentów, którzy wykorzystują ten surowiec energetyczny w branży chemicznej, stalowej, szklarskiej czy papierniczej[7]. Sytuacja jest warunkowana sposobem realizacji zakupu. Część firm posiada kontrakty długoterminowe z klauzulą stałej ceny. Nie można zapominać o przedsiębiorstwach, które kupują gaz w krótszych przedziałach czasu lub na podstawie ceny giełdowej, notującej rekordowe wyniki. Wrześniowa cena za 1000 m^3 gazu notowana na holenderskim hubie TFF wyniosła ponad 3200 dol.[8] Wysoką cenę kształtuje kilka uwarunkowań. Głównym są działania Rosji, która szantażuje Europę, ograniczając podaż pomimo zawartych kontraktów na dostawy. Następnym mogą być upały i susze, które przy bezwietrznej pogodzie skutkują zmniejszeniem produkcji elektryczności w ramach farm wiatrowych. Do tego dochodzą wysokie koszty LNG pochodzącego z kierunku azjatyckiego. Komisja Europejska chciałaby przeciwdziałać niekorzystnej sytuacji i dąży do obniżenia giełdowych cen surowca i kosztów zakupu w drodze ustanowienia pułapu cenowego rosyjskiego gazu[9].

W rezultacie wysokie ceny gazu zmuszają do ograniczenia produkcji w największych polskich koncernach, jak Orlen, KGHM czy Azoty. W przypadku Azotów zarówno część instalacji należących do głównej spółki, jak i tych zależnych musiała czasowo wstrzymać pracę[10]. Podobnie z powodu wysokich cen gazu ziemnego decyzję o ograniczeniu wytwarzania amoniaku do poziomu 10% mocy instalacji podjęły Puławy. Kolejna spółka, która ograniczyła produkcję do 43%, to Zakłady Azotowe Kędzierzyn[11]. Wiele z wymienionych podmiotów monitoruje bieżącą sytuację, lecz nie podaje zakresu czasowego podtrzymania decyzji. Do końca nie wiadomo, jaki to będzie miało wpływ na wyniki i kondycję finansową koncernów.

Długofalowe konsekwencje wojny dla polskiego sektora energii mają charakter złożony. Przede wszystkim konieczne jest przyspieszenie transformacji sektora energii oraz takiej aktualizacji polityki bezpieczeństwa energetycznego, która wiąże się ze zmianą definicji tego pojęcia. Polska w wyniku splotu zewnętrznych okoliczności musi się znaleźć w fazie określanej mianem transformacji energetycznej, której docelowym kierunkiem jest system niskoemisyjny. Transformacja przyniesie również niezliczone zmiany na poziomie technicznym, społecznym,

---

[7] T. Furman, „Drogi gaz zmusza do ograniczenia produkcji", *Rzeczpospolita*, 24 sierpnia 2022 r., https://energia.rp.pl/gaz/art36921811-drogi-gaz-zmusza-do-ograniczenia-produkcji (dostęp: 26.08.2022).

[8] I. Trusewicz, „Gaz w Europie po ponad 3200 dolarów. Unia chce wyhamować ceny", *Rzeczpospolita*, 25 sierpnia 2022 r., https://energia.rp.pl/gaz/art36932511-gaz-w-europie-po-ponad-3200-dolarow-unia-chce-wyhamowac-ceny (dostęp: 26.08.2022).

[9] Tamże.

[10] T. Furman, „Azoty czasowo ograniczają produkcję przez drogi gaz", *Rzeczpospolita*, 23 sierpnia 2022 r., https://www.rp.pl/biznes/art36917031-azoty-czasowo-ograniczaja-produkcje-przez-drogi-gaz (dostęp: 26.08.2022).

[11] Tenże, „Kolejna spółka nie radzi sobie z cenami gazu. ZAK ogranicza produkcję nawozów", *Rzeczpospolita*, 24 sierpnia 2022 r., https://www.rp.pl/biznes/art36923751-kolejna-spolka-nie-radzi-sobie-z-cenami-gazu-zak-ogranicza-produkcje-nawozow (dostęp: 26.08.2022).

w sektorze paliw kopalnych oraz w systemach, które wytwarzają i dystrybuują energię. Polska jest integralną częścią globalnego systemu energetycznego, który zmienia się w sposób zasadniczy, ale pozostaje głęboko połączony. Kluczem do przezwyciężenia kryzysu są solidne światowe rynki i łańcuchy dostaw, połączone z silnymi partnerstwami regionalnymi i sojuszami.

Za sprawą kryzysu klimatycznego i wojny w sąsiednim państwie Polska znalazła się w samym środku największego globalnego kryzysu energetycznego w historii. Jednocześnie kryzys ten sprawia, że po dekadzie różnorodnych zaniechań bezpieczeństwo energetyczne znalazło się w centrum uwagi społeczeństwa i decydentów[12]. Powaga sytuacji sprawia, że zadanie zbudowania nowego paradygmatu bezpieczeństwa energetycznego stało się priorytetem. Będzie to wymagać uwzględnienia nowych zagrożeń geopolitycznych.

Dotychczas realizowana polityka bezpieczeństwa energetycznego, składająca się z działań podejmowanych w celu zapewnienia odpowiednich dostaw ropy naftowej i gazu ziemnego po akceptowalnych cenach oraz przeciwdziałanie zakłóceniom tranzytu, okazuje się niewystarczająca. Zauważalny brak bezpieczeństwa sektora energii wynika z relatywnego niedoboru oraz konieczności polegania na zewnętrznych, bardzo odległych dostawcach, jak w przypadku węgla kamiennego sprowadzanego do Polski z Indonezji, Kolumbii, USA oraz Australii[13]. Zagrożenie wynika również z niestabilności politycznej krajów eksportujących i tranzytowych oraz celowego wykorzystania energii jako broni. Aktywność Gazpromu manipulującego eksportem gazu dla uzyskania definiowanych przez Kreml przewag politycznych ujawniła luki w obecnym systemie bezpieczeństwa energetycznego. Wreszcie bezpieczeństwo energetyczne jest warunkowane niezawodnością operacyjną systemów energetycznych: sieci, rurociągów i wspierających je obszarów produkcyjnych, zapewniających świadczenie usług. Ten element jest oczywisty w krajach rozwiniętych, ale stanowi problem w państwach, w których nie ma stabilnych dostaw.

Bezpieczeństwo energetyczne od dawna jest u nas celem zarówno polityki krajowej, jak i zagranicznej. Wraz z początkiem przeorientowania na odnawialne źródła energii pojawiły się nowe technologie, nowe priorytety w społeczeństwie, nowe szanse dla kapitału i tym samym inny sposób myślenia o zasobach. Nowe podejście musi wykorzystywać solidne relacje inwestycyjne z różnymi partnerami na szczeblu unijnym oraz transatlantyckim. Przyszły wymiar bezpieczeństwa energetycznego i tym samym systemy czystej energii mogą również służyć jako

---

[12] B. Cahill, *Call Houston and Wall Street for an Emergency Summit*, Center for Strategic & International Studies, 7 marca 2022 r., https://www.csis.org/analysis/call-houston-and-wall-street-emergency-summit (dostęp: 25.08.2022).

[13] B. Sawicki, „Węgiel z importu ma potężne wady. Składy boją się go sprzedawać", *Rzeczpospolita*, 23 sierpnia 2022 r., https://energia.rp.pl/wegiel/art36921591-wegiel-z-importu-ma-potezne-wady-sklady-boja-sie-go-sprzedawac (dostęp: 26.08.2022).

siła napędowa gospodarki, jak w przypadku nowego programu amerykańskiej administracji *Building a Better Grid Initiative*[14], który łączy cele klimatyczne z rozbudową infrastruktury przesyłu energii. Takie pozytywne podejście do bezpieczeństwa może lepiej przemawiać do opinii publicznej i być bardziej skuteczne niż postrzeganie wszystkiego przez rozproszony i negatywny pryzmat bezpieczeństwa klimatycznego. Zmiana zewnętrznych realiów, które redefiniują bezpieczeństwo energetyczne w warunkach kryzysu, sprawia, że trudno zarysować uniwersalną definicję bezpieczeństwa energetycznego. Temat ten wymaga bowiem agregacji dziesiątek zmiennych, które wpływają na handlowy przepływ nośników energii w czasie rzeczywistym. Większość literatury poświęconej tematyce bezpieczeństwa energetycznego skupiała się do tej pory na geopolitycznych aspektach tej polityki z perspektywy krajów wysoko uprzemysłowionych[15].

W nowych warunkach można wskazać kilka głównych wyzwań, które mogą pomóc w nakreśleniu obrazu tego, co może zawierać nowy paradygmat bezpieczeństwa energetycznego. Po pierwsze, radykalnie zmienia się rola minerałów i metali, które są potrzebne w technologiach zeroemisyjnych. Choć posiadają inne atrybuty bezpieczeństwa niż ropa naftowa, to gwałtownie rosnące różnice w popycie i podaży będą wpływały na geopolitykę i inwestycje w tej sferze. Notabene, konieczność zabezpieczania dostępu do rzadkich pierwiastków na potrzeby sektora energii w sposób analogiczny do sojuszy wojskowych rozważał na długo przez rozpoczęciem wojny australijski think tank ASPI[16].

Po drugie, zaawansowana analiza danych na poziomie makro, które zostały zagregowane poprzez technologie *Smart Grid*, pozwala lepiej poznać potrzeby odbiorców energii i tym samym zmienia sposób, w jaki postrzegamy świat i planujemy przyszłe rozwiązania.

Po trzecie, fundamentalne znaczenie ma ponowne skupienie się na aspektach zrównoważonego rozwoju, które przejawia się w ogromnym przesunięciu kapitału w kierunku zielonych inwestycji. Kryzysowa sytuacja uwidoczniła potrzebę skoncentrowania się na odporności i zarządzaniu globalnymi łańcuchami dostaw[17]. Wreszcie, należy minimalizować zagrożenia związane z bezpieczeństwem cybernetycznym w sektorze energii, ponieważ żyjemy w czasach, gdzie infrastruktura krytyczna jest zarządzana, nadzorowana i sterowana w sposób zdalny.

---

[14] *Building a Better Grid Initiative*, U.S. Department of Energy, 12 stycznia 2022 r., https://www.energy.gov/oe/articles/building-better-grid-initiative (dostęp: 26.08.2022).

[15] M. Bazilian, C. Hendrix, *New Winners, New Losers: Toward a New Energy Security. War on The Rocks*, 4 sierpnia 2022 r., https://warontherocks.com/2022/08/new-winners-new-losers-toward-a-new-energy-security/ (dostęp: 26.08.2022).

[16] G. Feely, R. De Wilde, *It's Time to Take an Alliance-Based Approach to Securing Rare-Earths Supplies*, The Australian Strategic Policy Institute, 6 sierpnia 2020 r., https://www.aspistrategist.org.au/its-time-to-take-an-alliance-based-approach-to-securing-rare-earths-supplies/ (dostęp: 28.08.2020).

[17] E. Braw, *A 21st-Century Reality Is Dawning on NATO. Defense One*, 14 października 2020 r., https://www.defenseone.com/ideas/2020/10/21st-century-reality-dawns-nato/169230/ (dostęp: 28.08.2022).

Powyższa lista nie ma oczywiście charakteru wyczerpującego, ale nakreśla podstawowe problemy pojawiające się w czasie minionego półrocza, którymi należy się pilnie zająć.

Krajowe działania i niedecyzje polityczne

Można wskazać katalog tego, co zostało zrobione, a czego nie zrealizowano, podsumowując działania oraz zaniechania w sferze politycznej, które pozycjonują Polskę wobec trwającego kryzysu energetycznego. W ramach tego, co udało się zrobić, jako bezsprzecznie pozytywne i konieczne należy zakwalifikować wszelkie inwestycje zwiększające możliwości tranzytowe w postaci połączeń międzysystemowych. Do tej kategorii można przyporządkować interkonektory umożliwiające państwom bałtyckim przesył energii elektrycznej, jak uruchomiona w 2015 r. linia transmisyjna LitPol Link, łącząca Polskę i Litwę oraz podwodna linia Harmony Link, której realizacja jest planowana na 2025 r.[18] Ważne są również trzy nowe połączenia gazociągowe. Pierwszym jest uruchomiony 1 maja 2002 r. polsko-litewski gazociąg GIPL, który docelowo będzie posiadał zdolność przesyłową rzędu 2,5 mld m^3 rocznie w kierunku Litwy i 2 mld m^3 w kierunku Polski[19]. Kolejnym zrealizowanym przedsięwzięciem jest gazociąg Polska–Słowacja, którego oficjalne otwarcie nastąpiło 26 sierpnia 2022 r.[20] Jego zdolności przesyłowe do Polski wynoszą 5,7 mld m^3 w skali roku, natomiast na Słowację – 4,7 mld m^3. Trzecim wyczekiwanym projektem był Baltic Pipe, łączący Polskę z Danią i norweskimi złożami o technicznej przepustowości 10 mld m^3 gazu rocznie[21]. Jego uruchomienie nastąpiło w końcu września 2022 r. Niezwykle ważna jest również infrastruktura w postaci stałego, lądowego terminala LNG w Świnoujściu, eksploatowanego od 2016 r., którego obecna zdolność regazyfikacyjna wynosi 5 mld m^3 gazu rocznie[22].

Zestaw spraw zalegających od niedawna oraz tych czekających niemal od początku transformacji ustrojowej w Polsce jest zdecydowanie bardziej rozbudowany. Tę kategorię można powiązać z innym schematem poznawczym, zbieżnym z systematyką autorstwa prof. Ziemowita J. Pietrasia, który mianem niedecyzji politycznej określał nielosowy i świadomy wybór zaniechania politycznego mający

[18] L. Trakimavičius, *The Hidden Threat to Baltic Undersea Power Cables*, NATO Energy Security Centre of Excellence, s. 1–3, https://www.enseccoe.org/data/public/uploads/2021/12/the-hidden-threat-to-baltic-undersea-power-cables-final.pdf (dostęp: 30.08.2022).

[19] B. Sawicki, „Gaz z Litwy płynie już do Polski", *Rzeczpospolita*, 2 maja 2022 r., https://energia.rp.pl/gaz/art36218751-gaz-z-litwy-plynie-juz-do-polski (dostęp: 30.08.2022).

[20] T. Furman, „Gazociąg Polska-Słowacja oficjalnie otwarty", *Rzeczpospolita*, 26 sierpnia 2022 r., https://energia.rp.pl/gaz/art36938821-gazociag-polska-slowacja-oficjalnie-otwarty (dostęp: 30.08.2022).

[21] *Gazociąg podmorski – etap realizacji*, Projekt Baltic Pipe, 22 maja 2020 r., https://www.baltic-pipe.eu/wp-content/uploads/2020/05/Gazociag-podmorski-etap-realizacji-22.05.pdf (dostęp. 31.08.2022).

[22] *Terminal LNG w Świnoujściu*, GAZ-SYSTEM, https://terminallng.gaz-system.pl/pl/terminal-lng/terminal-lng-w-swinoujsciu/ (dostęp: 31.08.2022).

miejsce z różnych powodów[23]. W katalogu sześciu typów niedecyzji politycznej znajdują się decyzje: neglekcyjna, omisyjna, kunktatorska, remisyjna, symboliczna i optatywna[24]. Głównym błędem polityki energetycznej i jednocześnie niedecyzją jest powolna zmiana udziału poszczególnych nośników wraz ze źródłami w bilansie elektroenergetycznym kraju. Kryteriami przypomina decyzję neglekcyjną, która polega na blokowaniu wejścia procesu decyzyjnego oraz zaniechaniu przyjęcia do świadomości istniejącego problemu politycznego w postaci trwającej dekady dominacji paliw stałych, czyli węgla kamiennego i brunatnego.

Dobrym punktem odniesienia jest obecny kształt polskiego sektora energii. W myśl danych raportu *Forum Energii* edycji z 2022 r., uwzględniając wszystkie obszary gospodarki w ramach struktury zużycia energii pierwotnej ogółem w Polsce 45% energii pochodzi z węgla: 36% z węgla kamiennego oraz 9% z brunatnego. Jeżeli chodzi o samą elektroenergetykę w Polsce i węgiel jako paliwo, to realny wskaźnik produkcji z tego nośnika plasował się na poziomie 72,4%[25]. Opisana specyfika generuje wiele trudności, rosnące koszty sektora, zależność od jednego nośnika energii oraz trudności w zastąpieniu węgla innym niż pochodzącym z kierunku rosyjskiego. Pomimo tego, że Międzynarodowa Agencja Energii relatywnie nisko klasyfikuje zależność Polski od rosyjskiego węgla na poziomie 14,9%[26], to trwająca wojna wraz z krajowym embargo powoduje drastyczny wzrost cen i brak paliw na rynku energii[27]. Dane szacunkowe tegorocznego deficytu węgla są rozbieżne i zależą od instytucji raportującej. Izba Gospodarcza Sprzedawców Węgla określa deficyt na poziomie 11 mln t, związki zawodowe wspominają o przedziale 8–12 mln t, natomiast Ministerstwo Klimatu i Środowiska podaje wartość od 5,5 do 6 mln t[28]. Powyższa sytuacja jest wykładnią węglowej specyfiki sektora energii w Polsce.

Zaszłości związane ze wspomnianą specyfiką węglową tłumaczy książka z 1988 r. autorstwa S. Albinowskiego[29]. *Pułapka energetyczna gospodarski polskiej* jest publikacją szczególną z kilku powodów. Polemika w obszarze energetyki w okresie PRL-u stanowiła temat tabu. Fakt wydania książki w 1988 r., napisanej w krytykującym tonie, był zwiastunem nadchodzącej transformacji systemowej. Po

[23] Z.J. Pietraś, *Decydowanie polityczne*, Wydawnictwo Naukowe PWN, Warszawa–Kraków 2000, s. 149–155.

[24] Tamże, s. 150–156.

[25] M. Dusiło, *Transformacja energetyczna w Polsce. Edycja 2022*, Forum Energii, 25 kwietnia 2022 r., https://forum-energii.eu/pl/analizy/transformacja-2022 (dostęp: 17.07.2022).

[26] *National Reliance on Russian Fossil Fuel Imports*, International Energy Agency, marzec 2022 r., https://www.iea.org/reports/national-reliance-on-russian-fossil-fuel-imports (dostęp: 11.07.2022).

[27] A. Grzeszak, „Mamy efekt domina w energetyce – czekają nas drastyczne podwyżki cen prądu", *Polityka*, 11 lipca 2022 r., https://www.polityka.pl/tygodnikpolityka/rynek/2173071,1,mamy-efekt-domina-w-energetyce--czekaja-nas-drastyczne-podwyzki-cen-pradu.read (dostęp: 17.07.2022).

[28] J. Dziadul, „W zimie zabraknie węgla, ale PiS boi się o tym powiedzieć", *Polityka*, 12 lipca 2022 r., https://www.polityka.pl/tygodnikpolityka/kraj/2173293,1,w-zimie-zabraknie-wegla-ale-pis-boi-sie-o-tym-powiedziec.read (dostęp: 17.07.2022).

[29] S. Albinowski, *Pułapka energetyczna gospodarki polskiej*, Krajowa Agencja Wydawnicza, Warszawa 1988.

drugie, autor demitologizował hasło ówczesnej nomenklatury politycznej, dla której to „Polska na węglu stoi". Warto nadmienić, że echa tego sloganu rozbrzmiewają w debacie publicznej do dzisiaj. Już pod koniec lat 80. S. Albinowski wykazał, że wbrew założeniom autarkiczna polityka energetyczna oparta na monokulturze węglowej nie zapewniła Polsce samowystarczalności energetycznej. Po trzecie, książka ta dopiero rozpoczynała dyskusję nad wyborem pomiędzy dwoma kierunkami: ekstensywnym, rozbudowującym w dalszym ciągu górnictwo oraz intensywnym, skupiającym się na wygenerowaniu większych ilości energii, tj. prądu lub ciepła systemowego z takiej samej ilości nośników energii: węgla lub gazu ziemnego. Kierunek intensywny był równoznaczny z rozwojem technologicznym. Należy podkreślić, że gdy w Polsce tuż przed zmianą systemową dopiero zastanawiano się nad obraniem koncepcji rozwoju energetyki, to w wyniku szoków naftowych państwa EWG już od dekady realizowały „kierunek intensywny".

Powagę sytuacji, która wynika z braku woli do gruntownej modernizacji sektora energii, podkreśla fakt, że w horyzoncie czasowym 2050 r. zła kondycja krajowej elektroenergetyki jest znana od dawna i nawet na bardzo merytorycznym szczeblu Instytutu Gospodarki Surowcami Mineralnymi i Energią PAN zwolennicy scenariusza węglowego mieli świadomość współistnienia dwóch negatywnie oddziałujących tendencji. Pierwszą jest konieczność wyłączania przestarzałych bloków węglowych działających ponad 30 lat, natomiast drugą rosnące po stronie konsumenckiej zapotrzebowanie na energię elektryczną[30]. Czynnik polityczny ignorował rzeczywistość, z którą dzisiaj się zderzamy, pomimo sygnalizowania problemu od dłuższego czasu przez kręgi naukowe. W myśl artykułu R. Szczerbowskiego moc zainstalowana w Polsce w 2016 r. wynosiła 40,44 GW, natomiast łączne braki mocy zainstalowanej, będące konsekwencją wyłączania starych elektrowni węglowych, wyniosą 43,27 GW w perspektywie roku 2050. Jest to więcej aniżeli moce wytwórcze elektroenergetyki w roku 2016. Autor dodatkowo prognozę zapotrzebowania na moc w połowie stulecia wskazał na poziomie 67 GW[31].

Drugim poważnym błędem jest brak spójności w odniesieniu do polityki energetycznej na wszystkich jej trzech płaszczyznach. W rodzimym aparacie pojęciowym słowu „polityka" przypisujemy całą paletę różnorodnej aktywności w przestrzeni publicznej, natomiast terminologia anglosaska jest bardziej precyzyjna, ponieważ wprowadza rozróżnienie pomiędzy pojęciami *policy*, *polity* oraz *politics*. Polityka rozumiana jako *policy* to dokumentacja wraz z planami szczebla rządowego i instytucjonalnego, *polity* odnosi się do deklaracji poszczególnych opcji politycznych oraz przedstawianych treści programowych, *politics* stanowi zaś treść polityki, która dzieje się na bieżąco, bowiem wynika z dynamiki zmian

---

30 R. Szczerbowski, „Prognoza rozwoju polskiego sektora wytwórczego do 2050 roku – scenariusz węglowy", *Polityka Energetyczna*, 2016, t. 19, z. 3, s. 11–13, https://epj.min-pan.krakow.pl/pdf-96135-28911?filename=The%20forecast%20of%20Polish.pdf (dostęp: 31.08.2022).

31 Tamże, s. 13.

otoczenia zewnętrznego w relacjach międzynarodowych[32]. W krajowej specyfice brakuje spójności pomiędzy wskazanymi płaszczyznami polityki bezpieczeństwa energetycznego, czego skutkiem jest brak stabilności w realizacji kluczowych projektów. W efekcie końcowym polityka energetyczna jest koniunkturalna. Do tej pory nie zostały określone cele działania i środki mające zapewnić spójność pomiędzy *policy*, *polity* oraz *politics* w sektorze energii, zatem nie następuje projekcja pożądanej rzeczywistości w sposób ponadpartyjny analogicznie do amerykańskich rozwiązań *bipartisan*. Ten rodzaj zaniechania nosi znamiona decyzji remisyjnej.

Kolejna niekonsekwencja jest związana z cyklem dokumentacji, która posiada charakter powszechnie obwiązującego planu w skali kraju i jest tytułowana do dzisiaj *Polityką Energetyczną Polski* (PEP). Można wskazywać poszczególne plany, które nie zostały zrealizowane w deklarowanym terminie lub zostały ponadwymiarowo rozciągnięte w czasie, lecz najprostszą egzemplifikacją niekonsekwencji cyklu dokumentacji PEP jest brak rozwoju elektroenergetyki jądrowej. Już dokument *Polityka energetyczna Polski do 2025 roku*[33] zakładał celowość wprowadzenia energetyki jądrowej ze względu na potrzebę dywersyfikacji źródeł energii oraz konieczność ograniczenia emisji gazów cieplarnianych[34]. W perspektywie 2025 r. przewidywano udział paliwa jądrowego w bilansie ogólnym paliw do produkcji energii elektrycznej na poziomie 7%. Wprowadzenie energetyki jądrowej jako podstawowego kierunku polityki energetycznej w drodze dywersyfikacji struktury wytwarzania energii elektrycznej zostało zawarte w dokumencie *Polityka energetyczna Polski do 2030 roku*[35]. Podobnie najnowszy dokument z serii – *Polityka energetyczna Polski do 2040 roku*[36], omawia wdrożenie energetyki jądrowej. Pomimo włączenia do rządowej dokumentacji strategicznej planów powstania krajowej elektroenergetyki jądrowej co najmniej od 2005 r., zamiar ten długo przypominał raczej luźne życzenie niż rzeczywistą wolę. Wieloletnie zaniechania w tej dziedzinie próbuje się ostatnio odrabiać nieco histerycznie, poprzez nagłe podpisanie w październiku 2022 r. dwóch porozumień intencyjnych o budowie w Polsce dwóch elektrowni atomowych z wykonawcami z USA i Korei Południowej. Jednak obecny stan cyklu dokumentacji PEP na docinku energetyki atomowej odzwierciadla

[32] Ł. Gajewski, „*Baltic Pipe*. Punkt równowagi stref wpływu i bezpieczeństwo energetyczne", *Gazeta Wrocławska*, 5 czerwca 2020 r., https://gazetawroclawska.pl/baltic-pipe-punkt-rownowagi-stref-wplywu-i-bezpieczenstwo-energetyczne/ar/c3-15010668 (dostęp: 31.08.2022).

[33] Zob. *Polityka energetyczna Polski do 2025 r.*, Ministerstwo Gospodarki i Pracy, Warszawa, 4 stycznia 2005 r.

[34] Obwieszczenie Ministra Gospodarki i Pracy z dnia 1 lipca 2005 r. w sprawie polityki energetycznej państwa do 2025 r., M.P. 2005 nr 42 poz. 562, https://isap.sejm.gov.pl/isap.nsf/download.xsp/WMP20050420562/O/M20050562.pdf (dostęp: 2.09.2022).

[35] Obwieszczenie Ministra Gospodarki z dnia 21 grudnia 2009 r. w sprawie polityki energetycznej państwa do 2030 r., M.P. 2010 nr 2 poz. 11, https://isap.sejm.gov.pl/isap.nsf/download.xsp/WMP20100020011/O/M20100011.pdf (dostęp: 20.09.2022).

[36] Obwieszczenie Ministra Klimatu i Środowiska z dnia 2 marca 2021 r. w sprawie polityki energetycznej państwa do 2040 r., M.P. 2021 poz. 264, https://isap.sejm.gov.pl/isap.nsf/download.xsp/WMP20210000264/O/M20210264.pdf (dostęp: 2.09.2022).

tzw. decyzję symboliczną, w której decydenci mają świadomość problemu, podejmują decyzję proceduralną i merytoryczną, ustalają cele przemian, lecz rezygnują z działań zmieniających stan istniejący na pożądany.

Czwartą nieścisłością jest pewnego rodzaju ambiwalentność funkcjonująca w sektorze odnawialnych źródeł energii. W myśl wymienionej już *Polityki energetycznej Polski do 2040 roku* zakładano, że udział fotowoltaiki łącznie z mikroinstalacji oraz dużych inwestycji będzie się kształtował na poziomie od 5 do 7 GW mocy zainstalowanej dopiero w 2040 r.[37] Jak pokazała praktyka, założenia PEP osiągnęliśmy z blisko 20-letnim wyprzedzeniem. Już w 2021 r. moc zainstalowana w ramach instalacji solarnych wynosiła 7,7 GW[38]. W maju 2022 r. moc fotowoltaiki w Polsce przekroczyła natomiast próg 10 GW[39]. Fakt ten pokazuje co najmniej dwie tendencje: niewiarę w OZE, w tym fotowoltaikę na szczeblu administracyjnym państwa, ponieważ rząd nie planował tak szybkiego rozwoju tego typu energetyki oraz że rozwój OZE wynika z siły samego sektora i wsparcia regulacjami unijnymi. W ostatecznym rozrachunku jest zauważalne, że rynek przeprowadził proces modernizacyjny fotowoltaiki, a krajowa administracja nie nadążyła za duchem epoki.

Niejednoznaczność kręgów rządowych w relacji do OZE również przejawia się poprzez elektroenergetykę *offshore*. Najwyższa Izba Kontroli w tegorocznym raporcie oceniła, iż organy administracji rządowej nie podjęły wystarczających działań w celu rozwoju morskiej energetyki wiatrowej, co sprawia, że bezpieczeństwo energetyczne państwa może być zagrożone[40]. Ten schemat działania wobec OZE jest zbieżny z kryteriami decyzji kunktatorskiej, w której politycy dostrzegają problem, lecz sądzą, że w danej sytuacji nie należy decydować natychmiast z uwagi na brak przekonania o skuteczności własnych działań.

Rosyjska presja w segmencie paliw oraz zmiany paradygmatu bezpieczeństwa

Linia czasu poszczególnych wydarzeń określających stawkę tej wojny, jakie miały miejsce na linii Unia Europejska–Rosja z uwzględnieniem wsparcia transatlantyckiego w sektorze energii, jest bardzo rozbudowana. Presja o charakterze polityczno-gospodarczym jest w tej sferze wywierana przez Moskwę na wiele europejskich państw niemal od początku wojny w Ukrainie, kiedy Unia Europejska zdecydowała się nałożyć na Federację Rosyjską wiele różnorodnych sankcji. Pod koniec kwietnia

[37] Tamże, s. 66.

[38] M. Dusiło, dz. cyt., s. 8.

[39] B. Derski, „Moc fotowoltaiki w Polsce przekroczyła 10 GW. 20 lat wcześniej niż zakładał rząd", *Wysokie Napięcie*, 13 lipca 2022 r., https://wysokienapiecie.pl/73113-moc-fotowoltaiki-w-polsce/ (dostęp: 2.09.2022).

[40] *Wiatr w żagle morskiej energetyki wiatrowej potrzebny od zaraz*, Najwyższa Izba Kontroli, 28 lipca 2022 r., https://www.nik.gov.pl/aktualnosci/infrastruktura/rozwoj-morskiej-energetyki-wiatrowej.html (dostęp: 2.09.2022).

2022 r. strona rosyjska wstrzymała dostawy błękitnego paliwa do Polski[41]. Decyzja ta była zbieżna czasowo z przerwą dostaw gazu do Bułgarii[42]. Tuż po tych wydarzeniach, 2 maja 2022 r., unijna komisarz ds. energii Kadri Simson po spotkaniu ministrów państw Unii Europejskiej, reprezentujących krajowe resorty energetyki, stwierdziła, że podobnej presji ze strony rosyjskiej może zostać poddane każde państwo członkowskie[43]. Trzecim krajem, do którego Gazprom przestał dostarczać gaz, była Finlandia. Miało to miejsce w sobotę 21 maja 2022 r. W odpowiedzi na ten krok fiński operator złożył deklarację utrzymania ciągłości dostaw realizowanych za pomocą infrastruktury Balticconnector, która łączy Estonię z Finlandią[44]. Czwartym krajem, któremu Rosja zakręciła gazowy kurek, była Holandia[45]. W tym przypadku podobnie jak wcześniej Gazprom swoje stanowisko uzasadniał odmową zapłaty w rublach przez kolejną zachodnią spółkę.

Spośród innych państw, które zostały objęte zmniejszeniem przesyłanego wolumenu gazu, można wymienić najważniejsze europejskie gospodarki. Niemcy otrzymywały o 40% mniej w okresie pomiędzy 11 do 21 lipca, oficjalnie ze względu na prace serwisowe Nord Stream 1[46]. Zgodnie z kolejnymi zapowiedziami w sprawie Niemiec w środę 27 lipca Gazprom wyłączył kolejną turbinę tłoczącą gaz przez Nord Stream 1, co spowodowało, że wolumen transportowanego surowca spadł poniżej 20% mocy przesyłowej gazociągu[47]. W końcu sierpnia Gazprom przerwał dostawy gazu do Niemiec realizowane przez Nord Stream 1, rzekomo z powodu wycieku oleju z głównej turbiny gazowej, bez podania informacji o ramach czasowych ewentualnego wznowienia dostaw[48].

---

[41] B. Sawicki, „Rosja przestała dostarczać gaz Polsce. Kolejne kraje w kolejce", *Rzeczpospolita*, 26 kwietnia 2022 r., https://energia.rp.pl/gaz/art36156391-rosja-przestala-dostarczac-gaz-polsce-kolejne-kraje-w-kolejce (dostęp: 24.07.2022).

[42] G. Balawender, „Rosja zakręca kurek nie tylko Polsce. Gazprom informuje kolejne państwo", *Rzeczpospolita*, 26 kwietnia 2022 r., https://energia.rp.pl/gaz/art36155991-rosja-zakreca-kurek-nie-tylko-polsce-gazprom-informuje-kolejne-panstwo (dostęp: 24.07.2022).

[43] Ł. Gajewski, „Rosja, gaz ziemny, gazociągi i wojna", *Rzeczpospolita*, 24 maja 2022 r., https://www.rp.pl/opinie-ekonomiczne/art36359911-lukasz-gajewski-rosja-gaz-ziemny-gazociagi-i-wojna (dostęp: 24.07.2022).

[44] I. Trusewicz, „Gazprom zakręci gaz Finlandii. Helsinki mają plan awaryjny", *Rzeczpospolita*, 18 maja 2022 r., https://energia.rp.pl/gaz/art36320211-gazprom-zakreci-gaz-finlandii-helsinki-maja-plan-awaryjny (dostęp: 18.05.2022).

[45] Tenże, „Gazprom zakręcił kurek Holandii. Kolejna będzie Dania?", *Rzeczpospolita*, 31 maja 2022 r., https://energia.rp.pl/gaz/art36412751-gazprom-zakrecil-kurek-holandii-kolejna-bedzie-dania (dostęp: 25.07.2022).

[46] U. Lesman, „Nord Stream 1 znów działa. Gazprom dostarcza gaz do Niemiec",*Rzeczpospolita*, 21 lipca 2022 r., https://energia.rp.pl/gaz/art36734881-nord-stream-1-znow-dziala-gazprom-dostarcza-gaz-do-niemiec (dostęp: 25.07.2022).

[47] I. Trusewicz, „Gaz po 2250 dolarów, gazociąg północny niemal pusty", *Rzeczpospolita*, 27 lipca 2022 r., https://energia.rp.pl/gaz/art36765751-gaz-po-2250-dolarow-gazociag-polnocny-niemal-pusty (dostęp: 28.07.2022).

[48] G. Balawender, „Nord Stream jednak nie ruszy, do odwołania. Kolejne problemy Gazpromu", *Rzeczpospolita*, 2 września 2022 r., https://energia.rp.pl/gaz/art36984621-nord-stream-jednak-nie-ruszy-do-odwolania-kolejne-problemy-gazpromu (dostęp: 3.09.2022).

Również francuski GRTgaz od 17 czerwca odnotował wstrzymanie przepływu gazu jako skutek tranzytowej roli Niemiec borykających się z brakiem tego nośnika energii z Rosji[49]. Podobnie Gazprom jednostronnie ograniczył dostawy zakontraktowanego gazu przez włoski koncern energetyczny Eni oraz austriacki OMV[50]. Pod koniec czerwca 2022 r. presją gazową ze strony Federacji Rosyjskiej została objęta ogromna część obszaru unijnego. Wiceprzewodniczący Komisji Europejskiej Frans Timmermans podczas sesji plenarnej w Brukseli stwierdził, że łącznie 12 państw zostało dotkniętych redukcją dostaw gazu z Rosji, natomiast 10 państw wydało stosowne ostrzeżenia[51].

Nieodłącznym kanałem presji wywieranej przez Rosję na obszar europejski jest nie tylko Nord Stream 1, ale również gazociąg Turecki Potok dostarczający gaz z Rosji do Turcji oraz krajów Europy Południowej i Południowo-Wschodniej przez Morze Czarne. Gazprom podobnie jak w przypadku odpowiednika na Morzu Bałtyckim zapowiedział zatrzymanie Tureckiego Potoku w dniach od 21 do 28 czerwca, oficjalnie z powodu prac technicznych[52]. Należy mieć na względzie, że sytuacja rynku surowców energii miała charakter rozwojowy i okres jesienno-zimowy 2022–2023 oraz głód paliw mają być dodatkowym źródłem nacisków na obszar Unii Europejskiej. Gaz nie jest jedynym instrumentem pozostającym w gestii Kremla, który usiłuje grać z Europą również węglem oraz ropą naftową[53].

Na szczeblu politycznym w odpowiedzi na rosyjskie działania instytucje unijne wdrożyły wiele decyzji w celu zminimalizowania potencjalnych szkód oraz podjęły kroki antycypujące ewentualne wydarzenia. Pierwszym w chronologii jest plan *REPowerEU*, w ramach którego Unia Europejska zamierza wydać do 300 mld euro na inwestycje sektora energii w perspektywie 2030 r.[54] Docelowo chodzi o zerwanie z zależnością od rosyjskich węglowodorów poprzez wycofywanie paliw kopalnych, obniżenie energochłonności oraz rozpoczęcie inwestycji na nową skalę. Integralną częścią *REPowerEU* jest *EU Solar Strategy*, która ma za zadanie

[49] I. Trusewicz, „Francja też została bez gazu z Rosji. Nie martwi się tym", *Rzeczpospolita*, 17 czerwca 2022 r., https://energia.rp.pl/gaz/art36525981-francja-tez-zostala-bez-gazu-z-rosji-nie-martwi-sie-tym (dostęp: 25.07.2022).

[50] Tenże, „Gazprom obcina dostawy gazu do Włoch i Austrii", *Rzeczpospolita*, 17 czerwca 2022 r., https://energia.rp.pl/gaz/art36525811-gazprom-obcina-dostawy-gazu-do-wloch-i-austrii (dostęp: 25.07.2022).

[51] Tenże, „Gazprom odciął dostawy gazu do 12 krajów Unii Europejskiej", *Rzeczpospolita*, 23 czerwca 2022 r., https://energia.rp.pl/gaz/art36560171-gazprom-odcial-dostawy-gazu-do-12-krajow-unii-europejskiej (dostęp: 25.07.2022).

[52] Tenże, „Staje kolejny gazociąg Gazpromu, tym razem do Turcji", *Rzeczpospolita*, 18 czerwca 2022 r., https://energia.rp.pl/gaz/art36529311-staje-kolejny-gazociag-gazpromu-tym-razem-do-turcji (dostęp: 25.07.2022).

[53] Tenże, „Rosja pompuje najmniej ropy od 20 lat. Wydobycie jeszcze bardziej spadnie", *Rzeczpospolita*, 24 czerwca 2022 r., https://energia.rp.pl/ropa/art36568441-rosja-pompuje-najmniej-ropy-od-20-lat-wydobycie-jeszcze-bardziej-spadnie (dostęp: 25.07.2022).

[54] *REPowerEU: A Plan to Rapidly Reduce Dependence on Russian Fossil Fuels and Fast Forward the Green Transition*, European Commission, 18 maja 2022 r., https://ec.europa.eu/commission/presscorner/detail/en/ip_22_3131 (dostęp: 29.07.2022).

podwoić moc fotowoltaiki do 2025 r. i pozwolić na instalację 600 GW mocy tego typu do 2030 r.[55] Bez względu na inne, dodatkowe, zewnętrzne okoliczności stało się jasne, że obecna polityka klimatyczna Unii Europejskiej będzie przyspieszać, ponieważ w 14 lipca 2022 r. Komisja Europejska przedstawiła pakiet nowych regulacji *Fit for 55*, wyznaczających ambitniejsze cele klimatyczne w perspektywie 2030 r.[56] Punktem docelowym tego działania jest osiągnięcie przez państwa europejskie neutralności klimatycznej do 2050 r. Pakiet zakresem regulacji ma objąć m.in. kwestie odnawialnych źródeł energii, efektywności energetycznej, system handlu emisjami, wprowadzić nowe limity emisyjności dla samochodów dostawczych i osobowych[57].

Kolejnym ważnym krokiem w ramach UE jest osiągnięcie porozumienia dotyczącego dobrowolnego zmniejszenia zapotrzebowania na gaz ziemny o 15% w sezonie jesienno-zimowym, pomiędzy 1 sierpnia 2022 r. a 31 marca 2023 r.[58] Wbrew pierwotnym zapowiedziom Hiszpanii i Portugalii, które nie chciały zgodzić się na 15-procentową redukcję, kraje te uzgodniły w Brukseli zmniejszenie zużycia gazu ziemnego o 7%[59]. To ważny konsensus osiągnięty w rekordowo szybkim czasie przez Radę Europejską, który uzupełnia wszystkie inne działania podejmowane w kontekście *REPowerEU*, zwłaszcza w celu zróżnicowania źródeł dostaw gazu, przyspieszenia rozwoju odnawialnych źródeł energii i zwiększenia efektywności energetycznej[60]. Jednocześnie kręgi rządowe Hiszpanii i Portugalii zapowiedziały rozbudowę połączeń międzysystemowych infrastruktury gazowej między Półwyspem Iberyjskim a resztą Europy[61].

Na szczeblu ponadnarodowym Międzynarodowa Agencja Energii (IEA) już w marcu opracowała zalecenia w celu przeciwdziałania rosyjskim próbom

[55] U. Lesman, „Unia Europejska wyda 300 mld euro by uwolnić się od rosyjskich surowców", *Rzeczpospolita*, 18 maja 2022 r., https://energia.rp.pl/nowa-energia/art36321151-unia-europejska-wyda-300-mld-euro-by-uwolnic-sie-od-rosyjskich-surowcow (dostęp: 18.05.2022).

[56] A. Frączyk, W. Kukuła, „Unijna polityka klimatyczna będzie już tylko przyspieszać", *Rzeczpospolita*, 14 lipca 2022 r., https://energia.rp.pl/komentarze-i-opinie/art17041161-unijna-polityka-klimatyczna-bedzie-juz-tylko-przyspieszac (dostęp: 25.07.2022).

[57] *European Green Deal: Commission Proposes Transformation of EU Economy and Society to Meet Climate Ambitions*, European Commission, 14 lipca 2022 r., https://ec.europa.eu/commission/presscorner/detail/en/ip_21_3541 (dostęp: 29.07.2022).

[58] B. Sawicki, „Jest zgoda na redukcję gazu w UE. Nie dotknie Polski", *Rzeczpospolita*, 26 lipca 2022 r., https://energia.rp.pl/gaz/art36759731-jest-zgoda-na-redukcje-gazu-w-ue-nie-dotknie-polski (dostęp: 28.07.2022).

[59] I. Trusewicz, „Hiszpania i Portugalia jednak zmniejszą zużycie gazu", *Rzeczpospolita*, 26 lipca 2022 r., https://energia.rp.pl/gaz/art36764351-hiszpania-i-portugalia-jednak-zmniejsza-zuzycie-gazu (dostęp: 28.07.2022).

[60] *Statement by the President of the European Commission following the political agreement on the Council Regulation on coordinated demand reduction measures for gas*, European Commission, 26 lipca 2022 r., https://ec.europa.eu/commission/presscorner/detail/en/statement_22_4725 (dostęp: 29.07.2022).

[61] I. Trusewicz, „Portugalia i Hiszpania spieszą z gazową pomocą Unii Europejskiej", *Rzeczpospolita*, 12 sierpnia 2022 r., https://energia.rp.pl/gaz/art36863951-portugalia-i-hiszpania-spiesza-z-gazowa-pomoca-unii-europejskiej (dostęp: 13.08.2022).

destabilizacji rynku energii. Pierwszym dokumentem IEA rekomendującym wiele działań był 10-punktowy plan redukujący zależność Unii Europejskiej od rosyjskiego gazu *A 10-Point Plan to Reduce the European Union's Reliance on Russian Natural Gas*[62]. Raport IEA w sposób bezpośredni nawiązywał do wojny w Ukrainie i został opublikowany po pierwszym tygodniu rosyjskich działań zbrojnych. W katalogu działań sektora energii kolejno wymieniono: niezawieranie nowych umów na dostawy gazu z Rosją; zastąpienie dostaw rosyjskich gazem z alternatywnych źródeł; wprowadzenie obowiązku minimalnego magazynowania gazu przez państwa; przyspieszenie realizacji projektów energetyki wiatrowej i solarnej; maksymalizację produkcji z istniejących źródeł niskoemisyjnych: energii jądrowej oraz biopaliw; ochronę wrażliwych odbiorców przed wysokimi cenami energii elektrycznej; popularyzację pomp ciepła; poprawę efektywności energetycznej w budynkach i przemyśle; popularyzację oszczędzania energii; dywersyfikację systemu energetycznego[63].

Po upływie dwóch kolejnych tygodni IEA opublikowała następny raport – *A 10-Point Plan to Cut Oil Use*[64], który tym razem odnosił się do segmentu ropy naftowej. W rezultacie rosyjskich działań wzrosła dysproporcja pomiędzy popytem a podażą. Po stronie producenckiej zapasy przemysłu naftowego zazwyczaj pomagają zrównoważyć rynek, gdy popyt przewyższa podaż. W ramach wspólnej reakcji państwa członkowskie IEA jednogłośnie zgodziły się już w marcu do skorzystania z zapasów awaryjnych w celu wstępnego uwolnienia 62,7 mln baryłek ropy naftowej, co stanowiło największe uwolnienie zapasów w historii IEA. Po stronie konsumenckiej natomiast sposobem na zrównoważenie rynku i zmniejszenie napięć spowodowanych wysokimi cenami ropy jest obniżenie popytu poprzez wdrożenie różnego rodzaju nawyków prooszczędnościowych. Większość zapotrzebowania na ropę naftową jest związana z transportem, zatem w tym kontekście raport IEA sugerował: zmniejszenie prędkości na autostradach o 10 km/h; pracę zdalną w domu do trzech dni w tygodniu; niedziele bez samochodu w miastach; tańszy transport publiczny i promowanie mikromobilności; zmianę zasad korzystania z dróg w dużych miastach; przyjęcie praktyk ograniczających zużycie paliwa poprzez wspólne użytkowanie samochodów; optymalizację tras ciężarówek towarowych i firm kurierskich; korzystanie z pociągów zamiast samolotów; unikanie służbowych podróży lotniczych w przypadku istnienia alternatywnych tras; popularyzację pojazdów elektrycznych[65].

[62] *A 10-Point Plan to Reduce the European Union's Reliance on Russian Natural Gas*, International Energy Agency, 3 marca 2022 r., https://www.iea.org/reports/a-10-point-plan-to-reduce-the-european-unions-reliance-on-russian-natural-gas (dostęp: 11.07.2022).

[63] Tamże.

[64] *A 10-Point Plan to Cut Oil Use*, International Energy Agency, 18 marca 2022 r., https://www.iea.org/reports/a-10-point-plan-to-cut-oil-use (dostęp: 11.07.2022).

[65] Tamże.

Trzecim dokumentem powstałym już w kwietniu 2022 r. w wyniku współpracy IEA oraz Komisji Europejskiej promującym racjonalne wydatkowanie energii w społeczeństwie, jest *Playing my part*[66]. Część rekomendacji zamieszczono we dwóch wcześniejszych raportach IEA. Wśród nowych, dobrych praktyk znalazły się: optymalizacja pracy kotłów centralnego ogrzewania, korzystanie w mniejszym zakresie z systemów klimatyzacji oraz obniżenie temperatury w pomieszczeniach w okresie jesienno-zimowym[67].

Kierunek OZE obrała nie tylko Europa, ale zeroemisyjność również jest płaszczyzną porozumienia w relacjach transatlantyckich. W trakcie dziewiątego posiedzenia Rady ds. Energii USA–UE, pełniącej funkcję platformy koordynacyjnej w kwestiach energetyki, zaznaczono potrzebę przyspieszenia transformacji energetycznej, której punktem docelowym jest neutralność węglowa. Uczestnicy spotkania jeszcze na początku lutego br. podkreślili swoje zobowiązanie do osiągnięcia zerowego poziomu emisji netto do 2050 r., jak również zwiększania inwestycji w powiązane technologie OZE. W związku z tym Rada powtórzyła, że konieczne jest niezwłoczne wycofanie coraz mniej rentownego węgla do produkcji energii oraz dotacji do paliw kopalnych, oraz że niedopuszczalne jest wykorzystywanie dostaw energii w roli mechanizmu presji geopolitycznej. To przekonanie stanowi podstawę poparcia Rady dla zwiększenia odporności i bezpieczeństwa energetycznego partnerów wschodnich, takich jak Ukraina[68].

Wymienione działania oraz wiele innych podjętych na szczeblu transatlantyckim w celu przeciwdziałania rosyjskiej presji paliwowej sugerują ogrom stawki, o którą toczy się spór pomiędzy szeroko rozumianym Zachodem a Federacją Rosyjską. Stawkę w sporze, jaki rozgrywa się na naszych oczach, którego instrumentem jest cały sektor energii, stanowi tempo rozwoju gospodarczego, technologicznego całej Europy, jak również szeroko rozumiana niezależność.

W ujęciu modelowym klasyczna energetyka, opierająca się na paliwach węglowodorowych, którą reprezentuje Federacja Rosyjska, wymusza na kupującym jednostronną zależność oraz co do zasady ma charakter scentralizowany. Z kolei Unia Europejska, dążąca do zeroemisyjności w perspektywie 2050 r., docelowy kształt sektora energii może osiągnąć wyłącznie wdrażając rozwiązania o charakterze rozproszonym: farmy solarne, wiatrowe, technologie małych reaktorów modułowych (SMR). Energetyka oparta na OZE i SMR w ujęciu modelowym ma charakter zdecentralizowany i oddaje ducha tzw. prosumcji, w którym społeczeństwo i prywatne podmioty gospodarcze nie są tylko konsumentem, ale również

[66] *Playing My Part*, International Energy Agency, 21 kwietnia 2022 r., https://www.iea.org/reports/playing-my-part (dostęp: 31.07.2022).

[67] Tamże.

[68] *Joint Statement on the U.S.-EU Energy Council*, Office of the Spokesperson, U.S. Department of State, 7 lutego 2022 r., https://www.state.gov/joint-statement-on-the-u-s-eu-energy-council/ (dostęp: 1.08.2022).

producentem[69]. Taką możliwość po stronie społeczeństwa otwiera dostępność rozwiązań sektora wysokiej techniki w energetyce. W dłuższej perspektywie na jednym obszarze nie jest możliwa koegzystencja tak odmiennych systemów energetycznych, tj. wysoce scentralizowanego w przypadku Rosji i zdecentralizowanego w kontekście Unii Europejskiej. Te konstrukty są modelowo przeciwstawne, natomiast Rosja poprzez wojnę w Ukrainie i wywieraną presję gazową walczy o utrzymanie starego systemu energetyki w Europie.

Wpływ Rosji na globalny rynek paliw jest ogromny. Z czysto technicznego punktu widzenia w krótkim czasie nie jest możliwe odcięcie się od monopolisty, jakim jest Federacja Rosyjska, i przełączenie gospodarki państwa wraz z jego systemem energetycznym na innego dostawcę. Rosja jest jednym z największych na świecie producentów i eksporterów ropy naftowej oraz gigantem na rynku gazu ziemnego. Jest największym na świecie eksporterem gazu i posiada największe na świecie rezerwy gazu. Rosja jest również drugim co do wielkości producentem gazu ziemnego na świecie, za Stanami Zjednoczonymi[70]. Rosja w 2021 r. wyprodukowała 762 mld m^3 gazu ziemnego, a za pośrednictwem gazociągów wyeksportowała ok. 210 mld m^3. Dlatego zresztą jej gospodarka w dużej mierze opiera się na dochodach z ropy naftowej i gazu ziemnego, które w 2021 r. stanowiły 45% rosyjskiego budżetu federalnego[71].

Zgodnie ze statystykami raportu BP *Statistical Review of World Energy*[72] za rok 2021, gdyby eksploatacja była kontynuowana w tempie z roku 2020, czas wyczerpania gazu pozostającego w dyspozycji Rosji wynosi 58,6 lat. Stany Zjednoczone posiadające mniejsze rezerwy błękitnego paliwa wyczerpią swoje złoże w czasie najbliższych 13,8 lat, ze względu na większą produkcję niż rosyjska[73]. Blisko sześć kolejnych dekad, potencjalnie możliwych powiązań rosyjskiego sektora gazowego z Europą przez pryzmat całokształtu sytuacji, należałoby rozpatrywać jako realne zagrożenie.

Wymienione metody i cele oddziaływania Rosji zostały zastosowane wobec Ukrainy oraz całego obszaru unijnego, jakkolwiek aby dokładnie zrozumieć mechanizmy rosyjskiej presji nośnikami energii, należy zarysować linię czasu zmian zasad rządzących kwestiami polityki energetycznej w trakcie minionych dekad. Pojęciem polityki energetycznej możemy określać różnorodne działania i wydarzenia odnoszące się do obszaru sektora paliwowego, jednakże znaczenie tego pojęcia z czasem ulegało wielokrotnej modyfikacji.

Za pierwszy krok, który zainicjował rozwój polityki energetycznej na płaszczyźnie *stricte* militarnej, można uznać decyzję prezydenta Stanów Zjednoczonych

---

[69] A. Toffler, *Trzecia fala*, Kurpisz, Poznań 2006, s. 305.

[70] *Russia's War on Ukraine*, International Energy Agency, 24 czerwca 2022 r., https://www.iea.org/topics/russia-s-war-on-ukraine (dostęp: 11.07.2022).

[71] Tamże.

[72] *BP Statistical Review of World Energy 2021*, Whitehouse Associates, London 2021, s. 34.

[73] Ł. Gajewski, dz. cyt.

Harry'ego S. Trumana, podjętą 12 marca 1947 r., o przyznaniu dofinansowania Grecji i Turcji kwotą w wysokości 400 mln dol.[74] Miało to bezpośredni związek z nową doktryną strategiczną stanowiącą, że USA powinny pomagać państwom zagrożonym komunizmem, które swoimi działaniami przeciwstawiają się zewnętrznej presji płynącej ze strony ZSRR. W efekcie nowego programu polityki zagranicznej Stany Zjednoczone przeciwdziałały wpływom gospodarczym Związku Radzieckiego na terytorium Iranu i przejmowały polityczne zobowiązania brytyjsko-francuskie w regionie obfitującym w ropę naftową[75]. Doktryna Trumana do dzisiaj wpisała Bliski Wschód jako obszar strategiczny do kanonu amerykańskiej polityki zagranicznej oraz interesów gospodarczych.

Drugi etap rozwoju polityki energetycznej, nadający jej kontekst *stricte* ekonomiczny, nastąpił w latach 1948–1953 za sprawą dwóch wydarzeń. W 1948 r. Arab-American Oil Company (Aramco) zaczęło pozyskiwać ropę naftową ze złoża Ghawar, nazywanego monstrualnym ze względu na wielkość sięgającą 100 mld baryłek. Kontrola nad Ghawarem sprawowana przez amerykańską branżę naftową, w połączeniu z uprzywilejowanym dostępem do transatlantyckiego rynku, pomogła skonsolidować wpływy Stanów Zjednoczonych zarówno wobec wrogów, jak i sojuszników[76]. Jak wskazał wiele lat później dziennikarz Carl Solberg w publikacji *Oil Power*, ropa naftowa była łącznikiem pomiędzy doktryną Trumana na Bliskim Wschodzie a planem Marshalla powstałym z myślą o Europie[77].

Kolejne etapy rozwoju zasad gry rządzących sektorem energii nastąpiły za sprawą dwóch kryzysów naftowych w 1973 r. i 1979 r. W ich wyniku państwa należące do Europejskiej Wspólnoty Gospodarczej (EWG) zaczęły zmieniać branżę energetyczną zarówno na poziomie makro poprzez obniżenie energochłonności przemysłu, jak i na poziomie konsumenckim poprzez zmianę kultury energetycznej w postaci promowania racjonalnego wydatkowania energii. Stosując współczesną terminologię, można stwierdzić, że EWG po szokach naftowych wykonało pierwszy proekologiczny krok, który dzisiaj przybrał kierunek zeroemisyjny. Państwa ówcześnie należące do bloku wschodniego, współpracujące w ramach Rady Wzajemnej Pomocy Gospodarczej (RWPG), nie zostały objęte ekonomicznymi reperkusjami kryzysów naftowych i zostały pozbawione wszelkiego rodzaju czynników motywujących do zmiany specyfiki sektora, co daje o sobie znać w tych już demokratycznych krajach trwającym do dzisiaj zapóźnieniem w rozwoju branży energetycznej.

---

[74] T. Priest, „The Dilemmas of oil empire", *Journal of American History*, 1 czerwca 2012 r., s. 237–238, https://academic.oup.com/jah/article-pdf/99/1/236/2539904/jas065.pdf (dostęp: 7.08.2022).

[75] K. Czornik, „Doktrynalne podstawy polityki zagranicznej Stanów Zjednoczonych wobec Bliskiego Wschodu w latach 1945–1989", w: K. Miroszewski, M. Stolarczyk (red.), *Śląsk – Polska – Europa – Świat. Pamięci Profesora Jana Przewłockiego*, Wydawnictwo Uniwersytetu Śląskiego, Katowice 2013, s. 249–252.

[76] T. Priest, dz. cyt.

[77] Zob. C. Solberg, *Oil Power*, Mason/Charter, New York 1976.

Ważnym momentem w tym procesie było zapoczątkowanie przez Rosję po 1997 r. tzw. geopolityki rurociągów. Schematy działania związane z tym pojęciem zostały dokładnie opisane w publikacji Polskiego Instytutu Spraw Międzynarodowych pt. *Geopolityka rurociągów. Współzależność energetyczna a stosunki międzypaństwowe na obszarze postsowieckim*[78]. Wśród najważniejszych wniosków znalazły się: wskazanie obszaru europejskiego jako głównego kierunku eksportowego rosyjskich węglowodorów; omijanie autonomicznych państw tranzytowych poprzez budowę podmorskich rurociągów; dzielenie państw Unii Europejskiej dwustronnymi relacjami w sektorze paliwowym oraz stałe próby kontroli infrastruktury gazociągowej, znajdującej się na obszarze Ukrainy.

Wyliczenia analityka CSIS potwierdzają wskazaną prawidłowość w odniesieniu do Ukrainy, której rola tranzytowa była systematycznie zmniejszana. W 1998 r. przez terytorium tego kraju przepływało ok. 140 mld m^3 rosyjskiego gazu, natomiast pod koniec 2021 r.[79] już tylko 42 mld m^3. Również w trakcie trwania działań wojennych Rosja konsekwentnie zmniejszała tranzyt gazu przepływającego przez Ukrainę. Ukraiński operator GTS w niedzielę 15 maja transportował wolumen rosyjskiego gazu wielkości 64,7 mln m^3, natomiast dzień później Gazprom wnioskował[80] o przesył na poziomie 46,8 mln m^3.

Rosyjska „geopolityka rurociągów" stosowana wobec Ukrainy czy wobec Polski w postaci oferty wyboru złożonej przez Rema Wiachirewa, ówczesnego szefa Gazpromu w grudniu 1999 r., brzmiącej w tonie ultimatum: albo łącznik międzysystemowy „Przewiązka", łączący gazociągi Białorusi i Słowacji, zarazem omijający terytorium Ukrainy, albo gazociąg podmorski Nord Stream 1[81], powoduje, że w sposób naturalny percepcja zagrożeń jest ukierunkowana na najbliższy nam obszar geograficzny. W konsekwencji zawężonej perspektywy umyka o wiele szerszy kontekst sytuacji w odniesieniu do rosyjskiego projektu infrastruktury gazowej przebiegającej przez basen Morza Czarnego, który początkowo nosił nazwę South Stream. Pierwotna koncepcja wraz z trasą South Streamu nie zostały zrealizowane, jakkolwiek po wprowadzeniu zmian i nadaniu innej nazwy został uruchomiony gazociąg TurkStream w styczniu 2020 r., jako wynik współpracy

---

[78] E. Wyciszkiewicz, „Rosyjski sektor naftowo-gazowy – uwarunkowania wewnętrzne i perspektywy rozwoju", w: E. Wyciszkiewicz (red.), *Geopolityka rurociągów. Współzależność energetyczna a stosunki międzypaństwowe na obszarze postsowieckim*, Polski Instytut Spraw Międzynarodowych, Warszawa 2008, s. 5–56.

[79] N. Tsafos, *Can European Energy Cope with a Conflict in Ukraine?*, Center for Strategic & International Studies, 21 stycznia 2022 r., https://www.csis.org/analysis/can-european-energy-cope-conflict-ukraine (dostęp: 13.08.2022).

[80] I. Trusewicz, „Spada tranzyt gazu przez Ukrainę. Rośnie przesył na Węgry", *Rzeczpospolita*, 16 maja 2022 r., https://energia.rp.pl/gaz/art36300291-spada-tranzyt-gazu-przez-ukraine-rosnie-przesyl-na-wegry (dostęp: 13.08.2022).

[81] A. Zawisza, *Gaz dla Polski. Zarys historii sektora gazu ziemnego w ostatnich dwóch dekadach w Polsce*, Instytut Sobieskiego, Warszawa 2011, s. 32–34.

rosyjsko-tureckiej[82]. TurkStream transportujący rosyjski gaz do Turcji, Bułgarii, Grecji i Macedonii Północnej posiada przepustowość 31,5 mld m^3 gazu. Jest to połowa specyfiki technicznej planowanego pierwowzoru, lecz dla Ukrainy infrastruktura ta niesie zbliżone skutki geopolityczne w postaci utraty wolumenu tranzytowego gazu z kierunku rosyjskiego w ilości 12 mld m^3 już w 2020 r.[83] Niebezpieczeństw, jakie niosą ze sobą Nord Stream i TurkStream, jest wiele, dlatego projekty należy rozpatrywać łącznie, jako infrastrukturalną żelazną dłoń rozpostartą przez Rosję nad sporą częścią Europy.

Podsumowując rosyjską „politykę rurociągów", w ramach której Kreml założył stopniowe uzależnienie Europy Zachodniej od dostaw surowcowych, należy wskazać, że ten schemat myślowy sięga kryzysów naftowych lat 70. Paradoksalnie to wówczas motywatorem kooperacji pomiędzy EWG a Związkiem Radzieckim były takie czynniki, jak: kryzysy bliskowschodnie, atrakcyjność cenowa ropy radzieckiej oraz wzrost wydobywanego przez ZSRR gazu ziemnego i ropy naftowej, który ówcześnie zrównał się poziomem produkcji ze Stanami Zjednoczonymi. Już w obliczu pierwszego kryzysu naftowego w 1973 r. rola ZSRR jako eksportera wzrosła ze względu na bliskość geograficzną oraz atrakcyjne ceny nośników energii[84]. Wbrew sprzeciwom płynącym ze strony USA, EWG kredytowało rozbudowę infrastruktury energetycznej, która łączyła obszar Europy i ZSRR. Kooperacja była obciążona brakiem zaufania, czego przykładem była rekomendacja NATO wzywająca do nieprzekraczania progu 10% zależności importowej surowców pochodzących z kierunku rosyjskiego[85]. Zbliżenie w sektorze energii nastąpiło w latach 80. wraz z dojściem do władzy Michaiła Gorbaczowa, który zapoczątkował proces dezideologizacji i demilitaryzacji w relacjach łączących ZSRR i EWG. Proces ten był kontynuowany po rozpadzie ZSRR ze względu na obawę destabilizacji polityczno-gospodarczej Rosji jako jego sukcesorki. Dlatego kooperację energetyczną w tym szczególnym czasie postrzegano jako instrument normujący sytuację wewnętrzną w Rosji.

Próbę stworzenia na nowych zasadach podstawy prawnej współpracy w sektorze energii pomiędzy Europą i Rosją stanowił Traktat Karty Energetycznej (TKE), przyjęty 17 grudnia 1994 r.[86] TKE traktowano jako narzędzie integracji w dzie-

---

[82] *TurkStream: Russia's Southern Pipeline to Europe*, Congressional Research Service, 6 maja 2021 r., https://crsreports.congress.gov/product/pdf/IF/IF11177/5 (dostęp: 13.08.2022).

[83] A. Łoskot-Strachota, M. Seroka, M. Szpala, *TurkStream on the Diversifying South-Eastern European Gas Market*, Ośrodek Studiów Wschodnich, 8 kwietnia 2021 r., https://www.osw.waw.pl/en/publikacje/osw-commentary/2021-04-08/turkstream-diversifying-south-eastern-european-gas-market (dostęp: 14.03.2022).

[84] M. Bodio, *Polityka energetyczna w stosunkach między Unią Europejską a Federacją Rosyjską w latach 2000–2008*, Oficyna Wydawnicza ASPRA-JR, Warszawa 2009, s. 195–196.

[85] J. Leijonhielm, R.L. Larsson, *Russia's Strategic Commodities: Energy and Metals as Security Levers*, Swedish Defence Research Agency, Stockholm 2004, s. 50, https://www.altavra.com/docs/thirdparty/russias-strategic-commodities-energy-and-metals-as-security-levers.pdf (dostęp: 13.08.2022).

[86] Zob. *The Energy Charter Treaty and Related Documents. A Legal Framework for International Energy Cooperation*, Energy Charter Secretariat, Brussels 2004.

dzinie energetyki oraz środek wsparcia krajów Europy Wschodniej, które oderwały się od ZSRR. Docelowo TKE miał stanowić łącznik integracji gospodarczej i politycznej Rosji z Europą, który miał wnieść przejrzyste i stabilne reguły handlu nośnikami energii[87]. Pomimo iż treść Traktatu Karty Energetycznej była wypracowywana przez długi czas, to finalnie dokument nie został przez Rosję ratyfikowany. W oficjalnym uzasadnieniu Moskwa swoją decyzję argumentowała m.in. brakiem kompromisu pomiędzy europejskim trendem liberalizacji rynku a rosyjską zasadą zawierania kontraktów długoterminowych oraz brakiem możliwości określania poziomu cen węglowodorów, co było sprzeczne z linią polityki energetycznej tego kraju. Z perspektywy minionych lat fakt odmowy ratyfikacji TKE przez Rosję powinien być alarmujący i sugerować, że państwo to w bliżej nieokreślonej przyszłości będzie wywierać na inne kraje europejskie presję za pomocą rynku paliw w ramach swojej „geopolityki rurociągów".

Piąty etap rozwoju polityki energetycznej jest nam najbliższy czasowo. Nastąpił wraz ze zmianami, które zaistniały na szczeblu politycznym w postaci uznania kwestii klimatycznych na tyle istotnymi, że należy rozpocząć proces modernizacyjny w branży energetycznej. Zmiany realizowane na szczeblu technologicznym sprawiają, że odnawialne źródła energii mają charakter nie tylko zeroemisyjny, ale również niosą decentralizację systemu energetycznego. Jako czasowy punkt odniesienia początku tego etapu można uznać wdrożenie pierwszego pakietu klimatyczno-energetycznego w 2008 r. w Unii Europejskiej w czasie prezydencji Francji[88].

Podsumowanie

Na płaszczyźnie związanej z mechanizmami decydowania politycznego[89] w kategoriach teoretycznych można rozważać, czy istnieje możliwy i korzystny powrót do bezpiecznych dostaw węglowodorów z kierunku rosyjskiego lub zastanawiać się nad całokształtem kosztów wynikających z odcięcia importu paliw z Rosji. Dotychczasowy rozwój wydarzeń i bieg spraw skłaniają do twierdzenia, że powrót jest bezzasadny i bezcelowy z punktu widzenia konsumenta, producenta oraz w ujęciu strategicznym.

W perspektywie konsumenckiej trwający kryzys energetyczny spowodował, że kraje leżące geograficzne najbliżej Federacji Rosyjskiej, które jeszcze w latach 80. należały do bloku wschodniego (w tym do RWPG), obecnie podejmują wysiłek

[87] R. Mabro, *A Dialogue Between Oit Producers and Consumers: The Why and the How*, Oxford Institute for Energy Studies, Oxford 1991, s. 19–20, https://www.oxfordenergy.org/wpcms/wp-content/uploads/2010/11/SP2-ADialogueBetweenOilProducersandConsumersTheWhyandtheHow-rMabro-1991.pdf (dostęp: 13.08.2022).

[88] *Cross-Cutting Currents. Transatlantic Primer 2022*, Bertelsmann Foundation, Washington 2022, s. 63, https://downloads.ctfassets.net/9vgcz0fppkl3/641UqFnMT2BzKI19rLMxI4/6d950bb850fadd3120d5be67658c9652/briefing-book-outline-v17.pdf (dostęp: 13.08.2022).

[89] Zob. Z.J. Pietraś, dz. cyt.

bardzo podobny do państw EWG w czasie trwania dwóch pierwszych kryzysów naftowych lat 70. Z punktu widzenia kultury energetycznej jest to niezwykle istotny czynnik motywujący do zmiany bilansu energetycznego na poziomie politycznym, społecznym oraz technologicznym. Jest to ścieżka, którą kraje uosabiające gospodarki oparte na węglu przerabiają z opóźnieniem sięgającym blisko pięciu dekad. Dlatego też nie można zaprzepaścić obecnie podejmowanego wysiłku zmiany kultury energetycznej wraz z jej składnikami w postaci: działań na rzecz dekarbonizacji, poprawą sprawności wykorzystania nośników energii, poszanowaniem energii przez użytkowników oraz działaniami na rzecz zapewnienia społeczeństwu dostępu do energii[90].

Wiele państw pod wpływem bieżących wydarzeń nie bierze pod uwagę możliwości ponownego sprowadzania paliw z Rosji lub też przygotowuje się do zarzucenia tego kierunku. Przykładowo premier Łotwy, Arturs Krišjānis Karins w połowie czerwca 2022 r. podkreślił, że nie rozważa wznowienia importu energii z Federacji Rosyjskiej, ponieważ zakup rosyjskiego surowca finansuje wojnę[91]. Podobnie w ciągu najbliższych lat włoski koncern Eni chce uniezależnić się od rosyjskiego gazu. W tym celu podpisane zostały nowe umowy dostaw gazu m.in. z Algierią, Egiptem oraz Kongo, które do 2025 r. zastąpią 100% błękitnego paliwa z kierunku rosyjskiego. Koncern również działa na rzecz stworzenia dodatkowych możliwości kupowania gazu w innych krajach[92]. Będzie to dla Gazpromu utrata drugiego co do wielkości unijnego konsumenta gazu ziemnego, co będzie się także wiązać z utratą dostępu do wysokiej techniki. Zgodnie z ostatnimi zapowiedziami spółka córka Gazpromu w postaci Gazprom Space Systems utraciła francusko-włoskiego Thales Alenia Space, który przerwał prace nad satelitą telekomunikacyjnym Yamal-601[93]. Dzięki tej decyzji Gazprom utraci dostęp do najnowszych europejskich technologii branży kosmicznej. Po wszystkich trudnościach, jakie wystąpiły za sprawą rosyjskich działań, podobnie strona niemiecka decyzją kanclerza Olafa Scholza wykluczyła możliwość korzystania z gazociągu Nord Stream 2 nawet w przypadku trudnej sytuacji w najbliższych miesiącach[94].

Również z perspektywy producenta można odnieść wrażenie, że Rosja na długo przed wojną podjęła decyzję o ograniczeniu relacji gospodarczych, które wiązały

---

[90] Z. Łucki, W. Misiak, *Energetyka a społeczeństwo. Aspekty socjologiczne*, Wydawnictwo Naukowe PWN, Warszawa 2010, s. 49.

[91] I. Trusewicz, „Premier Łotwy: Nigdy nie wrócimy do gazu z Rosji", *Rzeczpospolita*, 15 czerwca 2022 r., https://energia.rp.pl/gaz/art36516351-premier-lotwy-nigdy-nie-wrocimy-do-gazu-z-rosji (dostęp: 25.07.2022).

[92] Tenże, „Za półtora roku Gazprom straci Włochy", *Rzeczpospolita*, 29 lipca 2022 r., https://energia.rp.pl/gaz/art36782581-za-poltora-roku-gazprom-straci-wlochy (dostęp: 30.07.2022).

[93] Tenże, „Gazprom został bez satelitów i europejskich technologii", *Rzeczpospolita*, 6 sierpnia 2022 r., https://energia.rp.pl/surowce-i-paliwa/art36827641-gazprom-zostal-bez-satelitow-i-europejskich-technologii (dostęp: 6.08.2022).

[94] Tenże, „Nord Stream 2 zardzewieje na dnie Bałtyku", *Rzeczpospolita*, 8 sierpnia 2022 r., https://energia.rp.pl/gaz/art36833421-nord-stream-2-zardzewieje-na-dnie-baltyku (dostęp: 10.08.2022).

ją z Europą w sektorze paliwowym, obierając jednocześnie kierunek Dalekiego Wschodu. W 2012 r. Rosja uruchomiła liczący 4 740 km długości rurociąg ESPO, którym ropa trafia na rynki azjatyckie, takie jak Chiny czy Japonia. Ropociąg był częścią ogólnego ukierunkowania energetycznego Rosji w stronę Azji, jako strategii skupionej na przeniesieniu zależności eksportowej z Europy i wykorzystaniu rosnącego popytu na ropę w Azji[95]. Pod koniec 2019 r. Rosja uruchomiła duży gazociąg, aby móc wysyłać gaz z dalekowschodnich złóż bezpośrednio do Chin. Idący na wschód gazociąg Power of Siberia liczy ok. 3000 km i posiada przepustowość 38 mld m^3. W 2021 r. Gazprom wyeksportował ponad 10 mld m^3 gazu ziemnego przez Power of Siberia, a w kolejnych latach eksport ma stopniowo wzrastać do 38 mld m^3. Rosja rozważa budowę gazociągu Power of Siberia-2 o przepustowości 50 mld m^3 rocznie, który zaopatrywałby Chiny ze złóż gazowych w Zachodniej Syberii[96].

W ujęciu strategicznym wiele przesłanek skłania do konkluzji, że Rosja nie jest wiarygodnym partnerem szczególnie w sektorze paliwowym, który wykorzystuje jako narzędzię presji politycznej. Rosja posiadając swoje gospodarcze i polityczne interesy w tworzeniu nowych połączeń infrastruktury energetycznej w obszarze unijnym, wykorzystuje je instrumentalnie, w sposób odwrotny do oczekiwań Europejczyków, tj. celowo obniża skalę dobrobytu i destabilizuje region. Jak pokazują analizy dotyczące innych obszarów globu, np. Półwyspu Koreańskiego, jest to rosyjskie *modus operandi*[97].

Rosja ma za sobą bogatą historię wykorzystywania sektora energii do celów politycznych. Od czasu upadku ZSRR manipuluje ilością i cenami energii, aby wymusić oczekiwane przez siebie postawy na krajach Europy i Azji Centralnej, jednocześnie demonstrując swoją gotowość do podważania standardów polityki ustanowionych przez społeczność międzynarodową. Obecne doświadczenie pokazuje, że rosyjskie działania wiążą się z wysokimi kosztami politycznymi, ekonomicznymi i strategicznymi dla państw, które z Rosją handlują, co potwierdza los geopolitycznego projektu Nord Stream 2.

Podsumowując perspektywę strategiczną, kreśli się pewne podobieństwo, które zostało wskazane w analizie *RAND Corporation* dotyczącej wzmocnienia odstraszania na wschodniej flance NATO. W raporcie konkludowano, że potencjalne koszty zaniechania obrony najbardziej narażonych i wrażliwych sojuszników NATO w postaci Litwy, Łotwy i Estonii byłyby o wiele większe aniżeli wydatki wojskowe

---

[95] *Energy Fact Sheet: Why Does Russian Oil and Gas Matter?*, International Energy Agency, 21 marca 2022 r., https://www.iea.org/articles/energy-fact-sheet-why-does-russian-oil-and-gas-matter (dostęp: 11.07.2022).

[96] Tamże.

[97] J.S. Bermudez Jr., V. Cha, M. DuMond, J.E. Hillman, M. McCalpin, *Powering the Korean Peninsula: Economic and Strategic Considerations*, Center for Strategic & International Studies, 17 marca 2021 r., https://beyondparallel.csis.org/powering-the-korean-peninsula-economic-and-strategic-considerations/ (dostęp: 7.08.2022).

poniesione w celu zabezpieczenia tych państw[98]. Pojawia się analogia, w ramach której można założyć, że wszelkie wydatki na modernizację sektora energii Unii Europejskiej zainicjowane przez wojnę w Ukrainie mają charakter minimalny w relacji do potencjalnych kosztów politycznych, gospodarczych oraz strategicznych.

Rosja posiada ogromne rezerwy gazu ziemnego, którymi może wpływać na państwa z nią powiązane przez blisko 60 lat[99]. Europa ma problem z rosyjską „geopolityką rurociągów" po 30 latach od rozpadu ZSRR. Analizując sposoby i kierunki dyplomatyczne dostępne Polsce w obecnej sytuacji, nasuwa się wniosek o przewadze gry zespołowej, którą należy uprawiać wszędzie tam, gdzie to możliwe. Jest ona bardziej opłacalna aniżeli indywidualne zabiegi z dwóch powodów. Pierwszym jest fakt, że kooperacja zmniejsza pole manewru Rosji, która stara się dzielić państwa członkowskie Unii umowami bilateralnymi dostaw paliw. Drugi jest związany ze zmieniającym się kształtem geopolityki sektora energii. Europa jest ważnym konsumentem, lecz nie jedynym, dlatego współpraca daje przewagę.

Działania rosyjskie nie wpływają wyłącznie na Europę, lecz w momencie niedoboru nośników energii zwiększają rywalizację o paliwa kopalne pomiędzy Północną Hemisferą rozumianą jako Europa i Ameryka Północna oraz biedniejszym południem globu, o wiele bardziej zasobnym w zamieszkującą go ludność. Proporcje makrodemograficzne odzwierciadla kartogram populacji znajdujący się w zasobie bazodanowym *Our World in Data*[100]. Dopełnieniem tej perspektywy jest prognoza CSIS *Stepping Up Trade Leadership*, opisująca zmianę wielkości klasy średniej w poszczególnych makroregionach, która również oznacza wzrost zapotrzebowania na energię w coraz bardziej zamożnym społeczeństwie. W raporcie stwierdzono, że w 2010 r. gospodarstwa domowe w Azji Wschodniej i Południowej stanowiły 26,6% światowej klasy średniej. Do 2030 r. liczba ta wzrośnie do 55,3%. Szacuje się, że w tym samym okresie udział Ameryki Północnej i Europy spadnie z 53,2% do 29,1%[101]. Konkludując, w dość bliskiej perspektywie globalne południe będzie rosło w siłę, zasoby finansowe oraz zwiększy swój głód energii, natomiast świat transatlantycki będzie względnie ubożał. Jest to argument przemawiający za nawiązywaniem przez Polskę współpracy wielostronnej w sektorze energii.

---

98 D.A. Shlapak, M. Johnson, *Reinforcing Deterrence on NATO's Eastern Flank. Wargaming the Defense of the Baltics*, RAND Corporation, Santa Monica 2016, s. 1–2, https://www.rand.org/content/dam/rand/pubs/research_reports/RR1200/RR1253/RAND_RR1253.pdf (dostęp: 7.08.2022).

99 *How Long Russian Oil and Gas Reserves Are Enough to Last?*, Warsaw Institute Foundation, 13 maja 2021 r., https://warsawinstitute.org/long-russian-oil-gas-reserves-enough-last/ (dostęp: 2.05.2022).

100 M. Roser, *The Map We Need if We Want to Think about how Global Living Conditions Are Changing. Our World in Data*, 12 września 2018, https://ourworldindata.org/world-population-cartogram (dostęp: 2.08.2022).

101 *Stepping up Trade Leadership*, CSIS Trade Commission, Center for Strategic & International Studies, 2020, https://tradeleadership.csis.org/ (dostęp: 2.08.2022).

Rozdział 9

Tendencje i czynniki kształtujące obraz przyszłej wojny

Bolesław Balcerowicz

Przeniknięcie przyszłości było od „zawsze" zajęciem frapującym nie tylko filozofów i uczonych, nie tylko wróżbitów. Przyszłość to szczególny obiekt zainteresowania strategii, a prognozowanie, przewidywanie charakteru przyszłych wojen stanowi ważny, wręcz kluczowy element koncepcji strategicznych, doktryn wojennych i wojskowych, planowania wojennego. Przyszłość wojen, a dokładniej – przyszłe wojny stały się najważniejszym przedmiotem refleksji licznych teoretyków, a także praktyków sztuki wojennej dopiero w XIX w. Wtedy to zmiany o charakterze cywilizacyjnym, będące następstwem rewolucji przemysłowej, objęły też sferę wojskowości. Przy obserwowanej skali i tempie nowego uzbrojenia, wyposażenia oraz rozbudowie armii masowych charakter wojen musiał się zmieniać. Kolejne wojny odtąd niekoniecznie więc musiały – tak jak to było dotychczas – przypominać minione wojny.

Określenie charakteru przyszłej, z zasady najbliższej wojny, było już pod koniec XIX w. standardowym elementem systemowego planowania wojennego. Na podstawie prognoz dotyczących przyszłej wojny budowało się odtąd strategie, doktryny wojenne, siły zbrojne państwa.

Celem niniejszego rozdziału jest uzyskanie odpowiedzi na pytanie: jaki wpływ na obraz przyszłej wojny mają dominujące obecnie tendencje w sztuce wojennej, a także identyfikacja czynników kształtujących ten obraz. Przedmiotem rozważań jest bez wątpienia przyszłość. Tytułowe „tendencje" z definicji bowiem oznaczają kierunek zarysowujący się w rozwoju czegoś, panujący w jakiejś dziedzinie – kierunek ku przyszłości. Przedmiotem analizy są tendencje współcześnie (dziś) kształtujące obraz przyszłej wojny – praktycznie zaś, po najnowszych doświadczeniach wojny Rosji z Ukrainą, wojny niekoniecznie odległej w czasie.

Zarówno tendencje dominujące obecnie, jak i dawniej mają swoje źródła. Były nimi przede wszystkim doświadczenia nabywane z kolejnych wojnach. Współcześnie, po zakończeniu zimnej wojny, na nowe tendencje rzutują/rzutowały nadmiernie, niekoniecznie dobrze służące sztuce wojennej doświadczenia z wojen najnowszych. Były nimi następujące wraz z rozwojem technologii nowe środki walki.

O użyteczności lekcji przeszłości

Aby cokolwiek sensownego twierdzić o przyszłej wojnie, trzeba ją wpierw zrozumieć. A zrozumienie istoty wojny to warunek wstępny do kreślenia przyszłego jej obrazu. Kapitalne zaś znaczenie dla krytycznej oceny współczesnych tendencji, wizji przyszłości wojen, ma elementarne poznanie ich przeszłości, poznanie wcześniej dominujących w sztuce wojennej trendów.

Dlatego zawarte w tekście refleksje odnoszące się do dominujących obecnie tendencji dość silnie zakorzenione będą w historii wojen, wojskowości, myśli wojskowej XX i XXI w. Podobne jak zasygnalizowane podejście (metoda) zastosowane zostanie wobec czynników kształtujących dzisiejszy obraz przyszłej wojny – głównie narzędzi wojen (uzbrojenia), teorii, koncepcji, doktryn i strategii wojennych, megatrendów rozwojowych.

Do 1914 r. monopol na wszystkie kwestie związane z wojną mieli wojskowi i to oni zdominowali wizje przyszłych wojen. Przed I wojną światową wzorcem, zasadniczym punktem odniesienia wizji, prognoz i doktryn wojennych pozostawała wciąż wojna prusko-francuska (1870–1871). Mniej wniosków, przeważnie błędnych, wyciągano z doświadczeń wojny rosyjsko-japońskiej (1904–1905). Zaskakująco niewiele zmieniał się w ówczesnych doktrynach obraz przyszłej wojny, mimo wprowadzania na uzbrojenie wojsk broni maszynowej, szybkostrzelnych i dalekosiężnych dział, mimo że armie wyposażano w nowoczesne środki łączności oraz pojazdy mechaniczne, a także środki transportu (kolej), które stwarzały wykonywanie manewrów na nieporównywalnie większą skalę.

Najbardziej charakterystyczne dla dominujących wizji wojen, nie tylko tych najbliższych, było założenie, które zmieniało się w dogmat, że wojny mają być krótkie, intensywne i rozstrzygające. Najbliżej tego, co się faktycznie niebawem miało wydarzyć, byli Jan G. Bloch, który prognozował m.in. wojnę długotrwałą, o której wyniku zdecyduje wyczerpanie[1], oraz Julian Corbett o znaczeniu i charakterze działań na morzu[2].

---

[1] J.G. Bloch, *Przyszła wojna pod względem technicznym, ekonomicznym i politycznym*, PISM, Warszawa 2004.

[2] To opinia nie tylko Martina van Crevelda, w: *Zmienne oblicze wojny*, Dom Wydawniczy Rebis, Poznań 2008, s. 29.

W przededniu wojny światowej, wojna sprzed ponad 40 lat, toczona przez dwóch pierwszoplanowych aktorów sceny międzynarodowej (Francji i Niemiec), była wciąż traktowana jako swoisty model do zastosowania w następnej wojnie. Nie pierwszy i nie ostatni raz w historii. Twierdzenie, że obecnie tocząca się obok nas wojna też może być w (niedalekiej) przyszłości tak potraktowana, nie jest obarczone zbyt wielkim ryzykiem.

W 1914 r., co nieczęsto zdarzało się w dziejach, generałowie przystępowali do wojny tak różnej od ich wyobrażeń i oczekiwań. I niekoniecznie po raz ostatni. Tym razem wyjątkowo boleśnie okazało się, że wojny znacznie łatwiej rozpoczynać, aniżeli kończyć. Też nie po raz ostatni. Spod tej reguły nie udaje się wyłamać Putinowi.

Wielka konfuzja sztuki wojennej wielkiej wojny już w końcowej jej fazie zmuszała wojskowych do intensywnej pracy nad naukami z tej wojny wypływającymi. Główny problem, przed którym stanęła sztuka wojenna po 1918 r., zawarty był w pytaniu: jak uniknąć długotrwałej wojny na wyczerpanie? Nietrudno dziś zauważyć, że jest to kwestia wciąż zaskakująco aktualna.

Jej rozwiązanie zaproponował Giulio Douhet w koncepcji użycia lotnictwa, wyłożonej m.in. w książce *Panowanie w powietrzu*. Dowodził, że jakakolwiek wojna musi się zacząć od zmasowanego uderzenia na bazy lotnicze przeciwnika, tak by osiągnąć „panowanie w powietrzu", które pozwoli atakującym przerzucić się z celów wojskowych na cele cywilne. Ich efektem miało być zniechęcenie społeczeństwa przeciwnika (wroga) do popierania wojny. Tak narodziła się idea bombardowań strategicznych, wcielana w życie podczas II wojny światowej.

Wywalczenie przewagi w powietrzu, po niewielkiej modyfikacji koncepcji Douheta, stanowi wciąż kanoniczny warunek powodzenia w operacjach wojennych. Od wywalczenia przewagi w powietrzu rozpoczęły się m.in.: niemiecka operacja *Barbarossa* (1941 r.), wojna sześciodniowa (1967 r.), wojna w Zatoce (1991 r.). Bez spełnienia tego warunku wręcz niemożliwym wciąż jest prowadzenie działań ofensywnych na większą skalę, co obserwujemy od kilku miesięcy w toczącej się wojnie Rosji z Ukrainą.

Uniknięciu wojny na wyczerpanie miała służyć także koncepcja zmechanizowanej wojny lądowej Johna Fullera. Jego zdaniem przyszła wojna lądowa miała skupiać się na wykorzystaniu czołgów, mechanizacji artylerii, działań inżynieryjnych, zaopatrzenia oraz zabezpieczenia technicznego. Dowodził, że w pełni zmechanizowana armia cieszyłaby się taką samą swobodą jak okręty na morzu. Idea mechanizacji wojsk lądowych ziściła się, co przekłada się na większą swobodę manewru, jednak nie aż taką, jaką mają okręty na morzu. Co nietrudno zauważyć, obserwując wojnę w Ukrainie.

Koncepcja wojny błyskawicznej (niem. *Blitzkrieg*), której autorstwo przypisuje się Alfredowi Schlieffenowi, choć była zastosowana przez Niemców tylko w pierwszej fazie I wojny światowej, to po jej zakończeniu zachowała swoje znaczenie.

W latach 30. *Blitzkrieg* określał doktrynę wojenną Niemiec, jej zastosowanie przynosiło zwycięstwa w wojnie z kilkoma państwami aż do zimy 1941 r. Idea wojny błyskawicznej pozostaje wciąż żywa.

Wyrazisty obraz przyszłej wojny przedstawiała teoria wojny totalnej, której twórcą i twarzą był Erich von Ludendorff. Wojnę w jego przekonaniu należało traktować jako przedsięwzięcie totalne. Wojna totalna miała mieć charakter wszechogarniający – obejmować zasięgiem całe terytoria walczących państw, absorbować wszystkie ich zasoby. Miała angażować do działań wojennych nie tylko siły zbrojne, lecz także ludność cywilną. Ludendorff dużą wagę przywiązywał do przygotowania społeczeństwa do wojny, kształtowania morale na długo przed rozpoczęciem działań zbrojnych. Teorii tej, wcielonej w życie w hitlerowskich Niemczech, wciąż jeszcze nie należy traktować jako reliktu przeszłości.

Wojna 1914–1918 wyłamała się z dotychczasowych norm moralnych i fizycznych. Przyszła wojna miała być do niej podobna, tyle że w negowaniu norm okazała się jeszcze gorsza.

Spośród przewidywań opartych na doświadczeniach wielkiej wojny dotyczących charakteru, obrazu kolejnych, przyszłych wojen, spośród wielu podejść, koncepcji, bogatej literatury przedmiotu, trzy można potraktować jako źródła, punkty odniesienia dla tendencji kształtujących ich obraz. W rzeczywistości te trzy przytoczone poniżej teorie pozytywnie zweryfikowała praktyka.

Zasadność teorii, koncepcji Douheta, według której warunkiem powodzenia w działaniach wojennych jest uzyskanie przewagi/panowania w powietrzu, sprawdziła się nie tylko podczas II wojny światowej. Sprawdzała się do dziś. Teoria, wizja wojny totalnej znalazła zastosowanie przede wszystkim w Niemczech i Związku Radzieckim, a także w mniejszym stopniu z ograniczeniami w innych państwach. Prawie w pełni zrealizowane zostały założenia koncepcji mechanizacji wojsk lądowych Fullera. Należy zauważyć, że praktyczne zastosowanie teorii Douheta oraz Fullera znakomicie służyło koncepcji wojny błyskawicznej.

Oprócz wymienionych autorów w okresie międzywojennym ukazało się wiele innych, wartościowych publikacji, wśród których warto wymienić choćby książkę *Przyszła wojna* Władysława Sikorskiego i jego trafne, oparte na rzetelnych analizach przewidywania.

II wojna światowa potwierdziła trwałość (żywotność) klasycznych zasad sztuki wojennej, z zasadą zaskoczenia na czele, potwierdziła regułę, że jej rozstrzygnięcie zależy od jednoznacznego zwycięstwa na polu walki.

Po użyciu przez Amerykanów bomb atomowych na japońskie miasta Hiroszimę i Nagasaki – ostatnim akordzie kończącym II wojnę światową – stało się jasne, że wydarzenie to oznacza przełom w uzbrojeniu, a po pewnym czasie, że oznacza rewolucję w działaniach wojennych – radykalną zmianę oblicza następnych wojen. Od 1949 r., kiedy Związek Sowiecki przeprowadził próbną eksplozję jądrową, kiedy zaczął wyrastać na równorzędnego, posiadającego broń nuklearną rywala Stanów

Zjednoczonych, rozpoczęła się zimna wojna – bezkrwawa wojna toczona w cieniu grzyba atomowego. Nad wizjami, prognozami przyszłych wojen – III wojny światowej, rozciągała się charakterystyczna, przypominająca kształtem grzyba jądrowego, chmura.

Wraz z rozwojem broni jądrowej, dynamicznym wzrostem ładunków jądrowych i środków ich przenoszenia oraz towarzyszącym tej tendencji wyścigiem zbrojeń nuklearnych, wzrastała świadomość porażających skutków możliwej wojny jądrowej. W cieniu zagrożenia wybuchem wojny jądrowej wyrastała dominująca przez kilka dekad strategia odstraszania.

Celem strategii odstraszania nuklearnego, co brzmi paradoksalnie, było zapobieganie wybuchowi wojny z użyciem broni jądrowej. Środkiem – wiarygodne zbrojenia stron, wiarygodne szykowanie się do wojny w myśl maksymy Wegecjusza: *si vis pacem, para bellum.*

Choć strategia odstraszania realizuje swój cel, to przez dziesiątki lat armie stron szykowały się do wojny, również tej z użyciem broni jądrowej.

Do takiej wojny byłem przygotowywany przez ponad ćwierć wieku. W szkole oficerskiej wiedziałem, że w wyposażeniu amerykańskiego batalionu znajdują się działa bezodrzutowe *Davy Crockett* przygotowane do ostrzeliwania przeciwnika (nas) pociskami z głowicą jądrową o małej (taktycznej) mocy. Ćwiczyłem z kolegami zachowanie na polu walki, zachowanie po wybuchu bomb/pocisków atomowych, używanie specjalnego ubioru (słynnego, koszmarnego OP-1), odkażanie itp. W Akademii Sztabu Generalnego na nieznośnych zajęciach z obrony przed bronią masowego rażenia obliczałem do znudzenia skutki użycia broni jądrowej (też chemicznej). Uczyłem się podejmować decyzje o wykorzystaniu przydzielanych ładunków jądrowych, ćwicząc w roli dowódcy pułku (cel – zniszczenie grupy czołgów w pobliżu Żelechowa).

Służąc w jednostkach liniowych, na kolejnych stanowiskach dowódczych, pilnowałem wypełnienia rygorów gotowości alarmowej, co oznaczało, że jednostka musi opuścić koszary w ciągu pół godziny w stanie podwyższonej gotowości – pół godziny, ponieważ tyle czasu potrzebowała rakieta z ładunkiem jądrowym, by uderzyć w miejscu stałej dyslokacji. W składzie dowodzonych przeze mnie dywizji były dywizjony rakiet taktycznych zdolne do przenoszenia taktycznej broni jądrowej. W składzie każdej z trzech armii Wojska Polskiego znajdowała się brygada rakiet operacyjnych. Amunicja dla nich była strzeżona w rozmieszczonych w Polsce sowieckich magazynach.

Wszystkie ćwiczenia, które przygotowywałem jako szef oddziału operacyjnego 2. armii, zakładały warunki zagrożenia użyciem broni jądrowej lub z użyciem broni jądrowej. Przy czym w drugim wariancie koncentrowaliśmy się na skutkach uderzeń jądrowych, likwidacji skutków, odtwarzaniu gotowości bojowej, m.in. tworzeniu z ocalałych jednostek tzw. oddziałów zbiorczych. W ćwiczeniach, grach decyzyjnych zarówno w akademiach wojskowych, jak i w sztabach, broni jądrowej używało się (na mapach) bez umiaru. W założeniach do pracy dyplomowej (*Przygotowanie pierwszej operacji zaczepnej armii pancernej*) w sowieckiej Akademii Sztabu Generalnego otrzymałem „do dyspozycji" 41 ładunków jądrowych na rozbicie korpusu holenderskiego. Szaleństwo, by nie rzec – rozpasanie w używaniu broni jądrowej dotyczyło obu wrogich stron. W planach, na mapach. Od uderzeń natowskich mających powstrzymać przegrupowywane przez terytorium Polski potężne drugie rzuty wojsk sowieckich najbardziej ucierpiałyby miasta leżące nad Wisłą i Odrą. Po natowskiej stronie pojawił się zapomniany później koszmarny plan Trettnera – plan rozbudowy pasa min jądrowych rozmieszczonych w wybudowanych komorach, rubieży powstrzymującej wroga.

Zgodnie z przygotowanymi w Sztabie Generalnym planami Wojsko Polskie miało walczyć z natowskim przeciwnikiem na terytorium północnych Niemiec. (Brałem udział w pracach nad tymi planami). Szykowaliśmy się do ofensywy prowadzonej poza granicami kraju. Taki charakter miała sowiecka doktryna wojenna. Zgodnie zresztą z przypisywaną Leninowi zasadą głoszącą, że „bronić będziemy ojczyzny na terytorium wroga". Broń jądrowa w tej wojnie, w pierwszym zmasowanym uderzeniu, według oficjalnej nowomowy, miała być użyta tylko po to, by uprzedzić przeciwnika.

Przez kilka dziesięcioleci w planowaniu wojennym obowiązywał jeden, narzucony przez Moskwę, praktycznie bezalternatywny obraz przyszłej wojny. Miała to być wojna, której wyróżniającą w stosunku do wojen poprzednich cechą było prawdopodobieństwo użycia broni jądrowej ze wszystkimi jej skutkami. Miała to być wojna toczona między dwoma największymi w świecie potęgami, a głównym teatrem działań wojennych miała być Europa. Sowiecka strategia, doktryna wojenna obowiązująca też w armiach Układu Warszawskiego, zakładała jednoznacznie ofensywny charakter ich działań. Dla trzech armii Wojska Polskiego miała to być wojna ekspedycyjna.

Przyszła wojna, traktowana jako III wojna światowa, miała być totalna, w której z definicji uczestniczy ludność cywilna. Przygotowania do niej, wobec zagrożenia skutkami użycia broni jądrowej, bardziej niż kiedykolwiek obejmowały ludność cywilną.

Wyrazisty, w społecznym odbiorze wręcz katastroficzny obraz wojny z czasem ewoluował, łagodniał. Ryzyko wojny między mocarstwami malało wraz z poczynaniami wzmacniającymi wiarygodność skuteczności strategii odstraszania. Ogromne znaczenie miały kolejne, z powodzeniem realizowane inicjatywy dotyczące kontroli zbrojeń, rozbrojenia, a także budowy środków zaufania. Kumulacja tych pokojowotwórczych wysiłków nastąpiła w ostatnich kilku latach zimnej wojny.

Należy zauważyć, że bez istotnego wpływu na obraz przyszłej wojny miały występujące w omawianym okresie konflikty zbrojne (wojny) odległe terytorialnie.

Choć zimna wojna się zakończyła, nie zniknął kultywowany przez prawie pół wieku obraz III wojny światowej. Kilka lat po jej zakończeniu, w 1996 r., ukazała się w Stanach Zjednoczonych książka Caspara Weinbergera (byłego sekretarza obrony USA) i Petera Schweitzera z przedmową Margaret Thatcher pt. *Następna wojna światowa*[3]. Rozpocząć ją miała ofensywa rosyjska m.in. na Polskę.

Lekcje współczesne

Do wojen przełomu XX i XXI w. przystępowaliśmy bez porównywalnie wyrazistego ich obrazu. Jedną z przyczyn (jeśli nie główną) kilku nieudanych wojen-interwencji zbrojnych Zachodu był zapewne brak dobrego obrazu wojen przed ich rozpoczęciem. Teorie i koncepcje opisujące wojny współczesne pojawiały się po ich zakończeniu lub w trakcie ich przebiegu.

Pierwszą po zakończeniu zimnej wojny i jedyną w ostatniej dekadzie XX w. wojną była interwencja zbrojna w Iraku, tzw. wojna w Zatoce (1991 r.). Była to interwencja koalicji 29 państw pod przywództwem Stanów Zjednoczonych. Wojska koalicji zgromadzone do operacji zaczepnej liczyły ponad 450 tys. żołnierzy (w tym 360 tys. żołnierzy amerykańskich).

Operacja o kryptonimie *Pustynna burza* trwała sześć tygodni. Pierwszą fazę stanowiła operacja powietrzna kontynuowana przez pięć i pół tygodnia, ofensywa lądowa trwała cztery dni. Ta krótkotrwała, błyskawiczna wojna zakończyła się zwycięstwem wojsk interwentów. Wojna w Zatoce, prowadzona przez liczną, sprawnie skomponowaną koalicję walczącą z jednym słabym przeciwnikiem – wojna ekspedycyjna, wywarła zasadniczy wpływ na obraz wojen bliższej, a także dalszej przyszłości.

W większości wniosków, jakie formułowane były wkrótce po zakończeniu działań wojennych, akcentowano aktualność odwiecznych zasad sztuki wojennej. Według International Institute for Strategic Studies (IISS) wojna ta przyniosła trzy lekcje. Pierwsza, że najważniejszym czynnikiem zwycięstwa było efektywne i precyzyjne wykorzystanie sił powietrznych. Druga – że „przewaga technologiczna robi swoje". Trzecia odnosiła się do działań koalicyjnych, które niezależnie od ich słabości się sprawdzają. Lekcja druga według IISS zaowocowała rozwojem koncepcji „rewolucji w dziedzinie wojskowości" (*Revolution in the Military Affairs*, RMA).

Już w czasie toczących się walk w Zatoce próbowano nazwać pierwszą wojną XXI w. Etykietka ta została dość szybko zapomniana, i słusznie, choć były w tej wojnie wyraźnie obecne zwiastuny wojen przyszłości, wojen XXI w., wojen ery informacyjnej. W Zatoce – jak pisali Alvin i Heidi Toffler – toczyły się równolegle „dwie wojny". Pierwszą – transmitowaną przez telewizję CNN – symbolizowały precyzyjne uderzenie bomb i rakiet, przy zachowaniu maksymalnego bezpieczeństwa ludności cywilnej i minimalnym ryzyku strat własnych. Druga polegała na

[3] C. Weinberger, *Następna wojna światowa*, Wydawnictwo Albatros, Warszawa 1999.

bombardowaniu rozległych obszarów, zmasowanym użyciu czołgów i wielkich zgrupowań wojsk lądowych w stylu znanym z II wojny światowej[4].

Wojna w Zatoce stanowiła inspirację do upowszechnienia zaadaptowanej na rzecz prognozowania charakteru przyszłych wojen teorii fal cywilizacyjnych Tofflerów. Teoria zwrócona ku przyszłości, wojnom ery informacyjnej dość słabo jednak była przydatna do objaśniania istoty kolejnych, realnie zaistniałych konfliktów zbrojnych.

Koniec zimnej wojny przyniósł nie tylko standardową dywidendę pokojową, ale również nadzieję na radykalne zmiany zwiastujące trwały/trwalszy pokój. Wojnę w Zatoce wygrał Zachód, zwyciężyła demokracja. Jej koniec miał według Francisa Fukuyamy oznaczać koniec historii, niedobrej historii, co miało zapowiadać obiecujące widoki dotyczące przyszłości wojen. John Keegan pisał, że zarysowuje się przyszłość bez wojen, że wojnę przestaje się traktować jako pożądany, skuteczny czy racjonalny środek rozstrzygania sporów[5]. Wojna jednak – jak pisze Keegan, nie wyszła z mody, czego dowodziły konflikty na Bałkanach i poradzieckim Zakaukaziu. Wojny tego typu, pisał, wolne są jednak od zagrożeń, jakie występowały w minionym okresie.

Nowej perspektywie postrzegania przyszłości wojen towarzyszyło coraz bardziej przekonanie, że mamy do czynienia z ich końcem w dotychczasowym, klasycznym rozumieniu, że istnieje pilna potrzeba zweryfikowania, a nawet unieważnienia dotychczas stosowanych definicji. Z czasem pojawiało się coraz więcej głosów o konieczności unieważnienia Clausewitza. Ten stan rzeczy można traktować nie tyle jako chwilową modę, ile jako (niestety) tendencję. Wzmożenie trendu dało się zaobserwować w okresie tzw. wojny z terroryzmem, a ostatnio po pojawieniu się mody na tzw. wojny hybrydowe.

Podczas gdy niebezpieczeństwo wybuchu wojny między mocarstwami zmalało, jednocześnie nastąpił wzrost liczby zaciętych i krwawych konfliktów lokalnych, wewnętrznych – wojen, których nie tylko nie opisują klasyczne definicje wojny, lecz które w swych zasadniczych cechach różnią się wyraźnie od znanych dotychczas konfliktów. Taki charakter miały konflikty między nowopowstałymi wskutek rozpadu Jugosławii państwami.

W tej sytuacji za sprawą Mary Kaldor pojawiła się koncepcja/teoria tzw. nowych wojen, które autorka traktowała jako fenomen przeciwstawny wojnom starym. Nowe wojny można było traktować jako istotny czynnik kształtujący obraz wojen przyszłych. I rzeczywiście, tak były oceniane przez jedną dekadę. Bliskie teorii Kaldor poglądy głosiło kilku znanych i cenionych autorów, m.in. Martin van Creveld, Ruppert Smith czy Kalevi Holsti. Nastąpiła erupcja kolejnych teorii i teoryjek.

---

[4] A. Toffler, H. Toffler, *Wojna i antywojna: jak przetrwać na progu XXI wieku?*, Muza, Warszawa 1997.

[5] J. Keegan, *A History of Warfare*, Pimlico, London 1993; wyd. pol.: *Historia wojen*, Książka i Wiedza, Warszawa 1998, s. 68, 70.

Nowe konflikty wewnętrzne, towarzyszące im klęski humanitarne, niebezpieczne zachowania dyktatorów i watażków wywołały nowe pod względem skali zjawiska problemy przywracania pokoju i ładu oraz zapewniania elementarnych praw człowieka. Zachód stanął wobec kwestii reakcji i zapobiegania tym zjawiskom, co w praktyce przekładało się na podejmowanie działań w postaci interwencji – interwencji zbrojnych. Problem interwencji zbrojnej wyraziście zaistniał wpierw przy podejmowaniu decyzji odnoszącej się do agresji Iraku na Kuwejt w 1990 r., a potem wojny domowej w byłej Jugosławii.

Interwencja, w tym interwencja zbrojna, jest zjawiskiem znanym w dziejach stosunków międzynarodowych. W okresie zimnej wojny interwencji, w tym interwencji zbrojnych dokonywały oba mocarstwa, każde w swojej strefie wpływów – Stany Zjednoczone głównie w krajach Ameryki Łacińskiej, Związek Sowiecki na Węgrzech i w Czechosłowacji.

W 1993 r. wobec słabości i bezradności oenzetowskiej misji UNPROFOR w prowadzeniu operacji pokojowej w Bośni, w działania bojowe wpierw zaczął angażować się, a dokładniej – udzielać siłom pokojowym pomocy Sojusz Północnoatlantycki. Wobec ostatecznej kompromitacji sił pokojowych Sojusz w 1994 r. podjął się przeprowadzenia operacji *Deliberate Force*. Z powodzeniem, które było następstwem działań wojskowych (lotnictwa) i odpowiednio skoordynowanych z nimi negocjacji.

Interwencja zbrojna NATO (1999 r.) stanowiła decydującą fazę zakończenia konfliktu etnicznego między Serbami a Albańczykami, zakończenia wojny o Kosowo. Do natowskiej operacji *Allied Force* (AF) zaangażowała się większość państw Sojuszu. Jej celem było zniszczenie lub wystarczające zmniejszenie zdolności armii Jugosławii do prowadzenia większych operacji wojskowych. Cel ten został osiągnięty przy zastosowaniu eskalujących nalotów lotnictwa. Uznawana za wyjątkowy sukces operacja militarna w niemal wszystkich jej aspektach (wymiarach) miała stanowić wzorzec dla kolejnych tego typu przedsięwzięć. Pod wpływem sukcesu operacji wojennej prowadzonej wyłącznie siłami lotniczymi nowego kolorytu nabrała teoria G. Douheta. Przykład *Allied Force* miał przekonywać, że wojny można wygrywać używając tylko jednego rodzaju sił zbrojnych.

W wojnie o Kosowo znalazły zastosowanie kolejne nowe technologie, w tym przede wszystkim broń precyzyjnego rażenia trzeciej generacji. Operacja AF została doprowadzona do zwycięskiego końca bez strat własnych. Na kanwie tego osiągnięcia wiarygodności miała nabrać teoria wojny wirtualnej. Jej atrybutami miały być: niewidzialność atakującego, jego pełne bezpieczeństwo (czyli bezkarność), precyzja i skuteczność uderzeń. Zwolennicy tej teorii wieścili, że nareszcie nadszedł czas, kiedy można będzie wygrywać starcia zbrojne, uwalniając się od clausewitzowskiego „tarcia" i „wojennej mgły". Wojnę taką miałaby prowadzić (i wygrywać) elita doskonale wyszkolonych i wyposażonych profesjonalistów. Po 11 września 2003 r. wokół idei wojny wirtualnej zrobiło się cicho.

Interwencje po zakończeniu zimnej wojny stały się najczęściej spotykaną formą aktywności militarnej Zachodu. Postrzegane były jako jeden z najbardziej skutecznych instrumentów (mechanizmów) oddziaływania na państwa, w których dochodzi do naruszania podstawowych zasad prawa międzynarodowego i praw człowieka. To przekonanie wynikało ze skuteczności interwencji NATO w Jugosławii. To pod jej wrażeniem Ulrich Beck prognozował, że w XXI w. nastąpi stały wzrost liczby wojen-interwencji „pacyfikacyjnych" w obronie praw człowieka. Wizja znakomitego uczonego sprawdziła się tylko połowicznie.

Dużo zamieszania w kształtowaniu obrazu współczesnych wojen wywołała „światowa wojna z terroryzmem". Ogłosił ją prezydent Bush po ataku terrorystycznym bojowników Al-Kaidy na World Trade Center i Pentagon. Termin „wojna z terroryzmem" – naznaczony emocjami, raczej metaforyczny – zrobił natychmiast niezwykłą karierę. Terroryzm dotąd, choć postrzegany jako jedno z ważniejszych zagrożeń bezpieczeństwa, wymieniany był w koncepcjach strategicznych na względnie odległych pozycjach. Do „wojny" z terroryzmem solidarnie przystąpili członkowie NATO.

Reakcją na atak bojowników Al-Kaidy była interwencja zbrojna Stanów Zjednoczonych i sojuszników – interwencja w Afganistanie w postaci operacji *Enduring Freedom*. Jej celem było rozbicie rdzenia organizacji terrorystycznej Al-Kaida, pozbawienie terrorystów baz/siedlisk znajdujących się na terytorium Afganistanu. Po sukcesach będących rezultatem prowadzonych przez dwa miesiące działań wojennych, gdy jednocześnie szybko i sprawnie zdołano uruchomić misję stabilizacyjną ISAF – oczekiwano, że nastąpi niezakłócony proces stabilizowania kraju. Sposób przeprowadzenia operacji wojennej – w ciągu dwóch miesięcy kilkuset żołnierzy sił specjalnych współdziałających z powstańcami, wspieranych przez intensywne działania lotnictwa, zdołało obalić reżim talibów i rozbić siatkę terrorystyczną Al-Kaidy w Afganistanie – wywarł na wojskowych, nie tylko w Ameryce, nie lada wrażenie. Pod jego wpływem ukuty został pozostający jakiś czas w obiegu termin „model afgański" operacji wojennej.

Niebawem, po tym swoistym *Blitzkrieg*, coraz bardziej narastały problemy. Rozpoczęła się druga i trzecia faza długotrwałej (20 lat) wojny w Afganistanie, wojny przeciwpartyzanckiej, w której zaangażowane były kontyngenty wojskowe 50 państw. Wojna, w której apogeum (2010 r.) brało udział 130 tys. żołnierzy koalicji, która kosztowała interwentów ponad 3,5 tys. zabitych (po obu stronach łącznie ponad 160 tys.), zakończyła się wstydliwą dla Zachodu porażką.

Kolejnym obiektem interwencji zbrojnej w wojnie z terroryzmem stał się Irak uznany za kraj wspierający terroryzm, za państwo rządzone przez niebezpieczny dla otoczenia reżim dysponujący bronią masowego rażenia. To, dlaczego Irak stał się obiektem zbrojnej interwencji, pozwolę sobie pominąć. Jedno natomiast można uznać za pewne – reżim Saddama Husajna nie pozwolił rozgościć się w jego państwie terrorystom. Traktowanie Iraku jako ogniwa wojny z terroryzmem szybko okazało się nieporozumieniem, a Ameryka parła do tej wojny z zadziwiającą determinacją.

Amerykanie z pomocą Brytyjczyków odnieśli w operacji *Iracka wolność* błyskawiczne i błyskotliwe zwycięstwo. Podobnie jak w poprzedniej wojnie z Irakiem wielkie wrażenie na wojskowych obserwatorach operacji wywołały skala i efektywność zastosowanych w walce najnowszych technologii. Z uznaniem odebrana została zarówno koncepcja, jak i sposób prowadzenia operacji. Amerykanie po raz pierwszy w dowodzeniu wojskami i zarządzaniu systemami w działaniach bojowych wdrożyli ideę sieciocentryczności. Było to *novum* zwiastujące przełom w dowodzeniu wojskami o znaczeniu wręcz epokowym.

Ta wojna była niewątpliwie najbardziej nowoczesną ze współczesnych wojen. Nazywa się ją, trochę na wyrost, wojną ery informacyjnej. I jakkolwiek można ją opatrywać wieloma przymiotnikami wyrażającymi zadziwienie nowoczesnością, to tutaj również sprawdzały się stare, znane prawidłowości, zasady, kanony sztuki wojennej. W obrazie tej wojny należy zwrócić uwagę na kilka charakterystycznych cech, mianowicie na rzadko dotąd spotykane dążenie do minimalizacji strat własnych (też strat przeciwnika), głęboką asymetrię między stronami konfliktu oraz zastosowanie na dużą skalę najnowszych środków walki i systemów wspomagających.

Operacja *Iracka wolność*, zaraz po jej zakończeniu powszechnie uznana jako sukces amerykańskiej sztuki wojennej, miała być i przeważnie była traktowana jako model zwycięskich operacji wojennych przyszłości. Sceptyków wobec takich poglądów było zadziwiająco niewielu (również w Polsce), a należało zauważyć, że nawet jeśli miał to być model zwycięskiej wojny, to nie model uniwersalny. Wszak wojnę prowadziło mocarstwo niemające (nawet względnie) równego sobie przeciwnika, posiadające wtedy siły zbrojne o zdolnościach nieosiągalnych przez jakąkolwiek armię świata, a przeciwnik był w stopniu głęboko asymetrycznym słabszy.

Do powtórki sukcesu poczuli się chętni sami Amerykanie. Niewielu dziś pamięta, że po upadku reżimu Saddama Husajna dyskutowany był (nieoficjalnie) temat o sposobach stanowienia kontroli nad innymi państwami regionu wspierającymi terroryzm i rozwijającymi swoje możliwości użycia broni masowego rażenia.

Pomyślne zakończenie operacji *Iracka wolność* nie oznaczało, jak się niebawem okazało – końca wojny, nie oznaczało tego, co jest warunkiem jej zakończenia – ustanowienia pokoju (zazwyczaj na nowych warunkach). Zamiast pokoju interwenci osiągnęli chaos, masowe rabunki, potem partyzantkę w rozmaitych postaciach i wreszcie zamachy terrorystyczne (przedtem w Iraku nieobecne). Stanęli przed wyzwaniem ustabilizowania kraju. Okupacja/stabilizacja kraju odbywała się przez następnych osiem lat w warunkach konfliktu zbrojnego. Zamachy terrorystyczne były zjawiskiem codziennym. Irak – o, ironio! – stał się wylęgarnią terroryzmu.

O konieczności podjęcia interwencji w Libii przesądzały, zgodnie z rezolucją Rady Bezpieczeństwa ONZ, względy humanitarne. Istotną jednak przesłanką zaangażowania się Zachodu w trwający w tym kraju konflikt zbrojny była krytyczna sytuacja powstańców. Interweniując w Libii, Sojusz wspomagał jedną stronę konfliktu, z celem doprowadzenia do zwycięstwa powstania, usunięcia reżimu Muammara Kaddafiego. Po sześciu miesiącach NATO zakończyło wojskową operację, którą cechował przede wszystkim umiar. Bez strat własnych. Należy zauważyć, że Amerykanie przystępowali do tej interwencji – łagodnie mówiąc – opieszale. Skutki wojny, tego, co się stało z państwem libijskim, wciąż odczuwa Europa borykająca się z problemem uchodźców.

Po doświadczeniach wyniesionych z interwencji zbrojnych w Afganistanie oraz w Iraku a także (w mniejszym stopniu) w Libii, interwencje, których stosowanie nabierało właściwości tendencji, trendu kształtującego obraz wojen, stały się formą użycia siły militarnej zdecydowanie mniej atrakcyjną. Interwencje, które miały wpływ na oblicze współczesnych wojen, straciły na popularności. Czasy wysyłania dużych sił lądowych za granicę, aby zajmowały się budowaniem (demokratycznego) państwa, dobiegały końca[6].

W interwencjach/wojnach Zachodu zasadniczą rolę odgrywały siły zbrojne. To zrozumiałe, wszak są z natury narzędziem wojennym, ich wojennym przeznaczeniem jest wygrywanie starć zbrojnych, bitew, operacji wojskowych. Wojska w tych wojnach wygrywały bitwy. Od wojskowych politycy oczekiwali jednak zbyt wiele. W stabilizacji Iraku oraz Afganistanu gros zadań, nie tylko bojowych, przyjmowały do realizacji wojska właśnie, co musiało się przełożyć na ostateczny rezultat interwencji. Wojny wygrywa się przy użyciu wielu instrumentów, również takich, których wojskowi nie są po prostu w stanie zastąpić.

Każda z interwencji była przedmiotem standardowych analiz sztabów, każda stanowiła też kanwę kolejnych koncepcji, teorii (i „teorii") mających ambicje objaśnienia istoty współczesnych konfliktów zbrojnych, a jeszcze bardziej wykazania przyczyn dwóch wielkich konfuzji, jakich doznał Zachód w Iraku i Afganistanie. Próbę odpowiedzi na dramatyczne pytanie: dlaczego państwa posiadające przygniatającą przewagę nie tylko militarną nie wygrały wojen ze słabszym przeciwnikiem, miała dać teoria wojen asymetrycznych. Jej twórca, Andrew Mack, dowodził, że silniejszy uczestnik konfliktu zwykle przegrywa długotrwałe wojny partyzanckie. O konfliktach asymetrycznych, znaczeniu stosowanych w nich strategii pisali też inni autorzy, m.in. Ivan Arreguin-Toft.

Większego odzewu nie wywołała teoria „wojen wśród ludności". Jej twórca, Ruppert Smith, za fundamentalną przyczynę niepowodzeń Zachodu uznawał niezrozumienie natury wojen postprzemysłowych.

Pomocna w zrozumieniu istoty współczesnych działań partyzanckich, choć dość mocno krytykowana, miała być odnowiona teoria wojen czwartej generacji.

---

[6] Z wystąpienia prezydenta Obamy, *Remarks by the President*, Joint Basa Mc Guire-Dix-Lakehurst, NJ, 15.12.2014. W 2013 r., mimo że w Syrii reżim Asada przekroczył wyznaczoną przez Obamę „czerwoną linię", Amerykanie wstrzymywali się z interwencją.

Charakterystyczną dla tej i innych teorii jest perspektywa silniejszego – tego, który z partyzantami walczy, który zmuszony jest do prowadzenia działań przeciwpartyzanckich. Praktycznie natomiast nie spotyka się w naszym natowskim kręgu dobrych opracowań zawierających refleksję o możliwościach zastosowania metod, taktyki partyzanckiej we własnych działaniach obronnych.

Takie jednostronne podejście do zastosowania strategii partyzanckich mogą zweryfikować doświadczenia z obecnie toczącej się wojny Rosji z Ukrainą.

W studiach nad istotą i charakterem współczesnych wojen przedmiotem szczególnego zainteresowania badaczy, analityków i strategów stały się kontekst oraz wymiar kulturowy konfliktów i wojen. Na fali tzw. zwrotu kulturowego pojawiła się koncepcja kulturocentrycznych działań wojskowych. Zwrot kulturowy miał stanowić przeciwwagę rewolucji w sferze wojskowości, stanowić dopełnienie (niekoniecznie alternatywę) zapatrzonej w przewagi technologiczne amerykańskiej doktryny wojennej.

Wśród teorii i koncepcji służących objaśnieniu przyczyn, źródeł niepowodzeń Zachodu w wojnach/interwencjach na uwagę zasługuje podejście Martina Shawa[7], który dowodzi, że na gruncie cywilizacji zachodniej w ciągu wieków ukształtował się specyficzny sposób prowadzenia wojen. Wypracowane przez stulecia reguły wymagają jedynie pewnego odświeżenia, adaptacji do nowych warunków. Racjonalne prowadzenie wojny w stylu opartym na wielowiekowej kulturze wymaga jedynie przestrzegania kilkunastu (15) zasad. Przyczyn niepowodzeń w Iraku i Afganistanie Shaw upatruje w nieprzestrzeganiu, w niekonsekwencji, a także ignorowaniu fundamentalnych zasad zachodniego sposobu prowadzenia wojen.

Swoje piętno na sposobach prowadzenia działań wojennych odcisnęły zmiany nazwane „rewolucją w sferze wojskowości" (*Revolution in Military Affairs*, RMA). Umowną, choć w pełni zasadną cezurę tej nie pierwszej w historii wojskowości rewolucji, jej symboliczny początek, stanowi wojna w Zatoce. RMA oznaczała przede wszystkim wykorzystanie, zastosowanie na gruncie wojskowym efektów skokowego postępu w dziedzinie technologii oraz szerzej – adaptację dziedziny wojskowości do rezultatów rewolucji informacyjnej.

RMA rozwijała się w duchu technologicznego fundamentalizmu. Towarzyszyły jej oczekiwania, że ta rewolucja w odróżnieniu od poprzednich spowoduje nie tylko fundamentalne zmiany w sposobach prowadzenia wojny, zmiany jej obrazu, lecz także zmiany w jej naturze. Nowych znaczeń miała nabrać m.in. pierwsza z klasycznych zasad sztuki wojennej (zwana często „zasadą zasad") – zasada przewagi. Czynnikiem głównym, wręcz przesądzającym o zwycięstwie miała być przewaga technologiczna, warunkująca z kolei uzyskanie przewagi informacyjnej. Przewaga technologiczna miała też gwarantować osiągnięcie zwycięstwa przy minimalnych stratach.

[7] M. Shaw, *The Western Way of War*, Polity Press Cambridge, Cambridge 2005.

O słuszności nowego podejścia do sposobów prowadzenia działań wojennych oraz przyjętych kierunków transformacji sił zbrojnych w duchu RMA miały świadczyć rezultaty przeprowadzonej bez strat własnych operacji *Allied Force* w Jugosławii. Należy jednak zaznaczyć, że doświadczenia wyniesione z wojny przeciwko asymetrycznie słabszemu przeciwnikowi, ograniczone do użycia w sił powietrznych, nie dawały dostatecznej podstawy do formułowania zbyt daleko idących wniosków.

O słuszności koncepcji RMA miały też dowodzić przebieg i rezultaty pierwszej, kilkutygodniowej fazy interwencji zbrojnej w Afganistanie. O wdrożeniu śmiałego, wprowadzającego radykalne zmiany w duchu RMA programu transformacji miało ostatecznie przesądzić powodzenie operacji *Iracka wolność*. Przebieg operacji generalnie potwierdził założenia RMA odnoszące się do warunków klasycznego konfliktu zbrojnego, konfliktu między państwami. Generalnie, bo doświadczenia ze starcia zbrojnego z tak słabym przeciwnikiem niekoniecznie potwierdzać muszą atuty zbudowanych w duchu RMA sił zbrojnych w sytuacjach konfrontacji z przeciwnikiem silnym.

Walory wdrożenia RMA boleśnie zweryfikowane zostały w Afganistanie i w Iraku w okresach okupacji zajętych terytoriów, szczególnie w operacjach przeciwpartyzanckich, przeciwdywersyjnych, „stabilizacyjnych". Szybko okazało się, że nowoczesne technologie nie zastąpią tzw. siły żywej – liczby żołnierzy koniecznej do ustanowienia efektywnej kontroli nad zdobytym terytorium.

Koncepcja rewolucji w sprawach wojskowości narodziła się w Stanach Zjednoczonych, była/jest fenomenem w różnym stopniu przyswojonym przez inne państwa. W Europie kwestia ta, inaczej niż w Ameryce, przez wiele lat nie znalazła się w centrum debaty. Europę bardziej absorbowało wykorzystanie sytuacji, jaką stwarzała pozimnowojenna dywidenda pokojowa.

Obecnie RMA bywa traktowana z rezerwą. W opinii sceptyków prawdziwa rewolucja jeszcze nie nastąpiła, to, co się dzieje, to stała, nieco przyspieszona ewolucja w wyposażeniu, organizacji wojsk oraz taktyce. Do zmiany charakteru wojny rewolucja nie doprowadziła. Choć od pewnego czasu coraz mniej się o niej mówi, to mamy do czynienia ze stale postępującą ewolucją obejmującą sferę wojskowości, z przyspieszającą ewolucją napędzaną przez dynamikę postępu w dziedzinie technologii, a także przez zmiany o charakterze cywilizacyjnym.

Postęp w dziedzinie technologii staje się współcześnie wręcz centralnym czynnikiem determinującym sposoby prowadzenia działań wojennych, kształtującym obraz przyszłej wojny, co do tego nie ma wątpliwości. W zbrojeniach coraz bliżej nam do stworzenia broni o idealnych, wymarzonych parametrach – nieograniczonego zasięgu, niszczącej mocy, absolutnej precyzji. Dążność do osiągnięcia tego ideału nie oddaje tego, co przynosi w zakresie zbrojeń obecny postęp w dziedzinie technologii. To zapewne sprawia, że w literaturze przedmiotu dotyczącej przewidywania (prognozowania) charakteru wojen przyszłych dominuje kwestia znaczenia nowych technologii, że wśród metodologii badań nad wojnami tak często preferuje się determinizm technologiczny.

Na najnowsze bronie obecnie wprowadzane na uzbrojenie lub te, które niebawem będą wprowadzone, oczekują, co jest zrozumiałe, wojskowi, a robotyzacja pola walki nie jest już jedynie perspektywą, staje się faktem. Coraz większą rolę odgrywają automatyczne środki walki, środki rozpoznania, wsparcia działań bojowych; należy oczekiwać szerszego zastosowania broni autonomicznych. To tendencje, trendy nieodwracalne. Towarzyszy im zrozumiała skądinąd fascynacja zapowiadanymi cudami techniki. Związanie z nią bezrefleksyjne wizje przyszłych wojen nie służą jednak najlepiej ich realistycznemu obrazowi.

Kapitalną rolę w utrzymanie i przyśpieszenie dynamiki postępu w dziedzinie technologii odgrywa nauka. Ocenia się, że obecnie ponad pół miliona naukowców wszystkich dyscyplin zajmuje się pracami o znaczeniu czysto militarnym[8].

Przewaga technologiczna wpisuje się i bez wątpienia wpisywać się będzie w kanon sztuki wojennej – warunek powodzenia w działaniach bojowych. Przewaga technologiczna jednak, o czym niedawno przekonali się Amerykanie i ich sojusznicy, nie gwarantuje szybkiego i łatwego zwycięstwa. Przewaga technologiczna stwarza natomiast pożądane warunki do ograniczania strat własnych oraz ograniczania strat wśród ludności cywilnej. Nowa broń – bronie inteligentne, robotyzacja, umożliwia przeprowadzenie uderzeń o coraz większej precyzji, złożoności, szybkości, odległości i z mniejszym ryzykiem (dla operatorów). Te walory nowych broni jednak niespecjalnie pomogły interwentom w Afganistanie w osiągnięciu zakładanych celów. Okazało się (nie po raz pierwszy), że do zajęcia i utrzymania terenu potrzebne są wojska lądowe.

Broń inteligentna, sztuczna inteligencja nie zastąpiły jeszcze i zapewne nie zastąpią inteligentnych dowódców i rozgarniętych, myślących żołnierzy. Choć nie ulega wątpliwości, że nowe technologie, nowe bronie stanowią ważny czynnik kształtujący obraz przyszłej wojny, to może być to jednak obraz zdeformowany, zamazany przez nadmierną wiarę w potęgę technologii.

Nową przestrzeń w stosunkach międzynarodowych, cyberprzestrzeń zrodziła rewolucja cyfrowa – skutek przemian technologicznych przełomu XX i XXI w. Cyberprzestrzeń stała się jednocześnie obiektem zainteresowania strategii i taktyki wojskowej/wojennej. Pojawiła się silnie rzutująca na obraz przyszłej wojny koncepcja wojny cybernetycznej. Jej autorzy i orędownicy dowodzą, że skoro wszystkie działania militarne zależą od szybkiego gromadzenia, przetwarzania i przekazywania danych, to czy te procesy nie zasługują na podobne zainteresowanie jak ostrzeliwanie przeciwnika, odpieranie ataków itp.

Nie podważając znaczenia cyberprzestrzeni we współczesnych, a tym bardziej w przyszłych wojnach, termin „wojna cybernetyczna" należałoby opatrywać

[8] E. Volkman, *Nauka idzie na wojnę*, Wydawnictwo Amber, Warszawa 2020.

cudzysłowem. Walka w tej przestrzeni bowiem to jedynie istotny wojny komponent. „Cyberwojna" to sposób nękania i dywersji, dezorientowania i nękania, a nie metoda wygrywania bitwy. Problematyczne są oczekiwania, że ataki cybernetyczne doprowadzą do pozbawienia przeciwnika zdolności do prowadzenia wojny konwencjonalnej. Marzenia o wojnach niekinetycznych, o takich formach walki, które spowodują rozbrojenie przeciwnika bez poniesienia większych strat, mogą się jeszcze długo nie ziścić.

Trendem w debatach publicznych, by nie rzec – modą, stało się w pierwszej dekadzie XXI w. używanie terminów „wojna hybrydowa", „konflikt hybrydowy" oraz „zagrożenie hybrydowe", co wyraźnie rzutuje na kształtowanie obrazu przyszłych wojen. Sformułowana w ostatniej dekadzie XX w. teoria wojny hybrydowej była jedną z prób ujęcia istoty współczesnych wojen, mających przełamać impas, w którym na Zachodzie znalazła się sztuka wojenna. Teoria (koncepcja) miała przełamać dotychczasowy, klasyczny podział wojen na klasyczne i nieregularne. U jej podstaw legło założenie, że współczesne konflikty są bardziej złożone, że składają się na nie także (czasami głównie) elementy nieprzystawalne, tworzące hybrydę. Jako reprezentatywny przykład współczesnej wojny hybrydowej wymieniano starcie wojsk izraelskich z organizacją Hezbollah w Libanie (2006 r.). Wielką karierę koncepcja, rozwijająca się i z czasem coraz bardziej odbiegająca od oryginału, przeżywa od 2014 r. – po działaniach Rosji wobec Ukrainy.

To, co nazywa się współcześnie wojną hybrydową, w historii wojen było równie stare jak to, co nazywa się wojną konwencjonalną. Była strategią, formą działań, która w wojnach asymetrycznych stanowiła domenę słabszych, którzy musieli uciekać się do metod niestandardowych. Od agresji Rosji na Ukrainę stała się strategią strony silniejszej.

Po 2014 r. kwestie hybrydowości znalazły swoje miejsce w koncepcjach strategicznych, doktrynach bezpieczeństwa, doktrynach wojennych, planach. Hybrydowość niebawem stała się medialnie nośnym terminem, którym obok „wojny informacyjnej" zawładnęła polityka. Z czasem wojna hybrydowa (zagrożenie hybrydowe) stawała się uniwersalnym terminem/hasłem, wytrychem uwalniającym od rzetelności w ocenie tego zjawiska (fenomenu). W debacie publicznej nad zagadnieniem wojny hybrydowej, w wykonaniu licznych ekspertów (czyli zazwyczaj specjalistów od wszystkiego) rzadko pojawiały się stonowane głosy, rzetelnie objaśniające, o co w tych „hybrydowościach" chodzi. Z ust polityków (także tych z pierwszych szeregów) można było usłyszeć, że Polska prowadzi wojnę hybrydową, wojnę z Białorusią, która jest częścią wojny informacyjnej. Można było też usłyszeć, że znajdujemy się w stanie permanentnej hybrydowej wojny[9].

[9] „Wojna hybrydowa w Polsce już trwa". To o kryzysie w stosunkach z Białorusią. Z litości nie wymienię nazwiska jednego z dziarskich komentatorów telewizyjnych. Stopnia wojskowego też nie podam.

To bez wątpienia rzutować musi na kształtowanie wśród ludności percepcji/ oceny bezpieczeństwa, też bezpieczeństwa w przyszłości.

Koncepcja, której ojcem jest płk. Frank Hoffman, była poddawana ostrej i zasadnej krytyce. W obecnej formie na krytykę zasługuje jeszcze bardziej. Jeszcze bardziej zasadnie. Ale stało się... *nec herkules contra plures*. Termin wszedł do słownictwa razem ze swoimi ułomnościami.

Specyfika rosyjska

Tymczasem Rosjanie w 2014 r. i okresie poprzedzającym agresję podjęli systemowo ciąg działań przeciwko Ukrainie, które obecnie traktuje się jako najnowszy wzorzec wojny hybrydowej, choć Rosjanie tej interwencji hybrydową wojną nie nazwali. Rosyjskie działania przeciwko Ukrainie spełniały jednak wszystkie definicyjne warunki hybrydowości, czyli: asymetryczności, aktywności poniżej progu wojny, niejednoznaczności, nieregularności, działań poprzez pośredników, nielinearności, małej/zróżnicowanej intensywności przebiegu. Równolegle Rosjanie prowadzili intensywną walkę informacyjną, walkę psychologiczną, silną presję ekonomiczną. Ważnym elementem w działaniach Rosjan było kompleksowe, systemowe oddziaływanie na sytuację bezpieczeństwa, polityczną, ekonomiczną oraz morale społeczeństwa w Ukrainie.

Na meandry zachodnich teorii wojny hybrydowej swoistą ripostę zaprezentował szef Sztabu Generalnego Sił Zbrojnych Federacji Rosyjskiej W. Gierasimow. W doktrynie wojennej, tzw. doktrynie Gierasimowa, zamieścił treści, które okazały się zaskakująco bliskie, prawie tożsame z naszym pojmowaniem wojen hybrydowych. Autor doktryny terminu „wojna hybrydowa" nie używał. Nie musiał. Wystarczyło ją opisać w starym (normalnym) stylu, bez odwoływania się do modnych na Zachodzie teorii. A u nas moda na hybrydowość w rozmaitych, w tym dziwacznych postaciach nie mija. Jak dotąd, wręcz przeciwnie.

Obraz przyszłych wojen, a dokładnie wojny następnej, kształtują najbardziej wojny aktualne, ostatnie. Nie bez racji w akademiach wojskowych za swoistą zasadę przyjmowało się, że początek następnej wojny będzie bardzo podobny do końcowej fazy wojny poprzedniej. Najnowsza, jeszcze niezakończona wojna Rosji z Ukrainą jest już czynnikiem kształtującym obraz wojny przyszłej, a dokładnie – konfliktów zbrojnych i wojen z udziałem Rosji. Nietrudno zauważyć, że Rosja przystępowała do agresji na Ukrainę w lutym 2022 r. zapatrzona w obraz zwycięskiej, bezkrwawej („hybrydowej"?) wojny o Krym. Do kolejnej wojny pewnie przystąpi z pamięcią o traumie, jakiej doznała w pierwszych tygodniach inwazji na Ukrainę.

To, że Rosja może i zapewne będzie interweniować w przyszłości, też z użyciem siły (w tym militarnej) na obszarze postsowieckim, jest wysoce prawdopodobne. Po doświadczeniach wyniesionych z wojny z Ukrainą prawdopodobnie będzie unikać jednak otwartego, konwencjonalnego konfliktu zbrojnego z byłymi republikami sowieckimi. Rosja po rozpadzie Związku Sowieckiego pokazała, że może dla realizacji swoich interesów, swoich dalekosiężnych celów bezkarnie ekonomicznie i politycznie szantażować, destabilizować sąsiadów. W wykorzystaniu środków zaliczanych do „hybrydowych" ma doświadczenie. Zastosowaniu przez Rosjan metod niekonwencjonalnych w konfliktach z sąsiadami sprzyjają m.in.: wspólne granice; mniejszości rosyjskie oraz rusofilskie; silne więzi ekonomiczne; uzależnienie gospodarek od Rosji; ich słabość organizacyjna, polityczna oraz militarna.

Obraz przyszłej wojny na obszarze postsowieckim ma rosyjską twarz. Po agresji na Ukrainę, niezależnie od tego, czym ona się skończy, taki obraz wśród państw – byłych republik sowieckich zapewne wzmocni. To obraz wojny-interwencji zbrojnej jako ostatniego argumentu wobec niepokornych, ostatniego po wyczerpaniu innych instrumentów nacisku. Jakkolwiek obraz toczącej się wojny w Ukrainie pewnie silnie zakorzeni się wśród ludności i władz w państwach, ewentualnych ofiarach rosyjskiej interwencji, to powtórki z Ukrainy raczej nie należy się spodziewać. Rosja bowiem, niezależnie od niepowodzeń w tej wojnie, niezależnie od tego, na ile w niej osiągnie zakładane cele – efekt zastraszania wobec byłych republik sowieckich pewnie już (w różnym stopniu) osiągnęła.

Obraz przyszłej wojny w Polsce, od pierwszej (2014 r.), a szczególnie od ostatniej agresji na Ukrainę, ma zdecydowanie twarz rosyjską. W zapomnienie odchodzą obrazy kształtowane przez nasze uczestnictwo w wojnach-ekspedycjach zbrojnych w Jugosławii, Iraku, Afganistanie, w wojnach Zachodu. Dla obywateli Rzeczypospolitej obecnie, co może być powodowane (po części) doraźnymi emocjami, wojna to wojna z Rosją.

Sztaby odpowiedzialne za przygotowanie strategii bezpieczeństwa narodowego, sztaby wojskowe znalazły się – co zabrzmi nieco przewrotnie – w sytuacji dość komfortowej. Strategie, zwłaszcza strategia wojenna zorientowana jest (prawie wyłącznie) na jednego nieprzyjaciela/wroga; na obronę państwa w wojnie przeciwko Rosji. Budowanie zaś systemu obronnego zorientowane jest na skuteczne odstraszanie od agresji zbrojnej Rosji. Polityka bezpieczeństwa narodowego – na niedopuszczenia Rosji do poszerzenia granicznego sąsiedztwa z Polską.

Po agresji Rosji na Ukrainę zmienia się obraz przyszłej wojny (też wojen przyszłych) na Zachodzie. Dobitnie o tym świadczą treści przyjętej na szczycie NATO w Madrycie nowej koncepcji strategicznej. Rosja w nowej koncepcji to najważniejsze bezpośrednie źródło zagrożenia. Obecnie Sojusz nie wyklucza ewentualności jej ataku na jedno z państw należących do Organizacji. Dla Sojuszu Północnoatlantyckiego nie ma już wątpliwości co do tego, KTO jest dla jego członków przeciwnikiem, KTO może zaatakować któregoś z nich. Sojusz wraca do swoich korzeni, do spełniania swoich zasadniczych funkcji. Raczej bezprzedmiotowymi stały się dyskusje o tożsamości Organizacji, o jej rację bytu.

Nowa strategia nie rozwiązuje natomiast starych problemów związanych z reagowaniem na wrogie działania przeciwnika nieprzekraczające progu wojny, na wielokrotnie stosowaną przez niego eskalację różnych form agresji. Pozostaje problem wyznaczania w konfliktach tego typu tzw. czerwonych linii.

Nowe podejście NATO, wyraźne (choć w eleganckiej formie) zdefiniowanie przeciwnika, może doprowadzić do wniosku, że mamy do czynienia z nową zimną wojną, czyli wojennym obrazem współczesnych stosunków międzynarodowych. W Polsce pisze o tym prof. Stanisław Koziej (nie po raz pierwszy). W 2008 r. książkę *Nowa zimna wojna*[10] wydał Edward Lucas. Obraz wojny, która się zakończyła ponad 30 lat temu, jak się okazuje, nie zniknął. Nie wdając się w szczegóły, podzielam zdecydowanie odmienne niż prof. Kozieja zdanie prof. Romana Kuźniara, a wśród wielu jego argumentów przekonywać powinien brak charakterystycznej dla minionej zimnej wojny symetrii skonfliktowanych stron[11].

Uwagi końcowe

Nadchodzące, w znacznej mierze już dzisiejsze czasy nazywa się powszechnie erą informacyjną. Erze informacyjnej (też w rozpowszechnionym przekonaniu) powinny odpowiadać wojny informacyjne. Nic dziwnego więc, że takie pojęcia jak wojna informacyjna, wojna cybernetyczna, obok wojen robotów rozgościły się na dobre w wojennej futurystce, często wzbogacając militarny populizm. Pojęcia „wojna informacyjna" należy używać z rozwagą, w profesjonalnych zaś gremiach co najmniej z dystansem. Pojęcie to stosowane bezrefleksyjnie zamazuje obraz zarówno współczesnych, jak i przyszłych wojen.

Wojna bowiem jest zjawiskiem złożonym, którego nie można ograniczać jedynie do jednego jej wymiaru – informacji. Wojna to akt przemocy, w tym przemocy zbrojnej. Znaczenie infosfery (oraz cybersfery) jednak na tyle wzrosło, że dziś traktuje się ją – zasadnie – jako kolejny, piąty wymiar działań wojennych. Choć termin ukorzenił się w języku strategii i doktryn wojennych, to w istocie chodzi tu o walkę informacyjną bądź walkę w sferze informacji, a walka informacyjna, walka o informację nie jest w sztuce wojennej czymś nowym. Przewaga informacyjna w dzisiejszych i przyszłych wojnach jest i pozostanie kanonicznym warunkiem powodzenia w działaniach bojowych. Należy jednak pamiętać, że przewaga informacyjna, podobnie jak przewaga w powietrzu, będąc warunkiem powodzenia, powodzenia nie gwarantuje. O rosnącym znaczeniu tego wymiaru wojny (walki) świadczy dobitnie to, że w coraz większej liczbie armii tworzy się nowy, wyspecjalizowany rodzaj sił zbrojnych – wojska informacyjne.

W pojawiających się (zazwyczaj epizodycznie) wizjach wojen przyszłości, wojen ery informacyjnej, miały być przezwyciężone odwieczne przeszkody: czasu i przestrzeni. Miała nastąpić śmierć odległości, przestrzeń fizyczną miała zastąpić

[10] E. Lucas, *Nowa zimna wojna. Jak Kreml zagraża Rosji i Zachodowi*, Wydawnictwo Rebis, Warszawa 2008.

[11] R. Kuźniar, „Zimna wojna? Nie – uspokajanie opryszka", *Gazeta Wyborcza*, 17 czerwca 2022 r.

cyberprzestrzeń. Wojna miałaby być sekwencją starć bezkrwawych. Takie wizje nie są nadmiernie pożyteczne w kształtowaniu obrazu przyszłych wojen.

Symptomatycznym dla ery informacyjnej będą nie tyle wojny informacyjne, ile zinformatyzowanie wojen. W przyszłości jeszcze bardziej postępować będzie informatyzacja systemów dowodzenia, rozpoznania, środków walki.

Choć technologia, głównie informacyjna, zdemolowała czas i przestrzeń, to nie unieważniła geopolityki. Tradycyjne, geograficzne podejście w uprawianiu polityki zagranicznej zachowywało swoje istotne znaczenie w cieniu broni jądrowej. Zachowuje swoje znaczenie, co może zaskakiwać, w erze informacyjnej. Nie ulega wątpliwości, że wciąż obecna rewolucja informacyjna zmienia charakter wojny, zmienia jej oblicze, nie zmienia natomiast jej istoty – jej natury.

Od ponad pół wieku areną rywalizacji między najsilniejszymi państwami jest przestrzeń kosmiczna. Wśród motywów, bodźców do zdobywania kosmosu, do jego „zasiedlania" niemałe znaczenie miały czynniki *stricte* militarne. Bez względu na restrykcje prawa międzynarodowego mamy do czynienia z pośrednią (a także bezpośrednią) militaryzacją kosmosu. Pojawiła się broń antysatelitarna. W kosmosie robi się ciasno, podczas gdy znaczenie tej przestrzeni wciąż rośnie. W wojnach, interwencjach zbrojnych Stanów Zjednoczonych oraz Rosji w XXI w. kosmos odgrywał rolę niebagatelną. Także w obecnie toczonej wojnie w Ukrainie.

Znaczenie kosmosu, traktowanego w sztuce wojennej od wielu dziesięcioleci jako czwarty wymiar, wzrosło już na tyle, że słuszną może stać się sparafrazowana zasada geopolityki (i geostrategii) Halforda Mackindera: „kto panuje nad kosmosem, panuje nad całym globem". Ten swoisty paradygmat niekoniecznie przekłada się jednak na panowanie w kosmosie jako warunek powodzenia w każdej wojnie.

W końcowym okresie zimnej wojny głośno było o „wojnach gwiezdnych" – pojęciu opisującym strategię amerykańską wpisującą się w przyśpieszenie wyścigu zbrojeń ze Związkiem Sowieckim. Tę koncepcję można uznać za (być może) zamrożoną. Starcia zbrojne ograniczone tylko do sfery kosmicznej wydają się wciąż mało prawdopodobne. Działania w tej przestrzeni mogą towarzyszyć działaniom na lądzie, morzu i w powietrzu, rzadziej odwrotnie.

O kosmosie jako środowisku, w którym rozpocznie się III wojna światowa, pisze George Friedman. Według jego prognozy zacznie się zmasowanym i zaskakującym atakiem na rozmieszczone w kosmosie obiekty amerykańskie[12].

Futurystyczne wizje wojen XXI w., które skupiają się na ich dwóch wymiarach – czwartym (kosmicznym) i piątym (informacyjnym), należy uznać za nieco niekompletne. Co prawda wojny „kompletne" – pełnowymiarowe, odpowiadające clausewitzowskiej „wojnie absolutnej" pozostają i pozostaną modelem idealnym, to jednak do wizji budowanych na fascynacji jednym czy dwoma wymiarami wojny trudno mieć pełne zaufanie.

---

[12] Ma się to wydarzyć 24 listopada 2050 r. o godz. 17.00. G. Friedman, *Następne 100 lat. Prognoza na XXI wiek*, AMF, Warszawa 2009, s. 220–241.

Na wojny toczone zarówno na lądzie, morzu, w powietrzu, jak i (jednocześnie) w kosmosie i infosferze pozwolić sobie będą mogli nieliczni. Kosmos jako środowisko działań dla zdecydowanej większości pozostanie nieosiągalny.

Bez względu na trendy, tendencje, zmiany, jakie dokonują się w sztuce wojennej, w prognozach, wizjach przyszłych wojen należy zakładać, że znaczna ich część będzie przypominać te z XX w., a także w pewnym stopniu z wieków wcześniejszych.

W prognozach ważne miejsce należy się całej gamie modeli wojen i konfliktów zbrojnych już rozpoznanych przez praktykę. Wojny przyszłości bowiem to także wiele tych, które rozgrywają się współcześnie, albowiem uderzającą cechą sztuki wojennej jest, co nas ostatnio zaskakuje, jej ciągłość.

Refleksję nad obrazem przyszłej wojny można zwieńczyć czterema sentencjami:
- każda epoka ma swoje wojny (Clausewitz);
- sposobom produkcji odpowiadają sposoby destrukcji (Toffler);
- pojawiają się nowe formy wojen, stare niekoniecznie znikają;
- zmienia się charakter wojen, ich natura pozostaje niezmienna.

Sentencje syntetyzujące rozważania zawarte w niniejszym tekście dotyczą wojen w ich klasycznym rozumieniu, niekoniecznie zaś rozlicznych konfliktów poniżej progu wojny[13].

[13] Chciałoby się przywołać tutaj nie tylko definicję wojny według mistrza Clausewitza, lecz także według św. Tomasza z Akwinu, który wojny kazał odróżniać od m.in. zwady i warcholstwa.

Zamiast zakończenia: obowiązek prawdy

W swoim rozkazie z 22 kwietnia 2022 r. gen. Thierry Burkhard, szef sztabu armii francuskiej napisał:

„Rosyjscy dowódcy wojskowi kłamali. Oszukiwali swoich politycznych przywódców, pozwalając im wierzyć w skuteczność operacyjną armii rosyjskiej, która pozwoli odnieść szybkie zwycięstwo na Ukrainie. [...] Oszukiwali swoich podwładnych co do celów tej operacji oraz środków, które miały zapewnić wykonanie misji. [...] Wreszcie, co nie jest takie nieważne, oszukiwali samych siebie.

Obowiązkiem żołnierza, czy jest dowódcą czy podwładnym – bo jest się jednym lub drugim – jest mówić prawdę: przedstawiać sprawy bez upiększania sytuacji ze względu na obawy, pochlebstwa lub intelektualne lenistwo. [...]

Ten obowiązek prawdy (le devoir de vérité) musi należeć do naszego charakteru, bowiem tylko głęboka szczerość pozwoli nam się możliwie najlepiej przygotować na trudny czas”[1].

* * *

Wiele napisano o kłamstwie jako ważnym i stałym instrumencie polityki w Polsce od końca 2015 r. Tutaj przytoczmy tylko jedno zdanie z listu do uczestników Kongresu Obywatelskiego, autorstwa jego inicjatora dr. Jana Szomburga. „Przygnębia nas szeroka obecność kłamstwa w życiu publicznym i zawodność kolejnych instytucji publicznych” (8 września 2022 r.).

Sfera bezpieczeństwa i obronności nie jest od niego wolna. Słuchając wypowiedzi i propagandy obozu rządzącego, mimowolnie przypomina się nam znany kuplet sprzed września 1939 r.: „Nikt nam nie zrobi nic, bo z nami jest, bo z nami jest...”. Na szczęście Polska zdążyła wejść do NATO i UE przed 2015 r.

---

[1] Th. Burkhard, „Lignes de défense”, *Ouest-France* z 25 maja 2022 r.

Indeks nazwisk

Noty o Autorach

Bolesław Balcerowicz – profesor dr hab., Uniwersytet Warszawski; generał dywizji w stanie spoczynku. W latach 1965–1991 służył w jednostkach liniowych oraz sztabach WP, m.in. na stanowiskach dowódcy kompanii, batalionu, pułku, dywizji. Od 1991 r. w Akademii Obrony Narodowej, w latach 2000–2003 rektor tej uczelni. Uczestnik prac nad strategiami obronnymi III RP. Autor wielu prac dotyczących bezpieczeństwa, obronności, wojskowości, nauki o wojnie i pokoju, m.in. książek: *Obronność państwa średniego, Pokój i „nie-pokój", Sojusz a obrona narodowa, Siły zbrojne w państwie i stosunkach międzynarodowych, O pokoju. O wojnie.*

Łukasz Gajewski – politolog, publicysta, wykładowca akademicki. Od roku 2014 doktor nauk społecznych dyscypliny nauki o polityce, na podstawie dysertacji *Polityka bezpieczeństwa energetycznego Polski w latach 1990–2010*. Pracownik dydaktyczny w Wyższej Szkole Bankowej we Wrocławiu. Członek grupy Ekspertów WSB. Autor artykułów naukowych oraz publicystycznych o tematyce związanej z polityką bezpieczeństwa energetycznego, bezpieczeństwem infrastruktury krytycznej, transformacją sektora energii, polityką klimatyczną oraz kierunkami polityki zagranicznej. Obserwator zmian zachodzących w sektorze energii w pryzmacie otoczenia międzynarodowego oraz Polski, zaczynając od transformacji ustrojowej po stan aktualny. Zabierał głos w przestrzeni medialnej: *Rzeczpospolita, Gazeta Wrocławska*, Polskie Radio 24, Telewizja wPolsce, Polskie Radio – Radio dla Ciebie, Kapitał Polski, TVN24, TVN24 BiS, Polsat News, Strategy&Future, FXMAG, Onet.pl.

Stanisław Koziej – profesor dr hab., generał brygady w stanie spoczynku, były sekretarz stanu w Kancelarii Prezydenta RP i szef Biura Bezpieczeństwa Narodowego oraz wiceminister obrony narodowej, dyrektor departamentu w MON i BBN, oficer sztabów dywizji i okręgu wojskowego oraz Sztabu Generalnego WP, wieloletni nauczyciel akademicki na uczelniach wojskowych i cywilnych. Współautor polskich strategii obronnych przełomu XX i XXI w., autor kilkuset publikacji z dziedziny bezpieczeństwa narodowego, zwłaszcza obronności. Obecnie członek Rady Programowej Instytutu Bronisława Komorowskiego, *senior fellow* Fundacji Pułaskiego oraz nauczyciel akademicki na Uniwersytecie Warszawskim i w Wyższej Szkole Pawła Włodkowica w Płocku.

Robert Kupiecki – doktor habilitowany, zawodowy dyplomata, od 1993 r. w służbie zagranicznej RP. M.in. zastępca ambasadora RP przy NATO (1999–2004), dyrektor Departamentu Polityki Bezpieczeństwa MSZ (2004–2008), ambasador RP w Waszyngtonie (2008–2012), wiceminister obrony narodowej (2012–2015). Specjalizuje się w zagadnieniach dyplomacji wielostronnej, stosunków transatlantyckich i strategicznych aspektów bezpieczeństwa. Profesor Uniwersytetu Warszawskiego, Wydział Nauk Politycznych i Studiów Międzynarodowych (Katedra Studiów Strategicznych i Bezpieczeństwa Międzynarodowego). Członek redakcji kwartalnika *Sprawy Międzynarodowe*. Członek Rady Naukowej The European Centre of Excellence for Countering Hybrid Threats (Hybrid CoE) w Helsinkach. Autor, współautor i redaktor naukowy 20 monografii i ok. 200 artykułów naukowych dot. bezpieczeństwa międzynarodowego. Ostatnio m.in.: *NATO w polskiej perspektywie 1989–2019* (2019), *Disinformation, Narratives and Memory Politics in Russia and Belarus*, Routledge (London 2022), *Dezinformacja międzynarodowa: pojęcie, rozpoznanie, przeciwdziałanie* (2022).

Roman Kuźniar – profesor dr hab., kierownik Katedry Studiów Strategicznych i Bezpieczeństwa Międzynarodowego na Wydziale Nauk Politycznych i Studiów Międzynarodowych Uniwersytetu Warszawskiego. Były dyrektor departamentu analityczno-planistycznego w Ministerstwie Spraw Zagranicznych oraz Polskiego Instytutu Spraw Międzynarodowych; redaktor naczelny *Rocznika Strategicznego* od 1995 r. Autor wielu publikacji z zakresu historii najnowszej stosunków międzynarodowych, bezpieczeństwa międzynarodowego, ochrony praw człowieka, polityki zagranicznej RP, m.in.: *Prawa człowieka. Prawo – instytucje – stosunki międzynarodowe* (wyd. III, dodruk 2006), *Polityka i siła. Studia strategiczne – zarys problematyki* (2005; wyd. II 2006), *Pozimnowojenne dwudziestolecie 1989–2010. Stosunki międzynarodowe na przełomie XX i XXI wieku* (2011), *Polityka zagraniczna III Rzeczypospolitej* (2012), *My, Europa* (2013), *Europa w porządku międzynarodowym* (2016), *Porządek międzynarodowy. Perspektywa ontologiczna* (2019/20); współredaktor i współautor: *Bezpieczeństwo międzynarodowe czasu przemian* (wyd. pol. 2003, ang. 2004, z Z. Lachowskim), *Kryzys 2008 a pozycja międzynarodowa Zachodu* (2011), *Bezpieczeństwo międzynarodowe* (2012, z B. Balcerowiczem i in.), *Wojny Zachodu. Interwencje zbrojne państw zachodnich po zimnej wojnie* (2017, współautor), *Jestem obywatelem Unii Europejskiej* (2019, dodruki 2020–2021), a także *Bezpieczeństwo między narodowe; wydanie drugie, poprawione i rozszerzone* (2020, współautor), *Dziedzictwo polityki zagranicznej ministra Krzysztofa Skubiszewskiego. W dziesiątą rocznicę śmierci ministra i 30-lecie polityki zagranicznej wolnej RP* (2020; red. nauk. z A. Bieńczyk-Missalą); najnowsza monografia to *Zmierzch liberalnego porządku międzynarodowego 2011–2021* (2022). W latach 2010–2015 doradca Prezydenta RP ds. międzynarodowych.

Marek Madej – doktor habilitowany, profesor uczelni w Katedrze Studiów Strategicznych i Bezpieczeństwa Międzynarodowego na Wydziale Nauk Politycznych i Studiów Międzynarodowych Uniwersytetu Warszawskiego, przewodniczący Rady Naukowej Dyscyplin Nauki o Polityce i Administracji oraz Nauki o Bezpieczeństwie UW. W latach 2016–2019 wicedyrektor Instytutu Stosunków Międzynarodowych UW, 2006–2010 główny specjalista – analityk w Polskim Instytucie Spraw Międzynarodowych, a w okresie 2012–2013 ekspert ds. bezpieczeństwa w pierwszej edycji Laboratorium Idei – Prezydenckiego Programu Eksperckiego przy Kancelarii Prezydenta RP. Stypendysta Departamentu Stanu USA (2009) i MSZ Japonii (2017). Wykładał gościnnie m.in. na uniwersytetach w Nottingham, Dublinie, Kent, Manipal (Indie) i Zurychu. W badaniach koncentruje się na problematyce współczesnych konfliktów zbrojnych, NATO i innych europejskich organizacjach bezpieczeństwa oraz zagrożeniach asymetrycznych, w tym terroryzmie. Członek zespołu autorskiego *Rocznika Strategicznego*. Ostatnio opublikował m.in. *Western Military Interventions after the Cold War. Evaluating the Wars of the West* (2019, red. nauk.); *Bezpieczeństwo międzynarodowe*, wydanie drugie, poprawione I rozszerzone (2020, współautor).

Marek Menkiszak – politolog, absolwent Wydziału Dziennikarstwa i Nauk Politycznych Uniwersytetu Warszawskiego. W latach 1995–2003 pracownik naukowy w Zakładzie Studiów Strategicznych Instytutu Stosunków Międzynarodowych WDiNP UW; od 2000 r. w Zespole Rosyjskim Ośrodka Studiów Wschodnich. Od 2006 r. kierownik Zespołu Rosyjskiego OSW. W 2013 r. *visiting researcher* w Fińskim Instytucie Spraw Międzynarodowych (FIIA), Helsinki. W 2015 r. *OSW Fellow* w Transatlantic Academy, GMF, Waszyngton. Autor wielu artykułów poświęconych problematyce polityki zagranicznej i bezpieczeństwa oraz polityki wewnętrznej Rosji, a także problemów obszaru WNP, bezpieczeństwa europejskiego i studiów strategicznych; członek zespołu autorskiego *Rocznika Strategicznego* (od 1995 r.). Ostatnio opublikował: *Documents Talk. NATO–Russia Relations After the Cold War* (2020, z R. Kupieckim), *Between War and Integration: NATO and Russia towards 2030* (Riga 2020), *Strategiczna kontynuacja, taktyczna zmiana. Rosyjska polityka bezpieczeństwa europejskiego* (2019).

Grzegorz Rydlewski – profesor nauk humanistycznych, doktor habilitowany w zakresie nauk o polityce. Absolwent Wyższych Kursów Obrony w Akademii Obrony Narodowej. Kierownik Katedry Nauk o Państwie i Administracji Publicznej na Wydziale Nauk Politycznych i Studiów Międzynarodowych Uniwersytetu Warszawskiego. Członek Komisji Administracji Komitetu Nauk Politycznych PAN. Autor kilkunastu monografii i ponad 100 innych publikacji w zakresie systemów politycznych i administracyjnych, relacji między polityką i administracją, decydowania publicznego, strategicznych i decyzyjnych problemów bezpieczeństwa oraz prakseologii bezpieczeństwa narodowego. W latach 1993–2006 aktywny w administracji rządowej, m.in. jako szef Kancelarii Prezesa Rady Ministrów, sekretarz Rady Ministrów i szef doradców Prezesa Rady Ministrów, konsultant OECD, przedstawiciel Polski na Sesji Zgromadzenia Ogólnego ONZ na temat administracji publicznej i członek Rady Służby Cywilnej.

Paweł Soroka – profesor dr hab., politolog, specjalista z zakresu stosunków międzynarodowych i bezpieczeństwa narodowego, a także poeta i dziennikarz, animator kultury oraz działań gospodarczych; wykłada w Instytucie Stosunków Międzynarodowych i Polityk Publicznych Uniwersytetu Jana Kochanowskiego w Kielcach oraz w Warszawskiej Szkole Zarządzania – Szkole Wyższej, gdzie kierował kilkoma programami badawczymi. Autor i współautor 11 monografii naukowych oraz autor pięciu tomików wierszy i dwóch arkuszy poetyckich. Jest także koordynatorem Polskiego Lobby Przemysłowego (www.plp.info.pl), w ramach którego m.in. koordynował prace nad wieloma raportami i ekspertyzami oraz opiniami dotyczącymi strategicznych dziedzin i branż polskiej gospodarki. Członek Związku Literatów Polskich i Stowarzyszenia Dziennikarzy RP; redaktor naczelny czasopisma społeczno-kulturalnego *Własnym głosem* (www.wlasnymglosem.pl).